조선 최고 지성에게 사람다움의 길을 묻다

율곡 인문학

조선 최고 지성에게 사람다움의 길을 묻다

율곡 인문학

한정주 지음

다산
초당

왜 지금
율곡 인문학인가?

이 책을 통해 필자는 천재나 위인의 이야기가 아닌 고뇌하고 번민하며 고통받기도 했던 인간 율곡이 어떤 혼돈과 고난의 과정을 거쳐서 성숙한 인간으로 거듭나는가를 알아보고자 했다. 그리고 미숙한 인간 율곡이 성숙한 인간으로 재탄생하는 과정에 '인문학적 힘'이 어떤 역할을 했는가도 살펴보고자 했다.

그렇다면 인문학적 힘이란 과연 무엇인가? 우리가 '인문학(人文學)'을 중시하고 공부하는 까닭은 '인간의 학문'이라는 말 그대로 인간답게 살기 위해서다. 사실 인문학의 본령(本領)은 단순히 지식을 추구하고 탐구하는 것에 있지 않다. 인문학이란 곧 인간다움에 대해 의문을 제기하고 질문을 던지는 학문이며, 자신을 포함한 인간과 사회와 세계를 비판적으로 이해하고 성찰하는, 나아가 그 모두를 변화시키고 혁신하는 데 진정한 뜻을 둔 학문이다. 이를 위해서는 무엇보다 비판과 성찰과 변화와 혁신의 좌표와 방향이 있어야 한다. '사람다움'이 무엇인가에 대한 질문과 의문은 바로 이러한 좌표와 방향을 잡기 위해 필수 불가결한 제일의 과제라고 할 수 있다.

율곡은 이 질문에 어떻게 대답했을까? '사람다움이란 무엇일까?'라는 의문에 대한 율곡의 인문학적 대답은 그가 20세 때 지은 〈자경문(自警文)〉이라는 글에 고스란히 담겨 있다. 그는 평생에 걸쳐 '사람다움의 길'에 대해 질문하고 성찰하며 실천했던 대표적 인물이다. 어린 시절 정신적 지주였던 어머니 신사임당(申師任堂)을 잃고 4년여에 가까운 좌절과 방황을 겪은 다음 더 이상 자신의 삶을 헛되이 소모하지 않기 위해 이 글을 지었다. 다시 말해 〈자경문〉은 율곡의 삶 전체를 관통하는 실천적 지침이라고 할 수 있다. 따라서 율곡의 인문학 혹은 인문학적 인간으로서의 율곡을 살펴보고자 한다면 반드시 〈자경문〉을 그 출발점으로 삼아야 한다. 필자가 수많은 율곡의 기록과 문헌 가운데 유독 〈자경문〉을 중심으로 삼은 이유가 여기에 있다.

율곡은 당대는 물론 오늘날까지도 존경받는 위대한 학자이자 사상가로서 명성을 떨치고 있다. 하지만 정작 현실에서는 자신이 세운 큰 뜻을 어느 것 하나 욕심껏 펼쳐 보지 못한 채 49세의 길지 않은 생을 마감해야 했다. 그럼에도 불구하고 '사람다움의 도리'를 논할 때 율곡을 가장 첫손가락에 꼽는 이유는 그가 젊은 시절 〈자경문〉에 밝힌 삶의 좌표와 방향 그리고 자신의 신념과 뜻을 단 한 번도 포기하거나 주변 상황과 타협하지 않고 생의 마지막 순간까지 지켜 냈기 때문이다. 그는 "사람다움이란 인간의 도리를 배워서 깨닫고 실천하는 데서 나온다"고 말했다. 그리고 자신이 평생에 걸쳐 배운 것을 현실에 적용하기 위해 다양한 정책을 끊임없이 제안하고 직접 실험했다. 그런 면에서 율곡은 평생 정도(正道)를 지킨 뛰어난 유학자이면서 동시에 이상주의를 실험하는 천재적 혁명가였다. 그는 우리 역사상 학문과 현실의 경계를 뛰어넘은 몇 안 되는 인물 중 한 사람이다.

이 책은 율곡이 평생의 지침이자 철학으로 삼아 지켜 온 〈자경문〉을 해체한 후 일곱 개의 핵심 주제들을 중심으로 다시 통합 정리하는 방식으로 저술했다. 각 주제들은 율곡의 삶과 사상을 통해 이해하기 쉽게 설명하는 데 힘을 쏟았으며, 이 과정에서 다양한 고전과 역사적 사건과 사례를 추가했다.

제1장은 입지(立志)다. 사람이 사람답게 살아가기 위해서는 무엇보다 그에 맞는 평생의 뜻을 세우고 굳세게 지키는 일이 가장 근본이다. 따라서 첫 장에서는 큰 뜻을 세우는 것의 의미와 방법, 그리고 그 실천의 도리에 대해 다루었다.

제2장은 치언(治言)이다. 말은 화자의 의도와 상관없이 표현되거나 잘못 전달되어 스스로를 옭아매기 쉽다. 때문에 뜻을 세운 다음에는 반드시 말을 다스려야 한다. 이 장에서는 말을 다스리는 방법을 전하면서 자신이 한 말을 스스로 책임지고, 실천해 나가는 일의 중요성에 대해 되새겨 보았다.

제3장은 정심(定心)이다. 뜻을 지켜 나가는 데 가장 큰 걸림돌이 바로 흔들리는 마음이다. 따라서 마음의 실체를 살피고 이를 효과적으로 다스려 안정시키는 방법을 소개했다.

제4장은 근독(謹獨)이다. 진정 큰 뜻을 세우고 몸을 일으켜(立身) 성공

하고자 한다면 홀로 있을 때도 도리에 어긋남이 없도록 몸가짐과 마음가짐을 바르게 해야 한다. 이 장에서는 뜻을 한결같이 지켜 나가고자 애쓴 옛사람의 지혜와 이야기를 담았다.

제5장은 공부(工夫)다. 공부하지 않으면 어떤 뜻을 세워야 하는지, 어떻게 사는 것이 옳은지, 사람답다는 것이 무엇인지 결코 알 수 없다. 시험을 위한 공부가 아닌 평생 배우고 익히고 생각하여 온전한 내 것으로 만드는, 진정한 공부의 방법과 자세를 다루었다.

제6장은 진성(盡誠)이다. 요즘처럼 쉬운 일만 찾고 어려운 일은 기피하는 풍조가 성행하는 시대에 꼭 필요한 것이 바로 성실과 정성이다. 5장까지의 내용이 정적(靜的)이고 사변적(思辨的)이라면 이 장은 보다 실천적인 측면이 강하다. 뜻을 지켜내기 위한 집념과 열정에 대해 다루었다.

제7장은 정의(正義)다. 사람들은 종종 결과가 의도와 과정을 능가한다고 오해한다. 하지만 결과적으로 아무리 큰 성공을 거두어도 의도와 과정이 정의롭지 못하면 언젠가는 파국을 맞게 된다. 따라서 마지막 장에서는 사람이 지켜야 할 정의가 무엇인지를 살펴봤다.

율곡은 뛰어난 학문적 깊이를 바탕으로, 현실을 진단하고 모순을 극복하는 지혜와 살아가는 데 실제적으로 도움이 되는 가르침을 많이 남겨 주었다. 부족한 글이지만 무엇보다 중국 지식인의 사상이 아니라 조선 최고 지식인의 말과 글, 그리고 삶을 통해 인문학이 추구해야 할 길인 '사람다움이란 무엇인가?', '사람답기 위해서는 어떻게 해야 할 것인가?'라는 의문과 질문을 다루게 된 것은 필자에게도 큰 기쁨이다. 부디 율곡의 삶과 학문 속에서 '사람의 도리'가 어떻게 발현되고 있는지 그 역사적 의미는 무엇인지를 살펴보면서, 독자 여러분들이 각자 삶의 방향과 목표를 숙고

하고 또 자신을 둘러싸고 있는 시대적 과제에 대해서도 성찰해 보는 시간
이 되기를 희망해 본다.

고전연구가
한정주

차례

머리말 왜 지금 율곡 인문학인가?   5

제 1 장

입지
立志

선대기지先大其志 | 먼저 뜻을 크게 가져라   16

준사탁마準師琢磨 | 평생의 스승을 찾아라   28

입지필행立志必行 | 반드시 실천하라   36

혁파구습革罷舊習 | 낡은 습관을 혁파하라   46

제 2 장

치언
治言

신언구원愼言懼言 | 말을 삼가고 두려워하라   56

언행일치言行一致 | 말과 행동을 서로 같게 하라   66

성찰언도省察言道 | 말의 도리를 살펴라   76

학군자언學君子言 | 군자의 말법을 익혀라   86

제3장

정심
定心

선찰오심先察吾心 | 마음을 먼저 다스려라　　　　　98

주일무적主一無敵 | 마음을 하나로 집중하라　　　　108

구방심공求放心功 | 어지러이 흩어진 마음을 다잡아라　119

습팔심법習八心法 | 여덟 가지 마음공부법을 익혀라　130

제4장

근독
謹獨

계구근독戒懼謹獨 | 보이지 않는 곳에서도 경계하고 삼가라　138

검신구용撿身九容 | 몸가짐을 바르게 하라　　　　　149

폐사불경廢邪不敬 | 불경한 생각을 버려라　　　　　159

군위근독君爲謹獨 | 리더로서 근독의 본보기가 되어라　170

제 5 장

공부
工夫

사이후이 死而後已 | 배우고 또 배워라　　　　　182

독재법도 讀在法道 | 독서의 법도를 익혀라　　　　191

순환숙독 循環熟讀 | 순서와 절차에 따라 독서하라　　203

박람심론 博覽深論 | 널리 읽고 깊게 토론하라　　　214

제 6 장

진성
盡誠

궁구시무 窮究時務 | 시대가 필요로 하는 일을 찾아라　　232

진성위지 盡誠爲之 | 정성을 다해 실천하라　　　　243

전력어인 全力於人 | 사람을 정성껏 대하라　　　　256

득인충신 得人忠信 | 신뢰받는 사람이 되어라　　　266

제 7 장

정의
正義

근의원사 近義遠邪 | 의로움을 가까이하라　　　　　　278

무구변개 毋懼變改 | 변화를 두려워하지 마라　　　　　290

친인용현 親仁用賢 | 어진 사람을 가까이하라　　　　　305

향의지도 向義之道 | 정의로운 길을 가라　　　　　　312

맺음말 사람답게 산다는 것의 의미　　　　　　320

부 록

자경문 自警文　　　　　　326

율곡 가계도　　　　　　330

율곡 이이 연보　　　　　　332

참고문헌　　　　　　336

찾아보기　　　　　　338

제 1 장

입지

立志

선대기지
先 大 其 志

【 먼저 뜻을 크게 가져라 】

먼저 그 뜻을 크게 가져야 한다. 성인을 본보기로 삼아서 털끝만큼이라도 성인에 미치지 못하면 나의 일은 끝마친 것이 아니다.

『율곡전서(栗谷全書)』〈자경문(自警文)〉

율곡이 20세 젊은 나이에 평생 삶의 좌표로 삼고자 쓴 〈자경문〉의 첫 구절이다. 더 이상 삶을 헛되이 보내지 않기 위한 첫 번째 과제로 그는 평생의 큰 뜻을 세우기로 마음먹었다. 16세 어린 나이에 어머니 신사임당을 잃고 오랜 좌절과 방황의 시간을 보낸 후 얻은 깨달음이었다. 4년여 간의 정신적 방황 끝에 율곡은 뜻이 확실히 서지 않으면 마음 또한 붙잡을 수 없어서 평생 갈팡질팡하게 된다는 사실을 뼈저리게 체험한 것 이다.

무엇보다 율곡은 〈자경문〉의 근본을 이루고 있는 '입지(立志)'야말로 사람이 자신의 인생을 설계할 때 가장 먼저 세워야 할 주춧돌과 같다고 여겼다. 40세 때 임금에게 올린 『성학집요(聖學輯要)』, 42세 때 어린아이들을 가르치기 위한 교재로 지은 『격몽요결(擊蒙要訣)』, 그리고 죽음을 맞이하기 직전인 47세 때 쓴 〈학교모범(學校模範)〉에서 모두 그는 '입지' 장을 가장 첫머리에 두었다. 20세 때 〈자경문〉을 지은 이후 평생을 오로지 입지를 향해 살았음을 알 수 있는 대목이다. 율곡은 '뜻이 서지 않으면 어떤 일도 성공하지 못한다'고 확신했다.

사실 입지를 중요한 삶의 좌표로 바라본 성인들은 율곡 이전에도 많았다. 주자(朱子)는 "배우는 사람으로서 가장 중요한 것은 뜻을 세우는 것이며, 배운 후에는 성인이 되려고 해야 한다"고 했다. 또한 『예기(禮記)』에는 "청렴한 것으로 뜻을 세운다"는 말이 나온다. 이처럼 '뜻을 세우는 일'은 사람이 앞날을 살아가기 위해 배우고 생각하고 판단하고 행동하고 나아가는 모든 일의 기준이 된다.

입지란 쉽게 말하면 평생의 목표를 세우는 것과 같다. 평생을 통해 이루고자 하는 목표를 확고히 함으로써 미래를 향해 나아갈 좌표 혹은 방향을 살피는 것이다. 삶에서 자신의 뜻을 이룬 사람들이 무엇보다 목표를 중요하게 생각했듯이, 율곡도 확고한 목표를 가지는 것이 삶을 완성하는 열쇠라고 판단했다. 목표가 없으면 학문은 물론 그 어떤 일도 성취하기 어렵기 때문이다.

뜻이 서 있지 않은 사람은 무엇을 하다가도 쉽게 주변의 다른 것들에 마음을 빼앗겨 한곳에 집중하지 못한다. 책에서 올바른 길을 찾아 이를 실천하려 하다가도 문득 다른 사람의 말을 듣고 실속을 챙기려고 하거나, 의욕적으로 어떤 일을 시작해 놓고도 곧 다른 곳에 마음을 빼앗겨 '이 일은 적성에 맞지 않는다'거나 '너무 어렵다'며 포기한다. 이는 대개 뜻이나 목표가 뚜렷하지 않은 데서 비롯된 것이다.

율곡은 뜻이 서지 않으면 3가지 폐단이 생긴다고 보았다.

첫째는 성현의 가르침을 믿지 못하고(不信),

둘째는 지혜가 없으며(不智),

셋째는 용기가 없다(不勇).

『성학집요』〈수기(修己) 상(上)〉

첫 번째는 성현들이 후학들에게 분명한 진리를 정성껏 밝혀 주었으므로 그를 따라 나아가면 반드시 성인도 되고 현인도 될 수 있다. 다만 성현의 말을 믿지 못해 읽고도 의심하고 글만 읊조릴 뿐 실천하지 않는 것이다. 이런 사람들은 아무리 옳고 좋은 말도 말장난이나 숨은 의도가 따로 있는 미심쩍은 것으로 여긴다. 그래서 모든 일에 반기를 들고 나올 뿐 나아갈 길을 제시하지는 못한다.

두 번째는 성인이 되는 것은 모두 자기 하기에 달려 있는데도 스스로 한계를 긋고 뒷걸음치며 자기 합리화하여 한 걸음도 나아가려 하지 않는 것이다. 이런 사람들은 아무리 좋은 말로 멋진 미래를 제시해도 모두 자기와는 상관없다고 믿는다. 목표가 없으니 어느 길이 내 길인지, 어느 것이 내가 받아들여야 할 생각인지도 알지 못하고 알려고 하지도 않는다. 또한 '나는 그렇게는 못할 것 같아' '그건 대단한 사람들의 이야기지' '나는 그냥 이대로 만족해'라고 생각하며 한자리에 머물러 있다.

세 번째는 옳은 말을 믿고 스스로 할 수 있다는 것을 알면서도 현재의 편안한 상태에 안주하여 용기를 내지 못하는 것이다. 목표를 성취해 가는 과정에서는 여러 가지 불분명한 상황이나 위험 요소가 나타나게 마련이다. 이때 뜻이 바로서 있어 이를 이루어 내겠다는 의지가 확고하면 어떠한 위험과 수고도 기꺼이 감수하게 된다. 하지만 그렇지 않은 사람은 굳이 험한 길을 가야 할 필요를 느끼지 못한다.

율곡은 죽을 때까지 글을 읽는 선비는 많아도 그들 대부분이 끝내 학문을 성취하지 못하는 것은 바로 뜻이 바로 서지 않았기 때문이라고 보았다. 뜻이 확실하게 서면 자신이 믿고 나아가야 할 방향에 대한 분명한 기준이 생기기 때문에 의심하거나 핑계를 대며 현재에 안주하지 않는다. 결국 뜻을 이루고 목표를 성취하게 된다.

평생 어떤 삶을 살 것인지, 무엇을 이룰 것인지, 먼저 그 뜻을 명확히 세워야 한다. 그 뜻이 우리에게 앞으로 나아갈 길을 열어 주고, 현명한 판단력과 훌륭한 사람을 분별하는 눈, 그리고 난관을 헤쳐 나갈 용기를 줄 것이기 때문이다.

'큰 뜻'을 가져야 하는 이유

이해를 돕기 위해 입지를 우리가 흔히 말하는 목표에 비유해 설명했다. 하지만 율곡이 말하는 입지의 의미는 우리가 쓰는 목표라는 말처럼 그렇게 단순하지 않다. 율곡이 큰 뜻으로 삼은 '성인이 되겠다는 것'은 눈에 보이는 단순한 목표가 아니다. 학문과 삶을 통해 성현을 닮아 가고 마침내 그들과 같은 정신적 수준에 이르겠다는 의미이다. 즉 어떤 가시적인 결과로서의 목표보다는 평생을 살아가는 데 지표로 삼을 삶의 철학으로서의 뜻을 세운 것이다. 그렇기 때문에 율곡은 굳이 '큰 뜻'이라고 표현한 것이다.

자기 철학은 삶의 중심이라 할 수 있다. 이는 평생에 걸쳐 도달할 목표를 세우고 삶의 방식을 선택하는 기준이 된다. 따라서 이런 큰 틀이 없는 상태에서는 아무리 원대한 목표를 세운다고 해도 언제 생각이 바뀌고 포기하게 될지 모른다. 큰 뜻을 세우지 않아 생기는 더 큰 불행은 학문 혹은 삶에 대한 의욕 자체를 갖지 못하는 것이다. 사람답게 살기 위해서는 무엇보다 자기중심이 확고하게 서야 한다. 그래서 학문을 가장 중시했던 성인들조차 '배우기 전에 먼저 그 뜻을 세우라'고 한 것이다. 특히 작고 단기적인 뜻이 아닌 '어떤 삶을 살 것인가'에 대한 장기적인 뜻을 먼저 세우는 것이 중요하다.

이런 근본적인 이유 외에 율곡이 굳이 큰 뜻을 가져야 한다고 했던 것은 학문을 실천하기 위한 대의명분이 필요했기 때문으로도 해석된다. 느끼든 느끼지 못하든 우리 삶은 명분에 의해 좌우되는 경우가 많다. 사람이 모이는 어느 집단에나 존재하는 정치라는 것은 결국 누가 명분을 가지고 사람을 움직이느냐에 따라 그 판도가 달라진다. 명분만 있다면 실수조차 미래를 위한 값진 수험료로 인정되기도 한다.

〈자경문〉을 만들기 전에 율곡은 당시 나라에서 금기하던 불교에 몸을 의지하고 있었다. 비록 그가 머리를 깎지는 않았지만, 당시 조선은 불교를 엄격하게 금하던 시대여서 '불교에 귀의했다'는 소문만으로도 얼마든지 사회적으로 매장당할 수 있었다. 그런데 이 〈자경문〉이야말로 그가 다시 고향으로 돌아가고, 친구들 곁으로 돌아오고, 사회에 복귀하는 데 좋은 명분이 되어 주었다. 비록 갑작스럽게 어머니 신사임당을 잃은 정신적인 고통으로 방황하기는 했지만 〈자경문〉의 첫째를 입지로 둠으로써, 선비로서 마땅히 해야 할 큰 뜻을 찾아 돌아왔음을 선언한 것이다. 이 선언과 함께 율곡은 성공적으로 선비 사회에 복귀했고, 그 후 '입지'는 그가 철학을 설파할 때의 중심 사상이 되었다.

실제로 당시 율곡에게는 '입지'가 매우 절실했다. 더 이상 방황하고 흔들리지 않기 위해 '스스로를 경계하는 글'을 짓는 데 있어 '입지'만큼 삶의 중심을 잡아 주는 강력한 철학도 없기 때문이다. 그런 의미에서 "먼저 그 뜻을 크게 가져야 한다. 성인을 본보기로 삼아서 털끝만큼이라도 성인에 미치지 못하면 나의 일은 끝마친 것이 아니다"라는 〈자경문〉의 첫 구절은 율곡 자신의 생생한 체험과 혹독한 시련을 거름 삼아 평생토록 마음을 다잡고 옛 성현의 삶과 가르침을 향해 용맹 정진하겠다는 맹서를 담은 일종의 선언문이라고 할 수 있다.

이처럼 평생의 큰 뜻을 세우는 일은 이제 자신의 인생을 결정하고 책임을 질 수 있는 힘이 생겼음을 의미한다. 율곡 역시 이 깨달음을 통해 비로소 소년 천재에서 성숙한 한 인간으로 거듭날 수 있었다.

리더의 뜻을 바로 세워라

사회적 동물인 인간은 크든 작든 여러 집단에 속해 있다. 작게는 가정에서 크게는 사회와 국가 혹은 전 세계적인 집단에 속하기도 한다. 그리고 사람들은 이런 무리 속에서 언젠가 다른 사람을 이끄는 위치에 오르기도 한다. 리더가 되기 전까지는 자기 자신만을 통제하고 다스리는 것으로 충분했지만, 리더가 된 후에는 다른 사람을 이끄는 능력이 필요하다.

이렇게 다른 사람을 이끄는 위치에 선 사람에게 가장 중요한 것이 바로 뜻을 세우는 일이다. 리더는 자신은 물론 다른 사람의 존망(存亡)을 좌우할 만큼 막강한 힘과 막중한 책임을 가지고 있다. 리더의 힘이 발휘되는 방향은 리더의 뜻이 어디에 있는가, 또 얼마나 확고한가에 달려 있다. 그런 만큼 리더가 뜻을 세우는 일은 미룰 수도 없고 또 다른 것으로 대체할 수도 없는 아주 중요한 작업이다.

이러한 이유 때문에 율곡은 새로이 임금의 자리에 오른 선조(宣祖)의 첫 출발 또한 반드시 입지로부터 시작되어야 한다고 생각했다. '성군(聖君)이 되겠다'는 확고한 뜻이 서 있을 때에야 비로소 나라와 백성을 태평하게 하는 정치를 펼 수 있다는 것이 그의 생각이었다. 그래서 율곡은 선조에게 『맹자(孟子)』를 진강(進講)한 첫 경연 자리에서 무엇보다 자신의 입지 사상을 적극 권면했다. 이제 18세가 되는 어린 임금에게 무엇보다 중요한 것은 자리에 맞는 큰 뜻을 가지는 것이라고 믿었던 것이다.

선조가 어린 임금이라는 사실은 율곡에게 무한한 가능성과 희망을 품게 만들었다. 자신도 20세에 입지의 길에 들어서지 않았던가? 그리고 23세 때 퇴계(退溪) 선생을 만나 삶의 방향을 정하지 않았던가? 율곡은 "이제 임금이 성군의 뜻을 세우고, 조정과 재야의 훌륭한 선비들이 스승으로 나서 방향을 잡아준다면, 조선은 세종(世宗)대왕 이후 다시 한 번 나라와 백성이 모두 평안한 태평성대를 이룰 수 있을 것"이라고 생각했다.

임금께서는 한 시대의 사조가 어떤 것인지를 살펴서 그것이 잘못되었다면 폐단을 바로잡아야 합니다. 지금은 권세 있는 간신들이 나라와 백성을 억압한 뒤라* 선비의 풍습이 시들고 게을러져서 오로지 녹봉이나 받아먹고 제 몸이나 살찌우는 것만 알 뿐입니다. 임금께 충성하고 나라와 백성을 걱정하는 마음이 조금도 없습니다. 세상의 흐름이 이러하니 임금께서

---

* 명종 시절 외척에 의해 부정부패가 난무하고 정국이 어지러웠던 시대를 뜻한다.

는 마땅히 '크게 일을 성취하겠다는 뜻'을 분발하여 사기를 진작시키십시오. 그래야만 세상의 도리가 변할 수 있을 것입니다.

『경연일기(經筵日記)』 선조 2년(1569) 8월

오늘날 선조는 당쟁의 폐단과 임진왜란(壬辰倭亂)의 참화를 부른 암군(暗君)이라는 혹독한 비평의 대상이 되고 있지만, 사실 처음부터 무기력하고 무능력한 임금은 아니었다. 문정왕후(文定王后)와 윤원형(尹元衡)의 폭정에서 겨우 벗어나 안정을 찾아가던 2년 만에 명종이 후사 없이 죽자, 특별히 명종(明宗)의 총애를 받던 선조가 왕으로 등극했다. 16세라는 어린 나이로 인해 즉위 초에는 명종 비 인순왕후(仁順王后) 심씨가 수렴청정을 했으나, 정사 처리에 능숙하여 1년 만에 친정을 하게 될 정도로 선조는 영민했다.

즉위 초 선조는 오로지 학문에 정진하고 매일 경연에 나가 정치와 경사(經史)를 토론하고 제자백가서 대부분을 섭렵할 정도로 뛰어난 군왕의 자질을 보였다. 또한 성리학적 왕도정치를 적극적으로 받아들여 정계에서 훈구, 척신 세력을 모두 몰아내고 사림(士林)의 명사들을 대거 등용했다. 이로써 민심은 안정되고 정계는 사림의 어진 선비들로 넘쳐나서 잠시나마 문치(文治)의 깃발 아래 나라와 조정은 평화를 되찾았다. 이 때문에 후대의 일부 학자들은 선조를 두고서 호학군주(好學君主)라거나, 그의 시대를 일컬어 목릉성세(穆陵盛世)*라고까지 높게 평가했다. 학문을 사랑한 선조는 비록 퇴계와 율곡으로부터 존경까지 받는 군왕이 되지는 못했지만 당시 성리학의 거두였던 이 두 학자를 나라의 스승으로 추앙하고 존중

---

* 목릉은 선조의 능호다.

했다.

실제 선조는 즉위하자마자 퇴계 이황(李滉)을 스승으로 불러들였다. 병을 이유로 퇴계가 임금의 부름에 응하지 않자, 선조는 친히 편지를 보내 "어진 임금은 어진 사람을 스승으로 삼아 성군이 되는 것이오"라고 하면서 어리석은 자신을 깨우쳐 달라며 극진한 예우로 모셨다. 선조가 퇴계의 가르침을 따라 '성군의 길'을 가겠다고 다짐한 만큼, 율곡은 다가올 찬란한 미래에 대한 기대감에 마음이 더욱 크게 부풀어 올랐다. 그러나 율곡의 부푼 기대와는 달리 정작 선조는 퇴계의 가르침에 별반 관심을 보이지 않았다.

결국 퇴계는 1569년(선조 2년) 3월 늙고 병약함을 이유로 들어 사직하고 고향으로 돌아가고 만다. 이때 퇴계는 선조에게 사림의 어진 선비들을 중용해 성군의 길을 가라고 거듭 당부했다. 율곡은 퇴계가 경북 예안(안동)으로 돌아간 후 5개월여가 지난 8월 16일부터 경연에 참석해 선조를 가르치기 시작했다. 하지만 율곡의 노력과 헌신에도 불구하고 선조는 성군의 뜻을 세우지 않았다. 게다가 그는 시간이 지나자 신하들의 간언을 뿌리치는 방법까지 나름대로 터득했다. 그 방법이란 말을 아주 드물게 하거나 신하들의 주청에 아예 대답을 하지 않는 것이었다. 알겠다는 것인지 모르겠다는 것인지 종잡을 수 없도록, 언제나 대충 얼버무리며 넘어가려고만 했다.

율곡은 선조의 문제를 이렇게 판단했다.

지혜롭지 못한 사람은 스스로 자질이 빼어나지 못하다고 한계를 긋고 뒷걸음치며, 현실에 안주하고 자기 합리화하면서 앞으로 나아가려 하지 않습니다. 이런 사람은 앞으로 나아가면 성인도 되고 현인도 되며, 뒷걸음치면 어리석은 사람도 되고 못난 사람도 되는 것이 모두 자기 스스로 하기에 달려 있다는 사실을 알지 못하는 것입니다.

「성학집요」〈수기 상〉

이처럼 선조는 훌륭한 스승을 얻어 옳은 길을 가는 방향은 잡았지만 한 곳에 머무르며 더 나아가려 하지 않았다. 원래 선조가 왕위 승계와는 상관이 없던 왕족이었던 데다가 적손이 아닌 방계 승통이었던 만큼 정치적인 자신감이 없었던 것이 그 까닭일 수도 있겠다.

또한 선조 시대에는 과학적으로 해석할 수 없는 자연 현상들이 빈번히 일어나곤 했다. 당시는 이런 일들이 모두 왕이 부덕해서 일어난다는 인식이 보편적이었던 만큼 선조에게는 심적 부담이 컸을 것으로 보인다.

하지만 어떤 불리한 조건이나 상황도 백성과 나라의 앞날을 좌지우지하고 있는 리더가 제 역할을 해내지 못한 데 대한 면죄부가 될 수는 없다. 더욱이 리더가 실천은 하지 않고 단지 현학적인 학문을 하는 데만 머무른다면 현실과 동떨어진 정치적 폐단을 낳기 쉽다. 선조는 결국 죽을 때까지도 자신의 한계를 극복하지 못했다. 그리고 그의 말뿐인 선비(사림) 중심의 정치로 인해 정국은 이른바 동인(東人)과 서인(西人) 간의 당파싸움에 휘말리기 시작했다. 이처럼 불안한 정국은 결국 임진왜란이라는 크나큰 역사적 상처로 이어졌다.

그렇다면 임금에게 있어 입지란 무엇일까? 율곡이 생각한 임금의 큰 뜻은 '왕도(王道)를 실천하여 어진 정치를 펼치는 것'이었다. 그리고 이를 위해서는 먼저 학문에 공을 쏟아야 하는데, 이때의 학문이란 자신의 학식을 자랑하기 위해 배우는 것만이 아닌 실천하는 것까지를 의미했다.

임금이 다스리려고 하지 않는다면 그만이겠지만 만약 다스리려 한다면 반드시 먼저 학문에 공을 쏟아야 합니다. 이른바 학문이라는 것은 옛날 책을 많이 읽는 것뿐만이 아닙니다. [중략] 필부는 집에 있으므로 아무리 학문의 공이 있다 해도 그 효과가 세상에 나타나지 않지만, 임금은 그렇지 않아 마음과 뜻에 온축된 것이 정사에 발휘되는 까닭에 그 효과가 즉시 나타납니다. [중략] 만약 전하께서 하는 일 없이 그저 세월만 보내면서 형식만을 일삼는다면, 비록 공자와 맹자가 좌우에 있으면서 날마다 도를 논한다 하더라도, 또한 무슨 유익함이 되겠습니까.

『경연일기』 선조 2년(1569) 8월

지존(至尊)의 자리에 있는 임금은 신하와 백성 또는 나라 전체가 움직일 만한 큰 뜻을 세워 목표로 삼아야 한다. 리더가 세우는 뜻은 모든 사람들이 함께 갈 방향이기 때문이다. 이때 목표는 추상적인 단어나 선언으로 끝나서는 안 된다. 반드시 실천 의지와 함께 구체적인 계획이 담겨 있어야 한다. 임금의 강력한 의지와 현실적인 실천이 동반되지 않는다면 마음은 있으나 뜻을 세우지 않은 것과 같기 때문이다.

마찬가지로 율곡이 임금은 다스림의 근본과 그 뜻을 '성군과 선치(善治)'에 두어야 한다고 했던 것은, 선조에게 성군이 되겠다는 큰 뜻을 선포하고 선정(善政)을 실천할 것을 요구한 것이다. 임금의 강력한 의지와 실천만이 혼란스러운 나라를 안정시키고 백성을 평안하게 만들 수 있다고 생각했기 때문이다. 그것이 바로 임금이 가야 마땅한 길, 즉 왕도가 아니겠는가.

임금의 가장 큰 도리는 올바른 학문을 깊게 공부해 선악의 귀추를 밝히고 충성심과 간사함이 나뉘는 길을 분별하여 바른 도리로 나아가는 데 있다. 따라서 먼저 임금의 뜻이 정해져야 한다. 임금의 뜻이 정해지면 세상은 다스려진다. 이른바 뜻을 정한다는 것은, 마음은 한결같이 하고 뜻은 정성스럽게 하여 선한 것을 굳게 지킨다는 것이다. 일반적으로 의리를 먼저 다하지 않으면 많이 들어도 마음이 흔들리기 쉽고, 뜻을 먼저 정하지 않으면 선한 것을 지키더라도 선에서 벗어나기 쉽다.

『성학집요』〈수기 상〉

율곡은 마치 임금이 '성군의 뜻과 방향'을 좇아 정치를 하도록 이끄는 것이 자신이 벼슬하는 유일한 이유인 양 줄기차게 선조에게 자신의 뜻을 밝혔다. 그것은 또한 일찍이 자신이 세운 뜻, 즉 성현의 뜻을 본받아 몸소 실천하는 길이기도 했다.

준사탁마
準師琢磨

【 평생의 스승을 찾아라 】

'묵비사염(墨悲絲染)'이라는 고사성어가 있다. 묵자는 실이 물드는 모습을 보고 슬퍼했다는 뜻인데, 묵자가 파랑색을 물들이면 파랑색 실이 되고 노랑색을 물들이면 노란색 실이 되는 광경을 지켜보다가 사람 역시 교육에 따라 그 성품과 습관이 좋게 되기도 하고 나쁘게 되기도 한다는 사실을 깨달았다는 옛이야기를 담고 있다. 또한 흰 실은 검게 염색되면 다시 흰 실이 되기 어렵듯이, 사람 또한 한 번 악에 물들면 다시 선해지기 어렵다는 것을 가리키는 말이기도 하다.

사람의 성품과 습관에 크게 영향을 끼치는 이는 부모와 친지를 비롯해 주변에 다양하게 존재한다. 하지만 체계적인 교육은 사람이 어느 정도 인지 능력이 생겨야 비로소 이루어질 수 있는데 이때 중요한 사람이 바로 스승이다. 스승이란 몸과 마음의 기본을 세우게 하고 다양한 지식과 지혜를 전수하여 깊은 통찰력을 갖도록 도와주는 존재다. 부모가 몸을 주었다면 스승은 정신을 만들어 준다. 율곡 역시 이런 스승의 필요성을 잘 알고 있었기에 평생의 스승을 찾기 위한 수고를 아끼지 않았다.

금강산에서 내려와 1년여 동안 강릉의 외조모 곁에서 학문에 정진한 율곡은 이듬해(1556) 봄 서울로 돌아와 치른 한성시(漢城試)에서 장원급제했다. 그러나 율곡은 아직 벼슬에 나아갈 뜻이 전혀 없었다. 벼슬길에 나서기 전에 먼저 '성인이 되겠다'는 자신의 뜻을 확고하게 하려면 공부에 더욱 정진해야 한다고 생각했기 때문이다.

율곡이 갈고닦은 학문의 뿌리는 유학 특히 성리학이다. 성리학을 공부하는 선비들은 멀게는 유학의 종조(宗祖)인 공자와 맹자를, 가깝게는 성리학의 창시자인 주자를 성인의 모델로 삼았다. 율곡 역시 이들의 학문과 삶을 자신이 세운 뜻의 본보기로 삼았다. 그렇다면 공자와 맹자 그리고 주자가 추구한 학문과 삶이란 무엇일까? 그것은 어진 마음(仁)과 의로운 행동(義)과 올바른 몸가짐(禮)으로 자신을 닦고(修己) 백성을 가르치며(教人) 나라를 다스리는(治國) 일이었다. 율곡이 '털끝만큼이라도 성인에 미치지 못하면 나의 일은 끝난 것이 아니다'라고 말한 것이 바로 이것이다. 율곡에게는 이 일이야말로 진정 '사람다움의 길'이었다.

이렇게 자신이 가야 할 길을 먼저 개척해 간 모범적인 인물을 우리는 역할 모델이라고 한다. 역할 모델은 생존이나 교류 여부와는 관계없이 우리가 힘들 때마다 판단의 기준을 제시하고 비슷한 어려움을 지혜롭게 넘길 수 있도록 도와준다. '그분은 이런 상황에서 이렇게 생각하고 행동했겠지'라든가 '그분이라면 어떻게 했을까'를 생각하면서 힘과 해법을 얻는 것이다.

그런데 여기에 율곡의 다른 점이 있다. 율곡은 자신이 읽고 익힌 경전속의 옛 성인만을 삶의 사표로 삼지 않았다. 그는 자신이 살고 있는 16세기 중반 당대 조선의 선비들 중에서도 본보기로 삼을 만한 스승을 찾았다. 공자와 맹자 그리고 주자가 이미 죽어 교훈과 가르침만 남긴 역할 모델이라면, 당대 조선의 선비들은 현실 속에서 자신의 뜻을 갈고닦으며 제자를 양성하고 나라를 다스리고 백성을 가르치면서 성공과 실패 그리고 희망과 좌절의 한순간 한순간을 생생하게 보여 주는, 살아 움직이는 역할 모델이었다.

율곡이 젊은 시절을 보낸 1550~1560년대 조선에는 학문과 삶의 역할 모델로 삼을 만한 큰 선비와 학자들이 무수히 많이 활동하고 있었다. 특히 1501년생 동갑내기인 퇴계 이황과 남명 조식(南冥 曺植)은 사림의 본향인 영남 사림의 양대 거두로서 큰 존경과 추앙을 받고 있었다. 율곡은 두 사람을 직접 찾아가거나 편지를 쓰거나 그들의 글을 읽으면서 배움을 얻고자 노력했다.

현명한 사람은 언제나 위인이 걸어간 길을 따르고자 하고, 가장 뛰어난 인물을 모범으로 삼는다. 이로써 비록 자신이 위인들과 똑같이 되지는 못하더라도 최소한 그 향기는 얼마만큼이라도 간직할 수 있게 된다. 율곡은 평생을 가져갈 큰 뜻을 세웠다면, 이를 실천하는 데 정신적인 지주가 될 수 있는 역할 모델을 찾아야 한다고 생각했다. 그들은 말이나 글 혹은 행동을 통해서 평생의 뜻을 이루는 데 큰 힘이 되어주기 때문이다.

율곡의 평생 스승, 퇴계 이황

율곡의 첫 번째 스승은 어머니 신사임당이었다. 그 후 그가 어떤 인물에게 가르침을 받았는지에 관한 구체적인 기록은 없다. 우암 송시열(尤庵 宋時烈)이 편찬한 〈율곡연보(栗谷年譜)〉를 보면, 율곡의 학문적 성취는 스스로 공부해 이룬 것이 대부분이라는 사실을 짐작해 볼 수 있다.

선생(율곡)은 처음에는 모부인(신사임당)에게 수학했고, 간혹 집 밖의 스승에게 나아가기도 했지만 힘들이지 않고도 학문이 날로 성취되었다. 이때에 이르러서는 문리(文理)가 다 통해져서 사서(四書) 등 모든 경서(經書)가 저절로 통했다.

『율곡전서』 〈연보(年譜)〉

그렇다면 율곡에게는 스승이라고 할 만한 사람이 없었는가? 그렇지 않다. 율곡은 특정 인물의 문하에 들어가 스승으로 섬기면서 가르침을 받는 대신 앞서 말했듯이 스스로 자신이 존경할 수 있는 역할 모델 즉 스승을 찾아 나서는 방법을 선택했다.

23세 되던 1558년(명종 13년) 봄, 율곡은 처갓집이 있는 경상도 성주에서 강릉의 외조모 댁으로 가는 도중에 평소 마음속 깊이 품고 있던 한 사람을 찾아 나섰다. 다름 아닌 퇴계 이황이었다. 퇴계를 찾아간 율곡은 그곳에서 이틀 밤을 묵었다. 그는 〈쇄언(瑣言)〉이라는 글을 통해 당시의 만남을 이렇게 밝혔다.

퇴계 선생은 병 때문에 고향으로 돌아가 예안현(禮安縣)의 산골짜기 사이에 터를 닦아 집을 짓고 장차 그곳에서 여생을 마칠 생각이었다. 무오년(1556, 명종13) 봄, 내가 성산(聖山, 성주)으로부터 임영(臨瀛, 강릉)으로 가는 도중에 예안에 들러 퇴계 선생을 찾아뵈었다. 그때 다음과 같은 율시

한 수를 올렸다.

溪分洙泗派	시냇물은 수사(洙泗, 공자)에서 나뉜 갈래이고
峯秀武夷山	봉우리는 무이산(武夷山, 주자)처럼 빼어나네.
活計經千卷	살림살이라고는 천여 권의 경전뿐이고
生涯屋數間	살아가는 방도는 두어 칸의 집뿐이네.
襟懷開霽月	뵙고 싶은 회포 푸니 가슴은 구름 속의 달 보듯 환하고
談笑止狂瀾	웃음 띤 말씀은 거친 물결을 멈추게 하네.
小子求聞道	보잘것없는 저는 사람의 도리를 얻고자 하니
非偷半日閒	반나절 한가로움을 훔친다고 나무라지 마소.

퇴계 선생은 이렇게 화답하셨다.

病我牢關不見春	병든 나는 여기 갇혀 봄도 미처 보지 못했는데
公來披豁醒心神	그대가 찾아와 내 마음이 상쾌해졌네.
始知名下無虛士	이름난 선비에게는 헛된 명성 없음을 비로소 알겠고
堪愧年前闕敬身	지난날 공경한 몸가짐 부족한 것이 못내 부끄럽구나.
嘉穀莫容稊熟美	좋은 곡식은 잡풀의 무성함을 용납하지 않고
游塵不許鏡磨新	떠다니는 먼지는 거울의 깨끗함을 허락하지 않네.
過情詩語須刪去	기쁨에 겨워 과장한 시어(詩語)는 지워버리고
努力功夫各日親	노력하고 공부하여 나날이 배움의 뜻에 가까워지세.

나는 이틀 밤을 거기에서 묵고 작별 인사를 드렸다.

『율곡전서』〈쇄언〉

32

당시 퇴계는 풍기 군수를 마지막으로 50세 때 관직에서 물러나 고향으로 돌아와 있었다. 이후 그는 명종의 부름에도 일체 응하지 않고 오로지 학문을 닦고 제자를 가르치는 일에만 몰두했다. 거듭된 사양에도 불구하고 끊임없이 벼슬길에 나설 것을 종용하는 명종에게 퇴계는 자신의 강한 의지를 이렇게 밝혔다.

어리석음을 숨기면서 벼슬을 도둑질하는 것이 마땅하겠습니까. 병으로 폐인이 된 자가 마땅하겠습니까. 헛된 명성으로 세상을 속이는 것이 마땅하겠습니까. 직무를 다하지 못하면서 물러나지 않는 것이 마땅하겠습니까. 이 다섯 가지 마땅하지 못함을 지닌 채 벼슬을 한다면 신하된 자의 의로움이라고 할 수 없습니다. 엎드려 바라옵건대 신이 사정에 어둡고 어리석음을 살피시고, 신의 병약함과 수척함을 불쌍하게 여기시어 앞서 윤허하신 대로 이곳 시골로 물러나 허물을 고치고 병을 다스리며 여생을 끝마칠 수 있도록 해주십시오.

이황, 『퇴계전서』 〈벼슬에서 물러나기를 간청하며 올리는 글(乞致辭狀)〉

퇴계는 일찍부터 자신의 호에 사용한 '물러날 퇴(退)'의 의미처럼 평생토록 헛된 이름과 벼슬에 마음을 두지 않고 물러나 앉아 자신의 뜻을 기르고자 했다. 자신이 힘써야 할 평생의 과업은 벼슬의 길이 아닌 학문의 길을 좇아 '사람다움의 진정한 도리'를 찾고 실천하는 것이라 여겼기 때문이다. 그런 퇴계가 벼슬길에 나선 이유는 단 하나, 집안 살림이 몹시 궁색해 늙은 어머니가 가난으로 고생하자 차마 자식 된 도리를 다하지 않을 수 없어서였다. 따라서 율곡이 볼 때 퇴계야말로 입신양명과 부귀영화를 멀리한 채 평생 배움에 뜻을 두고 학문과 사람다움의 길을 좇아 스스로를 갈고닦아 온 성인의 본보기 그 자체였다. 이제 막 입지의 길, 곧 배움의 뜻을 세워 성인이 되겠다고 다짐한 젊은 율곡에게 평생을 그렇게 산 퇴계의 삶은 경외의 대상일 수밖에 없었다.

퇴계의 집에서 머문 사흘 동안 율곡은 정신적으로 의지할 수 있는 스승을 얻었고 퇴계 역시 젊음과 열정을 바탕으로 훌륭한 선비로 성장할 만한 후배를 만나는 기쁨을 맛보았다. 특히 퇴계는 이날의 만남과 헤어짐에 대해 훗날 자신이 가장 아끼던 제자 조목(趙穆)에게 보낸 편지글에서 '후생가외(後生可畏, 젊은 후배들을 두려워할 만하다)'라는 표현을 써가면서까지 율곡을 높여 칭찬했다.

일전에 한양 선비 이이가 나를 찾아왔다네. 비가 오는 바람에 사흘을 머물다가 떠났는데, 그 사람됨이 밝고 쾌활하며, 본 것과 기억하는 것이 많아서 자못 우리 학문(성리학)에 뜻이 있었네. 그래서 옛 성현의 '후생가외'라는 말씀이 진실로 나를 속이지 않았음을 알았네.

이황, 「퇴계전서」 〈조사경에게 보내다(與趙士敬)〉

이때부터 율곡은 퇴계가 사망한 1570년까지 십여 차례의 서신 왕래를 통해 수시로 노스승에게 배움의 뜻과 사람다움의 도리를 묻고 가르침과 훈계를 받았다. 퇴계는 율곡의 편지에 성의껏 답하며 끊임없이 율곡에게 배움과 실천에 정진할 것을 독려했다.

세상에 빼어난 자질에 어찌 제한이 있을 수 있겠는가. 다만 옛 성현의 학문에 마음을 두고 배우는 일을 좋아하지 않기 때문일 뿐이네. 그것은 온 세상 사람 모두가 그러하네. 그 가운데 스스로 이런 세상의 풍속에서 벗어난 사람이 있어도 혹은 자질이 미치지 못하고 혹은 나이가 이미 늘어서 할 수가 없네. 그렇지만 그대는 뛰어난 자질을 갖췄고 또한 젊은 나이에 올바른 길을 향해 출발했네. 앞으로 그대가 성취할 것들은 헤아리기조차 어려울 만큼 많다네. 바라건대 오직 천만 번 원대해지기를 스스로 기약하면서 자그마한 소득에 스스로 만족하지 말게나.

『율곡전서』 〈쇄언〉

퇴계의 이런 가르침들이 율곡이 스스로 세운 큰 뜻을 더욱 확고히 다지는 데 결정적인 역할을 했음은 말할 나위가 없다. 이렇듯 퇴계라는 살아 있는 역할 모델이 있었기 때문에 율곡은 스스로를 더욱 경계하고 채찍질할 수 있었다. 율곡과 퇴계의 관계에서 알 수 있듯이 스스로 세운 뜻을 구체화하기 위해서는 스승의 역할이 무엇보다 중요하다.

훗날 율곡은 퇴계 사후 2주기(1572년 12월)를 맞아 제문(祭文)을 지었는데, 그 글에서 자신과 퇴계의 관계를 이렇게 썼다.

제가 배움의 길을 잃고 정신없이 헤맬 때, 사나운 말은 이리저리 치달리고 가시덤불 속에서 길을 잃었습니다. 그때 퇴계 선생님께서 깨우쳐 주어서 삶의 방향을 바로잡을 수 있었습니다.

이렇듯 퇴계를 스승으로 삼아 '배움과 실천의 뜻'을 좇고 힘을 얻을 수 있었기에, 젊은 천재 율곡은 이후 위대한 학자이자 사상가로 거듭날 수 있었다.

입지필행
立 志 必 行

【 반드시 실천하라 】

큰 뜻을 세웠다면, 그 뜻을 향해 나아가기 위한 공부를 먼저 시작해야 한다. 배우지 않고 뜻을 이룰 수 있는 사람은 없다.

성리학에서는 모든 만물에는 올바른 이치가 있다고 말한다. 부모와 자식, 군주와 신하, 남편과 아내 등 모든 인간들 사이에 관계가 있듯이, 다른 사람의 이치도 나의 이치와 같고, 사물의 이치 역시 사람의 이치와 다를 바 없다는 것이다. 따라서 누구라도 뜻을 세워 세상 만물의 이치를 깨닫고자 열심히 배운다면 성인의 경지에 오를 수 있다. 그래서 김정희(金正喜)는 『완당집(阮堂集)』에서 "오로지 마음을 침착하게 하고 널리 배우며 진실하고 성실하게 행동하면서 '사실에 근거한 진리를 추구한다'는 것만을 기억하고 실천하면 된다"고 했던 것이다.

한편 율곡은 뜻을 세우고 공부를 하는 데 있어 그 중심을 잃거나 쉬운 길을 찾으려는 요령을 부려서는 안 된다고 경고했다. 견고하게 뜻을 세운 만큼 그에 맞는 핵심을 찾아 깊이 있게 배우는 것이 중요하다는 것이다.

학문을 할 때는 널리 배워야지 지름길을 찾아 요약해서는 안 됩니다. 다만 배우는 사람이 방향을 정하지 못하고 마음을 굳게 세우지 않은 상태에서 먼저 넓히는 것만 일삼으면 마음이 한곳에 집중되지 않아서 취하고 버리는 것이 정확하지 못하고 본질에서 벗어나 진실을 잃을 염려가 있습니다. 그러므로 반드시 중요한 길을 찾아서 확실하게 문을 열어 놓은 다음에라야 분야에 관계없이 널리 배울 수 있고, 하나의 예에서 유추하여 앎을 확장시킬 수 있습니다.

『성학집요』〈서(序)〉

모든 이치는 같기 때문에 핵심을 찾아 깊이 배우면 다른 이치까지 깨닫게 되어 굳이 학문을 넓히는 데 마음을 쓰지 않아도 저절로 공부가 넓어지게 된다. 이는 마치 서울로 가는 길이 천 갈래 만 갈래 있는데, 그중 한 길을 택해 서울에 도달하고 나면 다른 길들도 모두 서울로 통한다는 것을 유추해 알 수 있는 것과 같다. 공자가 제자들에게 말한 일이관지(一以貫之), 곧 '하나의 이치로 모든 것을 꿰뚫는다'는 것 역시 이와 다르지 않다. 많이 배워서 모든 것을 기억하는 것이 아니라 하나의 이치로 다른 것을 유추해 앎을 확장해 나갈 수 있다는 뜻이다.

율곡은 공부를 할 때도 정신을 집중해서 여러 방향으로 궁리하며 배운 것을 완전히 자기 것으로 만들어야 한다고 했다. 많은 사람들이 배우고도 기억하지 못하는 것은 진지한 자세로 생각하며 공부하지 않기 때문이다. 그래서 그는 『성학집요』에서 주자의 말을 인용해 "배운 글을 기억하지 못하겠으면 숙독하라. 그러면 기억할 수 있다. 뜻을 정확히 알지 못하겠으면 자세히 생각하라. 그러면 정확하게 알 수 있다"고 충고했다.

특히 율곡은 "옛날에 배우는 사람은 자신을 위해 공부했는데 오늘날 배우는 사람은 남을 위해 공부한다"는 『논어』의 글을 인용하며, 무엇보다 모든 공부가 자신이 세운 뜻을 이루기 위한 것이어야지, 사사로운 감정과 욕심에 의해 이루어져서는 안 된다고 보았다.

남을 위한다는 것은 남에게 알려지길 원하는 것이다. 남에게 알려지길 원하는 사람은 명예와 이익을 원하는 것이므로, 공부를 하는 근저에 사심이 깔려 있다. 율곡은 이렇게 명예와 이익을 원하는 마음은 이미 그 근본(큰 뜻)을 잃은 것과 같다고 했다. 명예와 이익을 원하는 사람은 배움의 길을 갈 때도 다른 사람의 눈에 드는 것만 선택하고 그것만을 말하려 하는 법이다. 그런데 삶의 큰 뜻을 세울 때 그 중심을 사사로운 욕심으로 채우려는 사람은 없다. 평생을 지켜야 할 가치관이 부나 명예 혹은 출세나 권력이 될 수는 없지 않은가. 이런 식의 사사로운 욕심을 위해 배움의 길을 선택한다면, 그는 이미 '뜻을 세웠다'고 볼 수 없다.

스스로를 위해 깨달음을 구하는 사람은 남에게 알려져야 할 필요를 느끼지 못하는 법이다. 올바른 뜻을 세웠으면 작은 욕심에 흔들리거나 게으른 마음에 지지 말고 바른 공부의 길을 가야 한다.

뜻을 세우고 행동하라

타고난 몸은 바꿀 수 없다. 타고난 성별도 바꿀 수 없고, 목소리도, 힘의 세기도 어느 것 하나 바꿀 수 없다. 이를 두고 사람들은 이미 정해진 분수가 있어 그것을 받아들이고 살아야 한다고 말하기도 한다. 하지만 사람이 자기 힘으로 바꿀 수 있는 것이 한 가지 있으니, 그것은 바로 마음과 뜻이다. 마음과 뜻은 어리석은 것을 지혜롭게도 할 수 있고, 모난 것을 어질게 바꿀 수도 있다. 사람의 마음은 비어 있고 차 있는 것이 본래 타고난 것에 구애되지 않기 때문이다. 그래서 옛사람들은 누구나 어진 마음과 지혜로운 뜻을 갖겠다고 마음먹고 노력한다면 성인이 되지 못할 이유가 없다고 확신했다.

이때 '어진 마음과 지혜로운 뜻을 갖겠다'고 마음먹는 것이 바로 입지, 즉 뜻을 세우는 일이다. 그리고 이것을 이룰 수 있도록 길을 열어 주는 것이 공부이며, 마침내 성인이 되도록 이끄는 것이 행동이다. 그러므로 뜻을 세워 배움의 길에 들어섰으면 행동 역시 그에 따라야 한다. 이렇게 단순한 원리를 지키는 것으로 성인의 경지에 오를 수 있는데, 많은 사람들이 이를 특별한 사람들만의 길이라고 여긴다.

보통 사람과 성인의 근본 성품은 한 가지요, 둘이 아니다. 비록 그들이 가진 기질에는 맑고 흐린 것, 또는 순수하거나 뒤섞인 것의 차이는 있다고 하겠다. 하지만 진실로 몸소 실천해서 자기가 가졌던 옛 풍습을 버리고 타고난 본래의 성품을 회복한다면 여기에 터럭만큼도 보태는 일 없이도 만 가지나 착한 일을 다 가질 수 있다. 그런데도 사람들은 왜 성인이 되려고 애쓰지 않는가?

『격몽요결』〈입지〉

사람들은 배우고 말을 하는 것은 비교적 쉽지만, 실천하는 일이 쉽지 않다고 말한다. 대개 말로는 '뜻을 세웠다'고 하면서도 이를 향해 나아가려 하지 않고 가만히 있으면서 어떤 효과가 나타나기만을 기다리는 것이다. 어떤 변명을 하든 그러한 사람들에게는 실상 진정한 배움과 깨달음을 얻으려는 정성이 결여되어 있다고 할 수 있다. 만일 뜻이 진정 학문에 있다면 어진 사람이 될 것은 당연한 이치이고 또 올바른 일을 행하면 그 효력은 분명히 나타난다. 그런데도 왜 이것을 특정한 사람들만의 길이라고 여기거나 나중에 여유가 생기면 하겠다고 기다린단 말인가? 이는 사람들의 말처럼 평생 한 뜻을 실천하는 일이 쉽지 않기 때문이기도 하지만, 그 근본적인 원인은 뜻이 확고하게 서 있지 않은 까닭이다.

주자는 말했다. "뜻이 서지 않으면 힘을 쓸 곳이 없다. 귀한 사람이 되기만 바라고 좋은 사람이 되기는 바라지 않는 것은 모두 뜻이 서지 못한 폐단이다. 되풀이해서 생각하여 폐단을 밝혀내고 용감하게 분발하여 성현이 말한 온갖 말들이 하나도 참된 말이 아님이 없음을 알아야 비로소 뜻을 세울 수 있다. 그런 다음에 공부를 하며 계속 나아가면 할 일은 많다. 이것은 작은 일이 아니다."

「성학집요」〈수기 상〉

뜻을 세웠으면 부지런히 공부하며 오히려 자신이 그 뜻을 따라가지 못할 것을 두려워하여 조금도 뒤로 물러서지 말아야 한다. 그렇지 않고 혹시라도 뜻을 실천하지 못하고 어영부영 세월만 보내고 있으면 죽을 때까지 아무것도 성취할 수 없다. 힘들어도 끝까지 실천해야 한다. 행동이 따르지 않는 뜻은 이미 뜻이 아니다.

타협하거나 포기하지 마라

입지란 단기적인 목표나 꿈이 아닌 평생을 통해 이루어야 할 궁극적인 인생의 목표이다. 따라서 절대 포기하지 않고, 쉬운 길을 찾아 타협하거나 대체하지 않겠다는 굳은 의지를 가지고 실천하는 것이 매우 중요하다. 작은 고난과 시련에도 흔들리는 뜻이라면 이미 입지로서의 의미는 잃은 것이다.

이런 의미에서 율곡은 성인이 단순히 높은 학문적 성과를 이룬 사람을 의미한다고 생각하지 않았다. 율곡의 일생을 보면 알 수 있듯이 그는 누구보다 실천을 중요하게 여겼다. 글을 읽고 외우는 것은 성인의 뜻을 본받아 그대로 행하며 살겠다는 의지의 표현이다. 하지만 입으로만 성인의 말을 읊을 뿐 실천이 없다면 평생 이루지 못할 뜻을 내 것인 양 떠들어 대는 것과 다를 바 없다.

그런 의미에서 율곡은 평생을 성인의 길을 가겠다는 뜻을 몸소 실천한 인물이다. 율곡이 세운 평생의 뜻은 '성인이 되겠다'이다. 이는 과거에 급제해 이름을 드높이고 권력과 출세를 통해 부귀영화를 누리는 삶이 아니다. 오로지 학문에 뜻을 두고 옛 성현을 본받아 수기치인(修己治人), 곧 자신을 갈고닦고 백성을 올바른 길로 이끄는 삶을 의미한다. 그렇기에 율곡은 시간을 아껴 늘 공부하고, 다른 사람이 있든 없든 자신의 몸과 마음을 단속하며, 목숨을 걸고 임금에게 간언했다. 또한 백성들의 삶과 생활에 실질적인 도움을 주는 정책을 펴고자 노력했다. 그러나 불행히도 당시의 정치적 여건은 그의 이런 의지와 실천을 받아들이지 못했다. 특히 선조는 입으로는 성군의 정치를 말하면서도 이를 실천할 의지가 없는 임금이었다. 율곡의 끊임없는 간언에도 선조는 변명과 침묵으로 일관할 뿐이었다.

사실 '성인이 되겠다'는 뜻을 세운 율곡에게 과거 급제와 벼슬살이는 삶의 목적이 아니라 단지 자신이 세운 뜻을 세상에 드러내 밝힐 수 있는 하나의 수단이자 공간에 불과했다. 그렇기에 출사라는 현실적인 문제는 그에게 큰 난관일 수밖에 없었다. 훗날 율곡은 가장 절친한 친구 성혼(成渾)에게 보낸 편지글에서 벼슬길에 나아간 이유가 성현을 본보기로 삼아 실천하기 위한 것임을 밝히면서 학문을 닦으며 가르침을 실천하는 일의 어려움을 이렇게 털어놓았다.

> 벼슬길에 올라 공연히 헛된 이름만 얻는 게 아닌지 모르겠소. 자연에 묻혀 공부만 하자니 성현의 가르침을 실천할 수 없고, 성현의 가르침을 실천하자니 내 뜻대로 되는 것이 하나도 없구려.
>
> 『율곡전서』〈성호원에게 답하다(答成浩原)〉

"군자는 임금을 공경하면서도 임금을 이끌어 도리에 맞도록 하고 만약 의견이 맞지 않으면 떠나간다"는 『성학집요』의 글처럼 율곡은 선조가 나라와 백성을 잘 다스리는 선치(善治)의 방도를 구할 뜻이 없음을 깨닫자 결국 조정을 떠날 생각을 갖게 된다. 하지만 조정을 떠나 학문에만 정진하는 것이 정말 성인의 길일까. 그에게 실천 없는 학문은 죽은 나무와 같았다. 고민을 거듭하던 율곡은 퇴계에게 편지를 보내 보지만 만족스러운 답을 얻지는 못했다.

> 나아가면 시행할 만한 학문이 없고, 물러나면 어디로 돌아갈 만한 곳이 없고, 녹봉이나 받아먹으려고 벼슬을 하자니 잡아매어서 자유롭지 못하게 됩니다. 모르겠습니다. 옛사람 중에도 이런 경우를 당해 잘 처신한 사

람이 있었습니까?

『율곡전서』 〈퇴계 선생에게 올리다(上退溪朱生)〉

당시 퇴계는 "시골로 돌아가서 먹고 지낼 만한 가산(家産)이 없으니, 벼슬에서 물러날 생각은 하지 말라"거나 "때에 따라 의로움으로 처신하고 평소에 배운 바를 저버리지 않는 것"이 상책이라면서 뚜렷한 해결책을 제시해 주지 못했다. 퇴계 자신에게도 출처(出處) 혹은 처신(處身)의 문제는 평생을 고민한 난제 중의 난제였기 때문이다.

그러나 역시 어쩔 수 없소. 오로지 그 우려하는 바를 잘 생각해서 때에 따라 의리로 처리하고 평소 배운 바를 저버리지 않는 것만이 상책이오. 오직 '무부(無負, 저버리지 않는다)', 이 두 글자는 실제 다루기가 쉽지 않소. 보내온 편지에서 말한 세 가지 경우 중 잡아매어서 자유롭지 못하게 되는 것이 가장 처리하기 어려운 일이오. 옛사람의 일은 알 수가 없지만, 지금 그와 같은 경우를 당해서 제대로 처신할 수 없는 사람은 바로 나(퇴계)라고 하겠소.

이황, 『퇴계전서』 〈이숙헌에게 답하다(答李叔獻)〉

선조에 대한 믿음이 회의적으로 변해갈수록 출처와 처신을 둘러싼 율곡의 고민은 깊어만 갔다. 그리고 그때부터 율곡은 평생 벼슬길에 나아가고 물러나는 삶을 반복하게 된다. 사실 퇴계처럼 나랏일은 접어 두고 조용한 곳에 물러 앉아 학문에 정진하며 후학을 기르는 일에만 집중해도 큰 문제는 없었을 것이다. 혹은 지방 고을을 맡아 그곳에서 자신의 정치적 뜻을 펼칠 수도 있었을 것이다. 하지만 율곡은 현실과 타협하려 하지 않았다. 그는 기회만 되면 언제든 상소를 올리고 또다시 벼슬길에 나아가는 일을 마다하지 않았다.

누구나 자기 안에 뜻이 확고하게 자리를 잡고 있으면, 아무리 어렵고 힘든 일이 닥쳐도 이를 극복하고 앞으로 나아가고야 말겠다는 의지가 생기는 법이다. 율곡은 스스로 노력하고 실천하다 보면 언젠가는 선조를 비롯한 신하들도 자신의 뜻을 받아들여 성군의 정치를 펼치게 되리라는 믿음을 버리지 않았다. 그러한 적극적이고 긍정적인 마음가짐이 선조의 침묵과 다른 사람들의 뒷말에도 굴하지 않고 율곡을 계속해서 벼슬길로 나아가게 만든 것이다.

율곡의 적극적이고 긍정적인 마음가짐은 그가 어렸을 때부터 이미 드러났다. 율곡은 어머니를 잃고 방황하는 동안 세상을 등지려고 각오하기도 했지만, 그때도 역시 마음 한구석에는 여전히 언젠가 세상에 나아가 큰일을 하겠다는 뜻을 품고 있었다. 영원히 선비 사회에 복귀할 수 없을지도 모른다는 것을 알면서도 불가에 귀의하고자 금강산으로 떠날 때조차 그런 믿음을 버리지 않은 그였다.

하늘과 땅은 누가 열었으며
해와 달은 누가 갈고 씻었는가.
산과 냇물은 얽혀 있고
추위와 더위는 서로 교차하는구나.
우리 인간은 만물 가운데 처하여
지식이 가장 많도다.
어찌 조롱박과 같은 신세가 되어
쓸쓸하게 한곳에만 매여 있겠는가.

온 나라와 지방 사이에

어디가 막혀 마음껏 놀지 못할까.

봄빛 무르익은 산 천리 밖으로

지팡이 짚고 떠나가리.

나를 따를 자 그 누구일까.

저녁나절을 부질없이 서서 기다리네.

『율곡전서』〈동문을 나서면서(出東門)〉

이 시에서 조롱박 부분은 『논어(論語)』〈양화(陽貨)〉편에서 공자가 말한 "어찌 내가 조롱박과 같을까. 어찌 매달려 있기만 하고 먹히지는 않겠는가(吾豈匏瓜也哉 焉能繫而不食)"라는 문장을 인용한 것이다. 공자는 이 문장을 통해 자신을 알아주는 이가 있을 것이고, 그런 이가 부르면 나서서 일하겠다는 의지를 밝혔다.

율곡 역시 이 시를 통해 언젠가 다시 돌아와 세상을 위해 일할 것임을 내심 노래했다. 그런 자기 확신과 적극적이고 긍정적인 마음가짐이 있었기에 비록 긴 시간 방황은 했지만 결국 마음을 잡고 돌아와 성인에 이르는 학문을 성취하고 평생 이를 실천하며 살 수 있었던 것이다.

아무리 훌륭하고 큰 뜻이라 해도, 어떠한 시련에도 굴하지 않고 평생을 지키겠다는 굳은 의지가 없고 또 그것을 실천하지 않으면 아무 의미가 없다. 비록 어려운 일이 생기고 위기가 닥쳐와도 언젠가 반드시 이를 이기고 앞으로 나아갈 수 있다는 적극적이고 긍정적인 마음가짐과 자기 확신을 갖고, 결코 타협하거나 포기하는 일 없이 자신이 세운 '큰 뜻'을 이루어 나가야 한다는 것, 율곡에게는 그것만이 '입지'의 진정한 의미였다.

혁파구습
革 罷 舊 習

【 낡은 습관을 혁파하라 】

율곡은 입지한 이후에는 반드시 혁구습(革舊習), 즉 '오래 묵혀서 몸과 정신에 깊게 배어 있는 낡은 습관을 혁파해야 한다'고 주장했다. 입지란 '성공의 주춧돌'이자 '절반의 성공'일 뿐이며 온전한 성공을 거두고자 한다면 반드시 낡은 습관과 잘못된 버릇을 매섭고 과감하며 용감하게 끊어 내고 자신을 끊임없이 혁신해야 한다고 생각했기 때문이다.

나쁜 습관과 버릇들은 오랜 시간에 걸쳐 이미 몸에 익숙해져 있기 때문에 고치기가 쉽지 않다. 작심삼일이라는 말도 여기에서 나온 것으로, 몸에 배어 있는 낡은 습관을 이겨 내는 일이 쉽지 않음을 잘 나타내고 있다. 대다수의 사람들이 잘못된 습관임을 이미 알면서도 오늘 행한 것을 내일에 가서 고치지 않고, 아침에 일어나서 후회하면서도 저녁에는 또다시 되풀이한다. 이런 상태로는 아무리 좋은 뜻이 서 있다 해도 이를 이루어 낼 수 없다.

특히 율곡은 조정과 나라가 살아남기 위해서는 뜻을 세워 뿌리 깊게 박혀 있는 낡은 습관을 혁파하는 일이 중요하다고 강조했다. 조정과 나라는 수많은 사람들로 이루어진 만큼, 개인이 낡은 습관을 고치는 것보다 변화하기 더 어렵다. 그러나 비록 개혁과 혁신이 험난한 과정일지라도 해야 할 때 하지 않으면 병에 걸린 사람이 약을 물리고 누워서 죽기를 기다리는 것과 무엇이 다르겠는가?

율곡이 활동하던 당시 조선은 임금의 우유부단함과 붕당정치의 성행, 그리고 계속된 자연재해로 인해 백성들의 삶은 궁핍해지고 국력은 점점 쇠퇴해 갔다. 결국 얼마 지나지 않아 임진왜란이라는 엄청난 역사적 비극을 맞이해야 하는데도, 임금을 비롯한 조정 관료들은 국내외 실정에는 눈을 감은 채 무사안일과 당장의 권력 투쟁에만 집중하고 있었다. 오직 율곡만이 이러한 위기감을 느끼고 그 실상을 '조상이 물려준 낡은 집'에 비유하며 개혁의 긴급함을 호소했다.

비유하자면 자손이 조상이 물려준 낡은 집을 지키고 있는 것과 같습니다. 지은 지 이미 오래되고 목재는 낡아서 집이 곧 썩어 무너지려고 할 때 솜씨 좋은 목수를 부르지 않는다면 보수할 수도 고칠 수도 없습니다. 그러한 상황에 이르러 집주인은 천 리를 멀다 하지 않고 긴급하게 솜씨 좋은 목수를 찾아야 하겠습니까. 아니면 솜씨 좋은 목수를 구하지 못했다는 구실로 그냥 가만히 앉아서 집이 무너지는 광경을 보고만 있어야 하겠습니까? 나라의 악법과 폐단을 개혁하는 것도 이와 다를 것이 하나 없습니다. 아아! 사람의 마음은 옛 풍속을 편안하게 여기고, 세상의 관습은 이전 시대의 규범에 푹 빠져 마치 기러기발을 아교로 붙여 놓고 거문고를 타거나 나무 그루터기를 지키고 앉아서 토끼가 걸려들기를 기다리는 꼴입니다. 눈앞의 무사함만을 다행스럽게 여겨서 뜻밖의 재앙을 불러들이는 경우가 허다합니다. 엎드려 바라옵건대 전하께서는 이 점을 깊이 경계하소서.

『성학집요』〈위정(爲政) 하(下)〉

낡은 집을 보수하고 혁신하려면 집주인의 의지가 무엇보다 중요하다는 말은, 곧 낡아서 허물어져 가는 당시 조선을 새롭게 거듭나게 하는 길은 오로지 임금의 확고한 개혁 비전과 강력한 실천 의지에 있다는 뜻으로 해석할 수 있다.

꼭 위기 상황이 아니더라도 누구에게나, 그리고 어느 사회에나 앞으로 나아가는 것을 방해하는 요소들이 있게 마련이다. 이런 것들은 지금은 작고 별것 아닌 것처럼 보일 수 있지만, 시간이 지날수록 그 힘이 강해져 나중에는 큰 위기를 초래할 수도 있다. 그런 의미에서 뜻을 세웠으면 그 뜻을 이룰 수 있는 방법을 배우고 그 뜻을 향해 나아가는 데 방해가 되는 모든 낡은 것들을 먼저 찾아내 개혁해야 한다.

버려야 할 여덟 가지 낡은 습관

그렇다면 입지를 이루기 위해 반드시 끊어 내야 할 낡은 습관이란 무엇인가? 율곡은 『격몽요결』에서 그 대표적인 여덟 가지 낡은 습관에 대해 이렇게 밝히고 있다.

첫째, 몸가짐과 마음가짐을 게을리하거나 제멋대로 풀어놓고서, 놀거나 편한 것만을 생각하고 배움에 수반되는 제한이나 구속을 싫어하는 기질.

둘째, 매양 일이나 꾸미려 들고 마땅히 안정을 유지하지 못하면서, 분주히 드나들며 헛된 언설로 허송세월하는 습관.

셋째, 사람들과 더불어 휩쓸려 다니기를 좋아하고 홀로 지내는 것을 싫어해 세상 유행에 빠져드는 습관과 스스로 몸을 닦거나 삼가려다가도 혹시 사람들과 사이가 멀어질까봐 두려워하는 기질.

넷째, 보기 좋게 글을 짓거나 옛사람의 글을 취해 화려하게 문장을 꾸며서 헛된 명성을 얻으려는 기질.

다섯째, 편지나 서체에만 온 공력을 쏟고 술을 마시는 일과 음악에 취해 일삼아 노닐며 세월을 계속해서 축내면서도 스스로 맑은 취향인 양 하는 기질.

여섯째, 일 없는 사람들을 모아서 기예나 도박 등을 즐기고 종일토록 배불리 먹고 내기를 하거나 다투는 습관.

일곱째, 부귀영화를 부러워하고 청빈을 싫어하며 거친 옷과 음식을 부끄럽게 여기는 기질.

여덟째, 일신의 즐거움을 누리고 욕심 부리는 일에 절도가 없어서 마땅히 적당히 끊고 억제할 줄 모르고 재물의 이로움과 여색(女色)을 달가워하는 기질.

『격몽요결』〈혁구습〉

이는 모두 몸과 마음을 해롭게 하는 습관들이다. 오랜 시간에 걸쳐 알게 모르게 생긴 나쁜 습관들을 꼽자면 이 여덟 가지 외에도 수없이 많을 것이다. 이 여덟 가지 나쁜 습관이 자신과는 상관없다는 생각이 든다면,

개인적인 독특한 습관은 없는지 점검해야 한다. 주의 깊게 살피면 알 수 있는 것들이니 스스로 목록을 만들어 보는 것도 좋다. 나쁜 습관은 뜻을 견고하게 지켜 행동으로 옮기는 것을 방해하는 존재인 만큼 반드시 내 안에서 사라지도록 해야 한다.

율곡의 말처럼 이 여덟 가지 낡은 습관과 같이 스스로 세운 큰 뜻을 방해하는 대표적인 장애물들은 "반드시 용맹스러운 뜻을 크게 떨쳐서 마치 한 칼에 뿌리 채 끊어 버리듯 마음을 깨끗이 씻어 털끝만큼도 남기지 말아야 하고, 늘 깊이 반성하는 공을 들여 마음에 한 점 더러운 버릇이 남아 있지 않도록 해야 할" 것이다.

첫 마음을 기억하라

율곡이 낡은 습관을 혁파할 것을 이토록 강조한 까닭은 역설적이게도 그만큼 그것을 끊어 내기가 어렵기 때문이었다. 처음에는 크게 뜻을 세워 올바른 길을 가려고 하다가도 부귀영화나 명예 혹은 출세의 유혹에 빠져들어 애초의 뜻을 잃어버리기 쉽다. 율곡이 평가한 당대의 인물들 중 시작은 좋으나 도중에 구습(舊習)의 덫에 걸려 자신을 망치고 죄를 지은 두 사람의 예를 살펴보자.

먼저 윤원형과 더불어 을사사화(乙巳士禍)를 일으킨 장본인 중 한 사람인 김명윤(金明胤)이 있다. 그는 원래 선량한 사람이었지만 부귀영화와 권력과 출세를 부러워한 나머지 죄 없는 사람을 무고해 죽음으로 내몬 패악(悖惡)을 저질렀다.

젊은 시절 선행으로 이름이 난 김명윤은 현량과(賢良科)에 발탁되어 벼슬길에 올랐다. 현량과는 중종(中宗) 때 정암 조광조(靜庵 趙光祖)가 건의해 실시한 관리 등용 방법으로, 어질고 현명한 선비들을 천거해 조정에 참여하도록 한 제도였다. 그러나 기묘사화(己卯士禍)로 조광조가 살해되자 현량과 역시 폐지되었다. 이에 김명윤은 다시 유건(儒巾)을 쓰고 과거 시험장에 들어가 급제했다.

그런데 이때부터 그는 시비곡직(是非曲直)은 전혀 돌아보지 않고 오로지 부귀영화를 누리고 출세하는 일에만 몰두하는 소인배로 전락했다. 특히 을사사화 때에는 권신(權臣)들의 뜻을 받들어 봉성군(鳳城君)이 윤임(尹任)에 의해 추대되었다거나 계림군(桂林君)이 왕위를 엿본다는 무고까지 일삼았다. 또한 윤원형이 어진 선비들을 살해하는 일을 힘껏 도왔다. 이로 인해 사림은 큰 피해를 입었지만 김명윤은 출세가도를 달릴 수 있었다.

그러다가 명종 말년에 윤원형 등의 권신들이 힘을 잃고 사림의 의론이 크게 일어나자, 이번에는 '을사년의 억울한 사람이 많으니, 조금이라도 원한을 풀어 주어서 인심을 위로하라'는 청을 임금에게 올리기까지 했다. 자신의 이로움을 좇는 나쁜 기질과 농간의 기술이 늙어 갈수록 교묘해지자 사림은 크게 분개하며 그를 미워했다. 김명윤이 결국 삭탈관직을 당해 조정에서 쫓겨난 이후에도 사림들은 그가 목숨을 보전한 사실을 불쾌하게 여길 정도였다. 율곡이 볼 때, 김명윤은 처음에는 선행으로 이름을 얻고 또 사림의 뜻을 좇았지만 '부귀영화를 부러워하고 청빈을 싫어하며 거친 옷과 음식을 부끄럽게 여기는 기질'을 끊지 못해 남을 해치고 일신(一身)을 망친 인물이었다.

두 번째로는 조정과 사림을 동인과 서인으로 분열시킨 두 주역 가운데 한 사람인 김효원(金孝元)이 있다. 율곡은 비록 그가 몸단속이 깨끗하고 큰 뜻을 품었지만 지나치게 '헛된 명성을 얻으려고' 해서 역사에 큰 허물을 남겼다고 보았다.

김효원은 출사하기 이전부터 문장으로 크게 명성을 떨치던 인물이다. 과거에 급제하여 명성을 더욱 크게 일으킨 후에도 그는 몸단속이 깨끗하고 간략했을 뿐 아니라 맡은 직분에 책임을 다했다. 더욱이 깨끗한 선비들이 나랏일에 두루 쓰이도록 힘 써 후배 사림들이 모두 그를 좋아하고 우러러 따랐다.

그러나 김효원이 심의겸(沈義謙)과 틈이 갈라져 다툼이 일어나자 비로소 명예를 중히 여겨 자신을 따르는 무리와 파당을 짓고 반대파를 배척하는 나쁜 기질과 품성이 드러나기 시작했다. 율곡의 시각에서 보자면, 김효원의 행동은 여덟 가지 낡은 습관 중 '사람들과 더불어 휩쓸려 다니기를 좋아하고 홀로 지내는 것을 싫어해 세상 유행에 빠져드는 버릇과 스스로 몸을 닦고 삼가려다가도 혹시 사람들과 사이가 멀어질까봐 두려워하는 기질'과 다름없었다.

지나치게 명성을 즐기고 명예를 중히 여긴 나머지 자신이 지닌 큰 뜻과 깨끗한 몸가짐을 지켜내지 못한 김효원은 '혁구습'의 대표적인 실패 사례라고 할 수 있다. 특히 김명윤은 일신을 망친 죄를 저지른 데 그친 반면 김효원은 조정과 사림을 당쟁의 소용돌이 속으로 빠뜨리는 대역죄를 저지르고 말았다.

낡은 습관을 과감하고 용맹하게 끊어 내지 못하는 입지란 '모래 위에 지은 누각'의 신세와 같다. 율곡이 입지와 더불어 혁구습을 강조한 진정한 이유가 바로 여기에 있다. 뜻을 세우되 자신의 몸과 정신을 여전히 장악하고 있는 나쁜 기질과 품성 그리고 낡은 습관과 잘못된 버릇을 고치거나 끊어 끊임없이 자신을 혁신하지 못한다면, 오히려 스스로 세운 바로 그 뜻이 약이 아닌 독이 될 수도 있다는 사실을 깊이 새겨야 한다는 의미다.

제 2 장

치언

治 言

신언구언
愼言懼言

【 말을 삼가고 두려워하라 】

조선의 선비들은 '입은 재앙을 부르는 문이고, 혀는 목을 베는 칼'이라는 옛말을 마음에 새겨 두고 말을 다스리려고 노력했다. 사람을 찾아오는 재앙과 환난은 수만 가지이지만, 그 가운데에서도 입과 혀를 통해 나오는 말로 인한 해로움이 가장 가혹하기 때문이다. 율곡 역시 늘 말조심을 강조했다.

말을 신중하게 하라. 배우는 사람이 선비의 행실을 닦고자 한다면 반드시 말을 신중하게 해야 한다. 사람의 잘못은 말에서 말미암은 것이 많으므로 말을 할 때는 반드시 정성스럽고 신뢰할 수 있도록 해야 한다.

『율곡전서』〈학교모범〉

실제로 율곡이 살아 있을 때 싹트기 시작해 결국 조선을 파국으로 몰아넣은 동서 분당과 당쟁 역시 오해와 말이 빚은 재앙이었다.

조정과 사림이 동인과 서인으로 갈라선 것은 선조 때였지만, 이 사건의 발단은 윤원형이 한창 권세를 떨치고 있던 1564년(명종 19년) 10월로 거슬러 올라간다. 당시 의정부 사인(舍人)으로 있던 심의겸이 공무 때문에 윤원형의 집에 간 적이 있었다. 그곳에서 심의겸은 우연히 윤원형의 사위 이조민(李肇敏)과 마주쳤다. 이조민은 전부터 심의겸과 잘 아는 사이여서 자신의 서재로 그를 불러들였다. 그런데 이조민의 서재에는 손님용 침구가 많이 놓여 있는 걸로 보아 그곳에 드나드는 사람들이 많은 듯했다. 심의겸은 드나드는 사람들이 누구인지 궁금해 이조민에게 누구의 침구인지 물었다. 이조민은 심의겸의 물음에 별 생각 없이 답변해 주었는데, 그 가운데 김효원이 있었다. 김효원은 당시 과거급제는 하지 못했지만 글과 학문이 뛰어나다는 평판을 듣고 있었다. 그래서 그의 이름을 들은 심의겸은 마음속으로 '학문을 한다는 선비가 어찌 권문세가의 무식한 자제들과 어울려 지낸단 말인가. 절개가 있는 선비가 아니구나' 하고는 이때부터 김효원을 비루한 인물로 여기게 되었다. 그러나 김효원은 권력에 빌붙어 줄 셋길을 얻고자 한 것이 아니라 장인의 성화에 못 이겨 어쩔 수 없이 잠시 동안 윤원형의 집에 묵은 것뿐이었다. 심의겸은 앞뒤 사정도 살피지 않고 한 가지 면만 보고 김효원을 크게 오해한 것이다.

여하튼 그 다음 해 3월 김효원은 과거에 급제해 조정에 출사했고, 그 몸가짐이 단정하고 책임감이 강해 날로 명성을 얻었다. 사람들 사이에서 그에 대한 칭찬의 목소리도 점점 높아졌다. 이러한 명성과 칭찬에 힘입어 김효원은 오래지 않아 이조좌랑의 요직에 천거되었다. 그런데 심의겸이 번번이 "김효원은 예전에 난신(亂臣) 윤원형의 집에 드나들며 권세를 좇던 비루한 사람"이라며 가로막고 나섰다. 이 때문에 김효원은 낭관이 된 지 6~7년이 지난 다음에야 이조좌랑이 될 수 있었다. 이조좌랑이 된 김효원은 학문과 인품을 두루 갖춘 선비들을 천거하는 데 힘썼기 때문에 후배 사림들로부터도 큰 존경을 받았다. 그러나 김효원은 자기 앞을 가로막은 심의겸에게 만큼은 관대하지 못하고 그를 괘씸하게 여겨 항상 다른 사람들에게 "심의겸은 어리석고 고지식하며 거친 인물이다. 크게 쓸 수 없는 사람이다"라고 말했다. 상황이 이렇게 되자 심의겸의 주변 인물들은 김효원이 원한을 품고 보복이나 하는 소인배라고 떠들고 다녔고, 김효원을 따르는 인물들은 또 그들대로 심의겸을 두고 올바른 선비를 해치는 간악한 사람이라는 말을 퍼뜨리고 다녔다. 이렇게 말이 다시 말을 낳는 악순환이 벌어지면서 상황은 걷잡을 수 없게 되었다.

이런 와중에 김효원과 심의겸을 확실하게 갈라놓는 결정적인 '설화(舌禍) 사건'이 일어났다. 김효원이 이조정랑으로 발탁될 때 자신의 후임(이조좌랑)으로 천거된 심의겸의 동생 심충겸(沈忠謙)을 두고서 "이조의 관직은 외척의 전유물이 아니다. 그래서 등용할 수 없다"고 극력 반대했다. 심의겸은 명종의 비인 인순왕후 심씨의 일족이었다. 이 말을 들은 심의겸은 난신 윤원형의 문객 노릇을 한 주제에 도리를 따진다면서 크게 분노했다. 그러자 김효원을 따르는 세력이 "김효원은 나라를 위해서 한 말인데, 심의겸이 사사로운 감정으로 올바른 선비를 핍박한다"면서 성토했고, 이에 대해 심의겸의 편을 든 세력은 "심의겸의 말은 직접 보고 들은 실상을 전했을 뿐이다. 오히려 김효원이 원한 때문에 외척임을 구실삼아 심충겸을 반대하고 있다. 이것은 소인배나 하는 행동이다"라면서 비난했다. 서로 욕설에 가까운 험악한 말을 주고받은 양쪽은 결국 이 사건 이후 서로를 더욱 배척했고, 이때부터 동인이니 서인이니 하는 말이 생겨나게 되었다. 김효원은 서울의 동쪽인 건천동에 살았고 심의겸은 서울의 서쪽인 정릉동에 살았기 때문이다. 김효원의 동인 세력은 대체로 나이가 젊고 개혁적인 성향의 사림 특히 이황과 조식의 문인인 영남 사림이 다수를 차지했고, 심의겸의 서인 세력은 율곡과 그의 절친한 친구인 성혼의 지인과 문인인 기호 사림이 많았다.

율곡은 조정과 사림이 동인과 서인으로 분열해 대립하는 이 전대미문의 사건이야말로 진정 '말이 불러들인 가혹한 재앙'이라고 생각했다.

> 김효원과 심의겸 두 사람 사이는 원래 서로 증오해 벌어진 틈이 그렇게 깊지 않았다. 그런데 인심과 풍속이 지나치게 가볍고 조급해 그 친척과 친구들이 제각각 말을 퍼뜨려서 마침내 시끄러운 지경에 이르게 되었다.
>
> 『경연일기』 선조 8년(1575) 10월

율곡은 만약 한쪽이 옳고 한쪽이 그르다고 한다면, 헐뜯는 말을 마구 쏟아내고 서로 질투와 반목을 거듭하는 형세를 결코 없앨 수 없다고 생각했다. 시시비비를 가리다보면 또다시 예전 사화처럼 큰 피바람이 불 수도 있는 일이었다. 그는 진정 동인과 서인이 나라와 백성을 위해 서로 화해하고 협력하기를 바랐다. 그래서 세상의 일이란 둘 다 옳은 것도 있고 둘 다 그른 것도 있다면서, 김효원과 심의겸 양쪽의 반목과 대립은 모두 그른 것이라는 양비론(兩非論)을 내세웠다. 특히 율곡이 동서 화합을 위해 주장한 논리를 보면, 그가 무엇보다 시급하게 서로 헐뜯고 비난하는 말부터 다스려야 한다고 생각했음을 알 수 있다. 율곡은 동인과 서인을 화해시킬 계책을 묻는 박순(朴淳)의 물음에 이렇게 답했다.

어진 인재를 불러 모으고 사람을 쓸 때는 저울처럼 공정하게 평가해 함부로 제각각 말을 만들지 못하도록 해서 조화를 이루고 진정시키는 데 힘을 써야 합니다. 이렇게 1~2년만 지나면 조정은 평온을 찾을 것입니다. 그러나 만약 저속한 말과 주장이 이기고, 맑은 뜻이 쇠락해 장차 조정이 혼탁해지면 청명(淸名)은 효원과 같은 젊은 선비들에게 돌아가고 선배들은 크게 인심을 잃어서 끝내 조화를 이루지 못할 것입니다.

『경연일기』 선조 9년(1576) 2월

율곡의 말처럼 동인과 서인 세력은 결국 말을 다스리지 못해 나라를 혼란에 빠뜨렸고 결국에는 임진왜란이라는 국난을 맞는 비극을 초래했다. 말로 시작된 싸움은 말을 조심하고 서로에게 예를 갖춤으로써만 해결할 수 있다. 그렇지 않으면 지금은 권세를 지니고 있다고 해도 결국 서로 상처를 입히고 또한 믿음을 잃게 될 것이므로 서로에게 손해일 뿐이다.

말을 다스리는 법

사람이 자신의 생각을 전달하는 수단으로는 글과 말과 행동 세 가지가 있다. 따라서 자신이 세운 뜻을 온전히 지켜 목표를 이루려고 하는 사람은 반드시 이 세 가지를 잘 다스릴 줄 알아야 한다. 그런데 글이란 대개 생각하고 다듬는 시간을 가질 수 있기 때문에 자신의 뜻이나 생각 혹은 의도한 바와 다르게 나타나는 법이 없다. 그러나 말은 그렇지 못하다. 무심코 내뱉은 한마디의 말이 미처 주워 담을 틈도 없이 자신을 옭아매는 경우도 있고, 지나치게 감정에 사로잡혀 자신의 생각이나 뜻과는 전혀 다른 말이

튀어나오는 경우도 왕왕 있게 마련이다. 더욱이 쓸데없이 말을 많이 하다 보면 뒷감당을 하지 못하거나 책임지지 못할 말들이 쏟아지기도 한다. 율곡이 뜻을 세운 다음에는 반드시 말을 다스려야 한다고 역설한 이유 역시 여기에서 찾을 수 있다.

> 마음이 안정된 자는 말이 적다. 마음을 안정시키는 일은 말을 줄이는 것
> 으로부터 시작한다. 말을 해야 할 때가 온 다음에 말을 한다면, 말은 간략
> 하지 않을 수 없다.
>
> 『율곡전서』〈자경문〉

말을 다스리는 방법으로는 언과(言寡), 즉 말을 적게 하는 것과 더불어 언간(言簡), 즉 말을 간략하게 하는 것이 최선이라는 얘기다.

말이 간략해야 하는 까닭은 무엇인가?

첫째, 말이 많으면 자신이 전하고자 하는 뜻을 정확히 상대에게 전할 수 없기 때문이다. 장시간 운동장에 서 있었던 것 외에 무엇을 이야기하고자 했는지 아무도 기억하지 못하는 교장 선생님의 훈화 말씀이 그런 경우이다. 또한 이해를 돕겠다며 너무 많은 사례와 설명을 하다 보면 이야기가 다른 곳으로 빠지기 쉽다. 따라서 의사 전달은 언제나 간결한 것이 좋다. 이해와 전달이 쉽기 때문이다.

둘째, 말이란 자신의 뜻을 전달하는 중요한 수단이긴 하지만 또한 그 뜻을 왜곡시킬 수도 있는 양면성을 지니고 있기 때문이다. 고기는 낚싯바늘로 잡고 사람은 말로 잡는다고 했다. 역사에서 잘못 뱉은 말이 사람을 죽이고 크게는 나라를 망하게 하는 경우를 찾는 것은 어렵지 않다. 따라서 말을 할 때는 신중을 기해 꼭 필요한 말만 골라서 하고 쓸데없는 말은

삼가야 한다.

　마지막으로 실속 없는 말 기술만으로는 사람들의 신뢰를 잃기 쉽기 때문이다. 대개 사람들은 화려한 미사여구를 사용하고 그럴 듯하게 꾸며 말하는 것을 말을 잘하는 것이라고 생각한다. 하지만 그렇게 말하는 사람은 그 마음 또한 화려하고 번잡해서 결국에는 말의 위엄과 진심을 잃기 쉽다. 사람이 깊은 지혜를 갖고 있을수록 자기의 생각을 나타내는 말은 더욱 단순해지는 법이다. 말은 결코 성찬(盛饌)이어서는 안 된다. 말이란 도리나 이치에 맞아야 할 뿐 꾸밈을 좇고 화려함을 추구해서는 안 된다. 율곡은 도리나 이치에 맞는 말을 좇고 때에 맞게 말을 한다면 말이 간략할 수밖에 없다고 생각했다. 그래서 다른 사람에게 정성과 성의를 드러내려면 스스로 마음을 가다듬어 안정시키고 반드시 말을 간략하게 하라고 충고한다.

　　많은 말과 많은 생각은 마음에 가장 해롭다. 일이 없으면 조용하게 앉아서 마음을 가다듬고, 다른 사람과 마주하면 말을 가려서 신중하게 해야 한다. 때에 맞게 행동한 후에 말을 하면, 말은 간략하지 않을 수 없다. 말이 간략한 사람이야말로 도리에 가깝다고 하겠다. 법도에 맞는 옷이 아니면 감히 입지 않고, 법도에 맞는 말이 아니면 감히 말하지 않고, 덕행이 아니면 감히 행동으로 옮기지 않는다. 이것이야말로 목숨이 다할 때까지 가슴속에 품고 있어야 할 바다.

　　　　　　　　　　　　　　　　　　　　　　『격몽요결』〈지신(持身)〉

　화려한 말재주나 말솜씨로 한순간 사람들을 현혹하거나 미혹시킬 수는 있다. 그러나 시간이 흐르면서 그 말이 단지 잠깐 동안의 즐거움에 불과했다는 사실을 아는 순간, 그 말이 가진 힘과 그 말을 내뱉은 사람에 대한 신뢰는 사라지고 만다. 이 때문에 율곡은 '언간(言簡)', 즉 말을 간략하게 라는 가르침을 목숨이 다할 때까지 가슴속에 품고 다녀야 한다고 주장한 것이다.

현명한 사람의 입과 어리석은 사람의 입

공자는 항상 실천의 중요함과 함께 말로 인한 폐단을 깊이 경계했다.

> 공자가 말하길 "내가 말을 하지 않으려고 한다"고 했다.
> 그러자 자공(子貢)이 물었다.
> "선생님께서 만약 말씀을 하시지 않는다면 저희들은 무엇을 받들어 행해야 합니까?"
> 이에 공자가 답하길 "사계절이 바뀌고 온갖 사물이 태어나 자라는데 하늘이 무슨 말을 하더냐?"고 했다.
>
> 『논어』 〈양화(陽貨)〉

공자의 비유처럼 하늘은 본래 말을 하지 않지만 사계절을 바꾸고 온갖 사물을 태어나고 자라나게 한다. 진리의 내용은 행동에 있지 말에 있지 않다.

특히 말을 적게 해야 하는 이유는 사람이 저지르는 잘못과 그로 인한 재앙이 대개 말에서 비롯되기 때문이다. 이에 대해 율곡은 주자의 경고를 인용하면서, 말이란 비록 자질구레한 말일지라도 그 말이 가져오는 효과가 클 수 있으므로 조심하고 또 조심해야 한다고 강조했다.

마땅히 말을 조심해야 한다. 이지러지고 흠이 난 구슬은 갈고닦아서 오
히려 반들반들하게 할 수 있지만, 말은 한 번 잘못하면 건질 수 없고, 나
를 위하여 혀를 붙잡아 줄 사람도 없다. 그러므로 말은 나 자신에게서 나
오며, 실수하기 쉽기 때문에 늘 엄하게 단속하여 제멋대로 나오지 않도록
해야 한다. 말을 조심하라는 가르침이 깊고 절실하다.

『성학집요』〈수기 상〉

　율곡은 관직 생활의 대부분을 언론 기관인 삼사(三司; 사헌부, 사간원, 홍
문관)에서 보냈다. 특히 그는 이 세 기관을 책임지는 수장직을 두루 거쳤
다. 39세(1574)와 43세(1578) 그리고 44세 때 사간원 대사간을 지냈고, 46
세(1581)에는 사헌부 대사헌과 홍문관 대제학을 각각 역임했다. 잘 알려
져 있다시피 삼사의 관료들은 간쟁(諫爭), 즉 언론을 통해 임금과 관리들
의 잘못이나 비리를 감시하고 비판하는 것을 주 임무로 삼았다. 선조 때
중앙 권력을 장악한 사림이 공론 정치를 펼친 주 무대가 된 곳 또한 삼사
였다. 율곡은 이곳에서 말이 갖는 위력과 효과를 뼛속 깊이 체험했다. 삼
사에서 공론을 모아 들고일어나게 되면 임금조차 그 말의 위력 앞에 굴복
하지 않을 수 없었기 때문이다.
　삼사의 언론권이 이토록 막강했기 때문에 경우에 따라서는 사사로운
목적이나 수단을 위해 그 권력을 남용하거나 오용하는 사례도 적지 않았
다. 이 때문에 율곡은 삼사에서 관직 생활을 하는 동안 일찍이 자신이 평
생의 신조로 삼고자 다짐했던 언과(言寡)와 언간(言簡)을 더욱 철저하게
실천에 옮겼다.

현명한 사람의 입은 마음속에 있고 어리석은 자의 마음은 입 안에 있다고 했다. 현명한 사람은 그 뜻이 깊고 넓어 말보다는 자기성찰과 행동으로 표현하지만, 어리석은 자는 말로 자신의 마음과 정신을 포장하려고 하기 때문에 말을 멈추지 못한다. 문제는 그 말들이 오해와 분쟁을 만들 수 있다는 데 있다. "입을 열면 침묵보다 뛰어난 것을 말하라. 그렇지 못할 거면 차라리 가만히 있는 편이 낫다" 말에 대한 율곡의 생각을 단적으로 엿볼 수 있는 격언이다.

언행일치
言行一致

【 말과 행동을 서로 같게 하라 】

사마우(司馬牛)가 공자에게 어짊(仁)에 대해 물었다. 공자께서 말씀하시
길 "어진 사람은 말을 신중하게 해야 한다"고 했다. 사마우가 다시 "신
중하게 말하면 어질다고 할 수 있습니까?"라고 물었다. 그러자 공자께서
는 "실천하기가 어려우니 말을 신중하게 해야 하지 않겠는가?"라고 대답
했다.

『논어』〈안연(顔淵)〉

학문을 하는 사람이 가진 병폐는 항상 말은 하면서도 실천은 하지 못하
는 데 있다. 성인을 본받는다고 하고서도 움직이고 수양하는 모습을 깊이
따르지 못하고, 쉽게 그 말만 좇으려는 경우가 대부분이기 때문이다. 그러
므로 공자는 말할 것을 먼저 실천한 다음에 말이 그 뒤를 좇아야 한다고

했다.

학문을 하는 사람이 아니더라도 말로만 성실하고 극진할 뿐 실제가 없다면 겉모습만 씩씩하고 속은 텅 빈 사람이라 할 것이다. 이런 사람은 처음에는 뛰어난 말솜씨로 인기를 얻을지 모르지만, 금세 진실하지 못한 사람으로 인식되어 외면당하고 만다. 그런 만큼 빈말에 공을 들이지 말고 반드시 실질을 갖추려고 힘써야 한다.

말의 실제란 행동을 의미한다. 행동이 뒤따르지 않는 말은 공허할 뿐이다. 물론 언행일치를 실천하는 것은 쉽지 않다. 자신의 양심에 비추어 한 점 부끄럼 없는 말만을 하기도 어렵거니와 자신이 말한 것을 모두 행하기란 더더욱 어렵다. 그럼에도 불구하고 바르고 옳으며 양심에 거리낌 없는 말을 하려고 노력하고, 또 그것을 실행하고자 애쓰는 것이 사람의 마땅한 도리다.

율곡이 일찍부터 뜻을 함께 나눈 친구로는 성혼, 정철(鄭澈), 송익필(宋翼弼)을 꼽을 수 있다. 이들 중 정철은 율곡과 동년배 친구였는데, 강직한 성품으로 학문은 물론 도의(道義)에도 밝아서 율곡과 더불어 조정의 혁신을 앞장서 추진했다. 그런데 그는 사림이 동인과 서인으로 분당한 이후 전혀 다른 모습을 보였다. 평소에는 누구보다 힘껏 인의(仁義)와 정의(正義)를 부르짖던 그였지만, 자신과 당이 다른 동인들에게 한 행동은 인의와 정의에 동떨어진 것이었다.

율곡이 사망한 5년 후인 1589년, 조정과 사림을 발칵 뒤집어 놓은 정여립 역모 사건, 즉 '기축옥사(己丑獄事)'가 일어났다. 이때 정철은 이 옥사의 국문(鞫問)을 주도했다. 그런데 그는 이 사건을 기회 삼아 자신이 평소 미워하고 혐오하던 정치적 경쟁 세력인 동인의 선비들을 대거 도륙했다. 그때 화를 입은 동인의 관료와 선비가 무려 천여 명에 이를 정도였다. 『선조실록』에는 당시 상황이 이렇게 기록되어 있다.

> 그때 정철 등이 자기들과 친한 금부도사(禁府都事)를 시켜 거짓 가서(家書)를 선홍복(宣弘福)에게 은밀히 전하면서 "만약 이발(李潑), 이길(李洁), 백유양(白惟讓) 등을 끌어넣으면 너는 반드시 살아날 수 있다"고 했다. 그리고 통이 넓은 큰 버선을 만들어 신고 그 말을 버선 안쪽에 써 두었다가 결박될 때 거기에 쓰인 대로 잊지 않고 진술하도록 했다. 선홍복은 그들의 말을 믿고 낱낱이 그대로 진술했는데, 자백이 끝나자 즉시 끌어내 사형에 처하려 했다. 그러자 선홍복이 "이발, 이길, 백유양 등을 끌어 대면 살려 주겠다고 버선 안에 글을 쓰고는 어찌 도리어 죽이려 하느냐?" 하고 크게 부르짖었다. 정철 등이 사주하여 살육한 것이 이토록 심했다.
>
> 『선조실록』 선조 22년(1589) 12월 12일

이때부터 사람들은 정철을 일컬어, 조정(정치)을 떠나면 훌륭한 학자요 뛰어난 시인이지만, 일단 조정에만 서면 자기 한 몸과 당파의 이익을 위해 살육도 서슴지 않는 야차(夜叉)와 같다고 했다. 정철은 말로는 뜻을 인의에 두고, 정의를 부르짖는 도학자(道學者)였지만, 정작 행동은 권력을 얻기 위해서라면 사람까지 쉽게 해치는 살인귀였다. 여기에서는 비록 정철의 경우를 대표적인 사례로 꼽았지만, 그 후 조선의 당쟁사를 보면 정철처럼 뜻과 말과 행동을 달리하는 인물들을 어렵지 않게 찾아볼 수 있다.

이렇듯 뜻과 말과 행동은 일체가 되기 어렵다. 이 때문에 말이란 더욱 삼가고 신중하게 밖으로 드러나야 한다는 것이 율곡의 생각이었다. 말뿐인 행동으로 자신을 속이고 다른 사람의 신뢰를 얻지 못한다면 어떻게

'사람다움의 길'을 간다고 할 수 있겠는가? 옛 성인들이 말을 쉽게 내뱉지 않은 것은 자신의 행동이 그에 미치지 못할까 두려워했기 때문인 것처럼 말을 삼가고 또 삼가는 것이야말로 '사람다움'의 준칙 가운데 한 가지가 된다고 할 수 있다.

실천 없는 말을 경계하라

뛰어난 성현들이 그렇듯 율곡 역시 말과 행동을 일체시키는 일의 어려움을 절실히 깨닫고 있었다. 어머니 사임당의 죽음 이후 계속된 서모(庶母)와 형제 사이의 다툼으로 인해 율곡의 집안은 언제나 시끄러웠다. 율곡이 아무리 잘하려 해도 서모는 소리 지르며 욕을 할 뿐이었다. 아무리 선비라 해도 이 정도 상황이면 일면 효를 포기하고 싶은 마음이 앞섰을 것이다. 실제로 어느 순간부터 형제들은 서모를 멀리해 피해 다니기만 했다. 하지만 율곡은 오랜 시간을 견디며 정성을 다해 결국 서모를 감동시키고 가정의 화평을 가져왔다.

　개인적인 차원에서의 언행일치는 자신의 마음을 어느 정도 다스릴 수만 있다면 불가능한 것도 아니다. 하지만 조정과 국가 차원에서의 실천은 더욱 어렵다. 더구나 군주나 시대가 정도(正道)를 가지 않을 때는 아무리 뛰어난 성현이라도 자신의 뜻을 그대로 행하기가 쉽지 않은 법이다. 율곡은 누구보다 높은 수준의 학문과 그 못지않은 실천적 열망을 가진 선비였지만 그에 맞는 시대와 군주를 만나지 못해 그 뜻을 원하는 만큼 펼칠 수 없었다. 아무리 열정과 성의를 다해 임금에게 간언하고 사림을 설득하려 해도, 그들은 자신의 좁은 생각과 방만한 행동을 고치려 하지 않았다. 율곡이 제안한 정책 역시 어느 것 하나 제대로 실현되지 못했다. 결과만 따지고 들면 말과 뜻은 그럴 듯하나 실현된 것은 아무것도 없다는 면에서 율곡 역시 '하는 일 없이 권세를 누리는' 그들과 다를 바 없어 보일 수도 있었다. 더구나 당시 대학자나 성인들은 공자나 퇴계처럼 초야에 물러앉아 학문에 정진하고 후학을 기르며 생활하는 경우가 많았으니 말이다.

그가 쓴 〈언행난(言行難, 말과 행동의 어려움)〉이라는 글을 읽으면 누구에게 털어놓을 수도 없었던 그의 깊은 고뇌를 충분히 느낄 수 있다.

어떤 사람 : "그대의 '말'은 옛 성인을 본받아 스승으로 삼는다. 그런데 그대의 '행동'은 세상의 속된 선비와 뒤섞여 그것을 따른다. 어떻게 그토록 말과 행동이 서로 다른가?"

우재(愚齋)* : "성현을 스승으로 삼는다는 것은 무엇이고, 세상의 속된 선비를 따른다는 것은 무엇인가?"

어떤 사람 : "그대의 말은 도덕과 인의에 근거하고 있지만, 그대의 행동은 공적과 명성 또 이로움과 명예를 추구하고 있다. 성인은 도덕과 인의로 성인에 이르렀고, 세상의 속된 선비는 공명(功名)과 이로움을 좇다 그렇게 된 것이다. 도덕과 인의에 뜻을 둔 사람은 공명과 이로움에 마음이 움직이지 않는 법이다. 그런데 그대는 마음은 공명과 이로움을 따라 움직이면서 말로는 도덕과 인의를 얘기한다. 그래서야 되겠는가?"

우재 : "그대가 어찌 내 말과 행동을 모두 알 수 있겠는가?"

어떤 사람 : (정색을 하면서) "그대의 입에서 나오는 말은 공자 아니면 증자

(曾子) 혹은 맹자요, 또한 정자(程子)*나 주자이니, 옛 성인을 본받고자 하는 것이다. 그런데 그대의 몸이 실천하는 것은 첫째는 과거급제요, 둘째는 공적과 이로움이요, 셋째는 명예와 출세다. 이것이 어찌 세상의 속된 선비와 뒤섞인 것이 아니라고 하는가?"

우재 : (한참 생각에 잠겨 있다가) "이는 그대가 모르고 하는 말이다. 나는 성인을 배우고자 하나 거기에 이르지 못한 사람일 뿐이다. 성인의 도(道)란 자신을 선하게 할 뿐만 아니라 자신의 선함이 장차 다른 사람에게까지 미치도록 하는 것이다. 자신의 선함으로 다른 사람을 교화하는 일은 성인이 아니면 가능하지 않을 뿐 아니라, 비록 성인일지라도 합당한 지위를 얻지 못하면 그렇게 할 수 없다. 그런데 오늘날에는 과거에 급제하여 출세하지 않으면 지위를 얻기가 불가능하다. 이 길을 버리고서는 달리 방법이 없다. 내게 무슨 다른 방도가 있을 수 있겠는가. 나의 뜻은 성인을 본받고 그에 합당한 지위를 얻고자 하는 것이다. 지위를 얻는 것은 나 자신을 위한 사사로운 욕심이 아니라 천하를 위한 공익(公益)일 뿐이다. 따라서 나는 성인을 본받고자 하기 때문에 성인의 말을 따르고, 또한 실천할 수 있는 지위를 얻고자 하기 때문에 나의 행동이 세상의 속된 선비와 같아 보이는 것이다. 그런데 어떻게 말과 행동이 다르다는 것인가?"

어떤 사람 : "그대는 스스로를 너무 과대평가하는군. 그대가 성인이라도 되는가?"

우재 : "내 몸은 성인이 아니다. 그러나 나의 본성은 성인이니, 그것을 충실하게 갈고닦음에 달려 있을 뿐이다. 나는 이것을 위해 노력하고 있을 뿐 감히 스스로 성인이라고 자인(自認)하지는 않는다."

---

* 중국 북송 중기의 유학자 정명도(程明道), 정이천(程伊川) 형제를 아울러 이르는 말이다.

어떤 사람 : "오늘날 벼슬하는 사람들이 모두 그대의 마음과 같은가, 아니면 우르르 떼 지어 몰려갔다가 몰려나왔다가 하면서 자리나 채우고 있는가. 아니면 사리사욕을 따지고 나라와 백성을 위하려는 마음은 잊은 채 부귀나 탐내고 있는가. 아니면 뛰어난 성인인가. 아니면 성인도 아니고 어리석은 사람도 아닌가."

우재 : (잠자코 있다가 크게 한숨을 쉬면서) "알 수 없는 일이다."

『율곡전서』 〈언행난〉

이 대화는 실제 율곡이 누구와 나눈 대화라기보다는 스스로 묻고 답한 '독백'에 가깝다. '성인이 되겠다'는 뜻을 이루고자 하나 '뜻과 말과 행동'의 현실적인 모순 사이에서 고뇌하는 모습이 잘 드러나 있다.

율곡이 실천의 문제를 놓고 이렇게까지 고민한 것은 결코 그의 높은 실천 의지 때문만은 아니었다. 율곡이 크게 걱정한 문제는 이런 일이 반복될 경우 자신의 뜻 자체가 무의미해진다는 것이었다. 현실적으로 실현되지 못하는 뜻을 외치는 사람의 말이 힘을 잃는 것은 당연한 이치다. 특히 말하는 사람이 높은 사회적 지위에 있다면 그 자리를 지키기 위해 말만 그럴듯하게 하는 사람으로 오해받기 쉽다. 혹은 그 뜻 자체가 현실성이 없는 몽상으로 인식될 수도 있다. 그런 오해가 발생하기 시작하면 어느 누구도 그의 말에 귀를 기울이거나 그를 따르려 하지 않을 것이다. 사실 율곡이 천재적인 사상가이자 개혁가이고 실천가임에도 불구하고 오늘날 그저 뛰어난 사상가로만 인식되는 이유도 이런 결과론적인 평가가 영향을 미친 것이다. 자신의 뜻을 크게 펼치고자 하는 사람이라면 무엇보다 행동이 뒤따르지 않는 말을 먼저 조심해야 한다. 조급하게 생각하거나 무리하게 설득하려 해서 말만 그럴 듯한 사람으로 남는 것을 경계하고 또 경계해야 한다.

쉽게 변명하지 말라

열 마디 말 중 아홉 가지를 이치에 맞게 말해도 이를 반드시 칭찬하지는 않는다. 반면 말 한마디만 옳지 않아도 이를 나무라는 소리가 쏟아진다. 열 가지 계획 중 아홉 가지가 성공한다고 해도 이를 반드시 잘했다고 알아주지 않는다. 이루어지지 않은 나머지 단 하나의 계획으로 비방의 의논이 모여든다. 그런 까닭에 군자는 차라리 침묵을 지킬지언정 시끄럽게 떠들지는 않는 법이다. 그래서 율곡은 비난이나 험담을 받을 때는, 자신의 잘못 유무를 따져 변명하려 하지 말고 오히려 성찰의 기회로 삼으라고 충고한다.

남이 나를 헐뜯는 경우에는 어떻게 해야 할까? 그때는 반드시 자기 몸을 돌이켜보고 스스로 반성해야 한다. 남에게 비방의 소리를 들었을 때는 내게 그런 허물이 있으면 고칠 것이요, 허물이 없으면 더욱 허물이 없도록 노력하면 될 것이니 이는 모두 나에게 유익한 일이다. 만일 허물이 있다는 말을 들었을 때 이를 떠들썩하게 변명하여 기어이 자신에겐 아무런 허물이 없다고 말하려 든다면 그 허물은 더욱 무거워지고 남에게 오히려 더 심한 비방을 듣게 될 것이다. 옛날에 문중자(文中子)는 "자기 몸을 스스로 닦는 것이 제일이고 만일 비방하는 사람이 있으면 더 말해 달라 청하되 변명하지 말 일이다"라고 했다. 과연 배우는 자가 마땅히 본받아야 할 법이라 하겠다.

『격몽요결』〈접인(接人)〉

자신이 내뱉은 말을 실천에 옮기는 데 실패한 사람이 특히 삼가야 할 것 역시 변명이다. 역사가에게 어떤 일을 기록하게 한다고 생각해보자. 그는 단지 아무개가 어떤 일을 이러이러하게 했다고 적을 뿐, 변명하고 둘러댄 이러저러한 말까지 잡다하게 기록에 남기지 않는다. 옛 기록 가운데 실패하고 잘못한 수많은 자취에 대해 당사자에게 말할 기회를 준다면 아마도 엄청난 변명과 핑계가 쏟아져 나올 것이다.

세상에 나아가 몸을 세우고 일을 할 때 자신이 한 일을 역사가 어떻게 기록할 것인가를 기준으로 생각하면 쉽다. 그렇다고 해서 자신의 잘못된 행동이나 실패가 기록되는 것을 두려워할 필요는 없다. 비록 부끄러운 실패가 몇 번 기록되더라도 나중에는 좋은 기록이 남도록 하면 된다. 이를 위해 필요한 것이 바로 점검과 평가다. 당장 면피할 변명거리를 생각할 시간에 차후에 똑같은 실수를 저지르지 않으려면 어떻게 해야 할지 고민한다. 거기에서 좋은 부분은 계속 유지하고 실패의 원인을 찾아 다음에는 같은 실수를 반복하지 않으면 결국 성공할 수 있다.

이러한 사실은 역사적 사례를 통해서도 확인할 수 있다. BC 496년 오왕 합려(闔閭)는 월나라로 쳐들어갔다가 월왕 구천(句踐)에게 패하여 전사했다. 합려의 아들 부차(夫差)는 이 원수를 갚고자 본국으로 돌아와 장작 위에 자리를 펴고 자며, 방 앞에 사람을 세워 두고 출입할 때마다 "부차야, 아비의 원수를 잊었느냐!" 하고 외치게 했다. 이 소식을 들은 월왕 구천은 기선을 제압하기 위해 오나라를 먼저 쳐들어갔다가 패하고 말았다. 싸움에 크게 패한 구천은 얼마 남지 않은 군사를 거느리고 회계산(會稽山)에서 버텼으나 결국 오나라에 항복했다. 포로가 된 구천 내외와 신하 범려(范蠡)는 갖은 고역과 모욕을 겪은 끝에 영원히 오나라의 속국이 될 것을 맹세하고 무사히 귀국했다. 이후 구천은 자리 옆에 항상 쓸개를 매달아 놓고 수시로 이 쓸개를 핥아 쓴맛을 되씹으며 "너는 회계의 치욕을 잊었느냐!" 하며 자신을 채찍질했다. 결국 월왕 구천은 오나라를 쳐서 승리해 오왕 부차를 굴복시키고 회계의 치욕을 씻었다. 그 후 월왕 구천은 제후들의 우두머리인 패자(覇者)자 되어 천하를 호령했다. 쓰디쓴 쓸개를 씹어가면서까지 온갖 어려움과 괴로움을 참고 견딘 월왕 구천의 사례는 자신의 말과 행동을 일치시켜 성공을 이룩한 대표적인 경우라고 할 수 있다. 이것은 너무도 유명한 와신상담(臥薪嘗膽)의 유래다.

언행이 일치하지 않으면 신뢰를 잃고, 변명을 하면 신뢰를 회복할 기회 자체를 박탈당한다. 행동으로 망친 일은 말로 회복되지 않는다. 변명은 오히려 상황을 악화시킬 뿐이다. 그럴 때일수록 더욱 말을 아끼고 조심하며 상황을 회복해야 한다. 역사는 실패자를 비웃고 승리자에게 환호를 보내지만, 실패를 딛고 마침내 일어선 자에게는 더 큰 박수를 보내는 법이다.

성찰언도
省 察 言 道

【 말의 도리를 살펴라 】

율곡이 말의 떳떳한 도리로 여겼던 '언과(言寡)'와 '언간(言簡)'은 침묵과
는 다르다. 입을 다물고 눈치나 살피면서 남들이 좋아할 만한 얘기나 막
연한 말만을 하라는 얘기 또한 분명 아니다. 오히려 확실한 뜻을 가지고
행동할 결심이 섰다면 마땅히 죽음이 눈앞에 있더라도 명확하게 할 말은
한다는 것이 율곡의 생각이었다.

　직분을 지키는 것이 진정한 의로움이라면 임금의 명령이라도 잘못된 것
은 따르지 말아야 하고, 진정한 의로움이 해야 할 말을 다 하는 데 있다면
임금의 위엄도 피하지 않아야 합니다. 오로지 의로움을 밝히고, 임금이
미혹을 끊고 도리에 맞게 나라를 다스릴 수 있도록 이끌어야 합니다. 만
약 관직을 감당하지 못하고 간언하는 책임을 다하지 못하면서 녹봉만 먹

고 나라에 도움이 되지 않는다면 몸을 받들어 물러나는 것도 또한 어쩔 수 없는 일입니다.

『성학집요』〈위정 상〉

율곡은 벼슬에 나간 이후 줄곧 나라와 민중을 위한 상소와 계책을 제시했고 때로 그 상소들은 율곡을 위태롭게 할 수도 있는 것들이었다. 그래도 율곡은 할 수 있는 한 최선을 다해 정도를 가고자 했기 때문에 바른말을 하는 데 조금도 주저함이 없었다.

하지만 당시 임금이던 선조가 말은 부드러우나 간언을 받아들여 실천함이 부족한 인물이었기에 결국 율곡은 벼슬길에서 물러나기로 결심했다. 그러나 계속되는 선조의 부름으로 벼슬길에 나아가고 물러나기를 반복해야만 했다. 어찌됐든 율곡은 기회만 되면 자신의 뜻을 굽히지 않고 상소를 올려 선조를 설득했다. 그리고 그 수위는 때로 위험해 보일 정도였다.

청주 목사에서 물러나고 1년 4개월이 지난 1573년(38세) 10월 무렵, 오랜만에 자리를 함께한 선조는 자신이 크게 율곡을 총애하고 있음을 밝혔다. 하지만 이때도 율곡은 자신이 출사한 까닭은 오로지 임금의 뜻을 바로 세우는 데 있음을 명확히 밝혔다. 처음에는 서로 겸손한 인사치레만을 주고받았지만 율곡의 간언이 계속될수록 분위기는 다시 험악해졌다.

신이 시골구석에 물러나 있어서 전하의 학문이 얼마나 진보하셨는지 알지 못하겠습니다. 그러나 비록 깊은 궁궐 안에 있더라도 실질적인 덕을 쌓는다면 백성이 감화해 사방이 영향을 받게 마련입니다. 오늘날 백성들은 곤궁하고, 세상 풍속은 쇠퇴하고 문란하기가 이를 데 없습니다. 신이 보건대, 전하의 학문은 날로 드러나지만 끝내 그 실효를 거두지 못하니 괴이한 일입니다. 전하는 자질이 영명하시어 진실로 일을 일으킬 바탕이 있사옵니다. 그러나 즉위 초 대신들이 전하를 잘못 보필하고 인도해 매양 선비의 의론을 억제한 탓에 지금까지 올바른 정치를 하지 못하신 것입니다. [중략] 만일 전하의 자질이 영명하지 않으시다면 신도 기대를 하지 않습니다. 그러나 전하께서는 자질이 영명하시면서도 정치를 잘하시고자 하는 큰 뜻을 이루는 데 분발하지 않으시니 신은 그 까닭을 알지 못하겠습니다. 필부(匹夫)가 글을 읽고 몸소 행하는 것도 그 뜻이 세상을 구제하고 백성을 편안하게 하려는 데에 있습니다. 하물며 전하께서는 한 나라와 백성의 주인으로서 일을 도모할 만한 권력을 가지셨고 또 일을 할 수 있는 자질을 타고 나셨습니다. 어찌하여 스스로 뜻을 이루는 데 분발하지 않으십니까.

『경연일기』 선조 6년(1573) 10월

선조에게 지금까지 왕다운 일을 하지 않았으니 이제부터라도 분발하라고 간언한 것이다. 어떻게 보면 괘씸죄에 걸려 당장이라도 물고를 낼 수도 있을 만큼 위험한 발언이 아닐 수 없다. 하지만 율곡은 임금을 올바른 길로 인도하고 나라와 백성을 위할 수만 있다면 얼마든지 위험을 감수하고자 했다. 그 뜻이 곧고 한결같았기에 누구도 강직한 율곡의 발언을 문제 삼지 않았고 임금조차도 어찌하지 못하고 율곡을 계속 받아들였을 것이다.

때가 되었을 때 말하라

자신의 진실 된 뜻을 전할 경우에도 말의 효과와 결실을 얻기 위해서는 반드시 시연후언(時然後言), 즉 말을 해야 할 때가 온 다음에 해야 한다. 해야 할 말을 신중하게 가려서 하되 앞뒤 사정은 고려하지 않고 무조건 직언을 해서는 안 된다. 이는 보신(保身)과 사리사욕을 위해 입을 닫아 버리는 침묵과는 다른 과묵의 철학이라고 평가하고 싶다. 여기에서 과묵이란 말을 아껴 두었다가 반드시 해야 할 때가 오면 망설임이나 거리낌 없이 자신의 주장과 논리를 드러내는 것을 말한다. 자고로 제대로 된 말을 할 줄 알면 말해야 할 때도 알게 되는 법이다.

율곡은 30세와 32세이던 1565년(명종 20년)과 1567년(선조 즉위년) 두 번에 걸쳐서 당시 권력을 독점하고 독선적 행위를 한 외척 세력을 논박하는 상소를 올렸다. 이를 둘러싼 정황을 살펴보면 과묵과 침묵의 차이를 뚜렷하게 헤아려 볼 수 있다.

율곡은 을사사화(1545)의 피바람을 일으키며 권력을 장악한 윤원형 일파의 척신 정치가 득세하던 1564년(명종 19년) 8월 30일 호조좌랑으로 첫 벼슬살이를 시작했다. 그때의 전후 상황은 이랬다.

임금의 자리에 오른 중종의 첫 번째 계비 장경왕후 윤씨의 아들 인종(仁宗)이 후사를 두지 못하고 곧 죽었기 때문에, 중종의 두 번째 계비인 문정왕후 윤씨의 아들인 명종이 그 자리를 잇게 되었다. 당시 명종은 친정(親政)을 할 수 없는 12살 어린 나이여서, 실제 정사(政事)는 모후(母后)인 문정왕후의 손에 맡겨졌다. 을사사화의 비극은 여기에서 비롯되었다.

중종 시대부터 장경왕후의 척족 세력인 대윤(大尹)과 문정왕후의 척족 세력인 소윤(小尹)은 왕위 계승권을 둘러싸고 격렬한 권력 다툼을 벌였다. 대윤은 인종의 외삼촌인 윤임이, 소윤은 문정왕후의 친동생인 윤원형이 이끌었다. 이 두 세력의 권력 다툼은 인종의 즉위(1544년 11월)와 더불어 대윤으로 급속히 기우는 듯했다. 하지만 인종이 즉위 8개월 보름 만에 원인을 알 수 없는 병으로 시름시름 앓다가 죽음을 맞자 권력의 저울추는 문정왕후와 그 척족 세력인 소윤으로 넘어갔다.

명종 때 편찬된 『인종실록(仁宗實錄)』에서는 인종의 죽음이 중종의 장례 때 지나치게 슬퍼한 나머지 몸이 상했고 또 즉위한 뒤에도 애도하는 마음을 가누지 못해 병이 더욱 위독해져 마침내 숨을 거두었다고 기록하고 있다. 그러나 이 기록은 권력을 장악한 문정왕후와 소윤의 공식 기록일 뿐, 야사와 같은 비공식 기록은 모두 '인종 독살설'을 증언하고 있다. 야사의 기록에 따르면 문정왕후는 인종이 세자로 있던 시절부터 여러 차례 암살을 시도했다. 그러나 뜻을 이루지 못하고 인종이 보위에 오르자 그를 원수 대하듯 했고, 문안 인사를 하러 대비전에 오면 "언제쯤 나와 경원대군(명종)을 죽일 것이냐?"는 막말을 내뱉으며 핍박하곤 했다. 그런데 하루는 문정왕후가 얼굴 가득 웃음을 머금고 문안 인사를 하러 온 인종을 반겼다. 생전 처음 문정왕후의 환대에 감격한 인종은 그녀가 내놓은 다과를 맛있게 먹었는데, 이때부터 갑자기 원인을 알 수 없는 병으로 시름시름 앓다가 얼마 지나지 않아 죽음에 이르게 되었다. 당시 문정왕후가 내놓은 다과에 독이 들어 있었다는 것이 야사가 전하는 '인종 독살설'의 내용이다. 특히 '인종 독살설'은 이후 문정왕후와 윤원형 세력의 권력 전횡과 공포 정치로 말미암아 사람들 사이에서는 더더욱 공공연한 사실로 굳어져 갔다.

문정왕후는 명종이 20세가 된 1553년(명종 8년)에 섭정을 거두었지만, 그 후에도 결코 권력의 끈을 놓지 않았다. 그녀는 자신의 지시나 요구를 명종이 받아들이지 않으면 왕을 불러서 반말로 욕을 퍼붓고, 심지어는 회초리로 종아리를 때리거나 뺨을 때리기까지 했다. 문정왕후가 숨을 거둔 1565년까지 20여 년 동안 조선의 왕은 명종이 아니라 문정왕후였다. 이 때문에 윤원형 등의 척신들은 제 세상을 만난 듯 활개를 친 반면 대윤 세력에 대한 피의 숙청을 반대한 사림은 무자비한 정치 박해 속에서 숨을 죽여야 했다. 이러한 상황을 이제 막 조정에 출사한 율곡이 어떻게 이해하고 있었는가에 관한 기록이 그의 저서 『경연일기』에 남아 있다.

인종이 승하하자 대신들이 명종을 맞아 즉위하게 했다. 그러자 윤원형 등이 그 기회에 화를 일으키려 했다. 이기(李芑), 정순붕(鄭順朋), 임백령(林百齡), 허자(許磁), 김광준(金光準) 등과 음모를 꾸미고 말을 만들어 퍼뜨리기를 '유관(柳灌), 유인숙(柳仁淑), 윤임 등이 모반하여 임금을 폐하고, 계림군을 세우려 한다'고 하고, 또 봉성군의 현명함을 꺼리어 '그는 간신들에게 추대되었다'고 했다. 드디어 문정왕후에게 고변하고 밀지를 내리도록 해 큰 옥사를 일으키니, 당시의 선비들 중 그 화를 면한 사람이 드물었다. 또한 공론이 사라지지 않음을 걱정하여, 항간의 말들이 자기들과 조금이라도 다르면 그대로 역당(逆黨)이라고 지목했다. 이 때문에 길 가는 사람들이 말을 하지 못하고 서로 눈짓만 했다. 윤원형은 서울에 큰 집 10여 채가 있었고, 그 안에는 재물이 넘쳐날 지경이었으며, 외람되게 의복과 수레를 마치 대궐 안의 것들과 똑같이 갖추었다. 또 그 본처를 내쫓고 첩 난정을 아내로 삼아 그녀를 매우 사랑하여 그녀의 말이면 다 따랐으니, 뇌물을 받아들이고 수탈하는 짓 또한 그 첩의 충동질이 많았던 것이다. 그가 생살(生殺)의 권력을 잡은 지 20년 만에 사림은 분을 품고서도 감히 그를 처단하지 못했다.

『경연일기』 명종 20년(1565) 8월

율곡이 당시 상황을 '올바른 말과 떳떳한 주장이 사라져 버린 침묵의 시대'로 보았음을 알 수 있는 대목이다. 뜻있는 선비라면 누구나 강요된 침묵과 죽음을 불사한 직언 사이에서 갈등했을 것이라는 사실 또한 짐작할 수 있다. 율곡 또한 예외는 아니었다. 율곡은 출사를 결심할 때부터 때가 오면 죽음을 각오하고 간언하리라는 생각을 마음속 깊이 간직하고 있었다. 다만 20여 년 가깝게 조정을 장악하고 있는 척신 권력과 차마 어머니 문정왕후를 외면하지 못한 명종의 처지를 고려할 때 이제 막 조정에 나온 초급 관료의 신분으로 앞뒤 가리지 않고 덤벼들 수는 없는 노릇이었기에 율곡은 말을 아꼈다. 그러나 그것은 침묵이 아닌 과묵이었다. 보신(保身)을 위해 입을 다문 것이 아니라 임금이 자신의 말에 귀를 기울일 때를 신중하게 기다린 것이다. 그리고 그때는 오래지 않아 찾아왔다.

율곡이 벼슬살이를 시작한 지 채 1년도 지나지 않아 경천동지할 만한 사건이 일어났다. 1565년 4월 7일 윤원형의 후견인이자 척신 권력의 막후 실력자였던 문정왕후가 세상을 떠난 것이다. 그러나 문정왕후의 사후에도 윤원형은 여전히 영의정 자리에 앉아서 권력을 휘둘렀다. 이때 율곡은 비로소 자신의 말과 주장이 효과와 결실을 맺을 시기에 이르렀다고 판단하고, 분연히 일어나 윤원형의 죄상을 지적했다. 당시 율곡이 명종에게 올린 상소는 날카롭기가 송곳과 같았고 매섭기가 서릿발 같았다.

원형의 죄는 머리털을 뽑아서도 셀 수가 없을 정도인데, 전하께서는 시종 그를 두둔하여 기어이 그를 보전케 하려 하시면서 언제나 옥체의 불편하심을 간언을 막는 구실로 삼고 계십니다. [중략] 예부터 간언을 거절한 임금은 한둘이 아니었지만 병환으로 핑계를 댄 임금이 계셨다는 말은 들어 보지 못했습니다. [중략] 원형의 죄악은 밝게 드러나 만인의 눈으로 본 것인데도 전하께서는 모두가 사실이 아닌 뜬소문이라 핑계하고 계시

니, 이것은 전하께서 그의 죄악을 밝게 살피시지 못하여 종묘와 사직이
위태로워지고 만백성이 모두 원망하고 있는 것을 알지 못하고 계심을 뜻
합니다.

『율곡전서』 〈윤원형을 논박하는 상소(論尹元衡疏)〉

율곡의 상소를 전후해 사헌부와 사간원, 즉, 양사(兩司; 사헌부, 사간원)와
홍문관이 윤원형의 처벌을 요구했고, 결국 윤원형은 강음(江陰)으로 유배
형에 처해져 1565년 11월 죽음을 맞았다. 문정왕후와 윤원형이 사라지자
정치는 안정을 되찾고 백성들 또한 점차 질서를 잡아 나갔다. 그런데 명
종이 2년 뒤 34세의 젊은 나이로 세상을 뜨자 조선은 또다시 두려움에 몸
을 떨어야 했다.

명종의 유일한 아들인 순회세자는 13세 어린 나이에 죽고 말았다. 이
때문에 명종 사후 왕위는 중종의 아홉째 아들인 덕흥군의 셋째 아들 하성
군, 즉 선조에게 넘어갔다. 즉위할 당시 선조는 16세로 친정할 나이가 되
지 못했기 때문에 권력은 자연스럽게 수렴청정을 한 인순왕후의 일족인
청송 심씨가 장악했다. '척신 권력'의 망령이 부활할 수 있는 길이 열린 위
기 상황이었다. 특히 인순황후의 작은 할아버지였던 심통원(沈通源)은 명
종 때부터 윤원형과 결탁해 온갖 비리와 악행을 저지른 인물이었다. 비록
윤원형의 귀양과 죽음으로 기세가 꺾이기는 했지만 다시 권력을 거머쥐
기 위해 어떤 일이든 벌일 수 있는 사람이었다. 당시 조정 안팎의 사림은
윤원형이 을사사화를 일으켜 권력을 장악했던 것처럼 그가 사화의 피바
람을 다시 불러올 수도 있다고 우려했다.

앞서 살펴본 것처럼 율곡은 명종 시절 '때'를 기다리는 신중한 자세로
자신의 주장을 쏟아냈다. 그런데 선조의 즉위와 동시에 다시 척신 정치의

구악(舊惡)이 부활할 조짐이 보이자, 율곡은 촌각도 지체하지 않고 임금에게 외척 세력의 핵심인 심통원의 처벌과 추방을 주청했다.

율곡은 선조 시대는 이전 명종 시대와는 근본적으로 달라야 한다고 생각했다. 그래서 나이 어린 선조를 처음부터 '성군의 길'로 이끄는 것이 무엇보다도 중요하다고 여겼다. 특히 이제 막 왕위에 오른 선조는 비유하자면 '새하얀 종이'나 다름없어서, 누구에게 어떻게 물이 드느냐에 따라 성군의 길을 갈 수도 폭군의 길을 갈 수도 있다는 것이 그의 생각이었다. 만약 선조가 척신의 울타리에 갇힌다면 폭군은 아니더라도 명종처럼 무능한 임금의 신세를 면치 못할 것이었다.

율곡은 자신이 꿈꾼 새로운 시대, 즉 성군이 다스리는 부국안민(富國安民)의 조선을 만들기 위해서는 척신 정치를 단호하게 끊어 내는 것이 가장 시급하다고 판단했다. 율곡이 그토록 서둘러 심통원을 논박하는 주장을 쏟아 낸 진정한 이유를 여기에서 찾을 수 있다. 더욱이 이때 율곡은 윤원형을 논박할 때처럼 단독으로 행동하지 않고, 6조 낭관(정랑과 좌랑)들의 뜻을 하나로 모았다. 자신의 말과 주장에 더욱 힘을 싣기 위해 집단행동을 한 것이다. 외척 세력이 다시는 발호할 수 없도록 그 권력의 핵심부를 향해 정면으로 승부를 건 셈이다.

통원의 죄악은 이미 극도에 달하여 온 나라 사람들이 입을 모아 그를 쫓아내는 것이 좋겠다고 말하고 있습니다. 보고 듣고 의논하고 생각하는 직분의 신하들은 피를 토하며 아뢰어 갈수록 말이 격렬해지고 있는데, 성상께서는 들은 체도 아니 하고 도리어 더욱 그를 비호하시니, 신 등은 어리둥절하여 그 까닭을 알지 못하겠습니다. [중략] 전하께서 왕통(王統)을 계승하신 덕분에 다스림의 시작을 바르게 할 수 있게 되었으니, 이것은 선왕(先王)께서 개혁하시지 못한 폐단과 제거하시지 못한 사악함을 전하께 숙제로 남겨 주신 것이라 하겠습니다. [중략] 큰 난신(亂臣)이 제거되지 않는다면 큰 혼란이 반드시 일어날 것인데, 이른바 아직 제거하지 못한 난신이란 바로 통원입니다. [중략] 통원은 바로 원흉(元兇)이면서도 외람되게 높은 반열에 끼어서 개가 으르렁거리듯 분노를 품고서 사람들을 물어뜯으려 하고 있습니다. 군자들은 믿을 곳이 없어서 충성을 다하지 못하게 되었고, 소인만이 틈을 엿볼 곳이 생겨 힘을 빌리고자 하고 있사옵니다. 조정 신료와 백성이 두려움에 떨며 발을 모으고 서 있어서 화근의 발생은 아침이 아니면 저녁인 형편입니다. 말이 여기에 이르니 오싹한 소름이 온몸에 끼칩니다. 전하께서는 왜 여론을 거역하시면서 까지 그를 보호하려 하시옵니까? [중략] 전하께서는 외척이라는 이유 때문에 여론을 억누름으로써 인심을 잃어서는 아니 되실 것입니다.

「율곡전서」〈육조의 낭관들이 심통원을 논박하는 상소(六曹郎官論沈通源疏)〉

율곡이 주도한 이 서슬 퍼런 상소로 말미암아 선조는 사태의 심각성을 깨닫고, 1567년(즉위년) 9월 심통원을 삭탈관직하고 한양에서 추방했다. 이로써 조선은 중종 말년부터 정치 혼란과 민생 파탄의 진원지였던 척신 권력을 청산하고 사림이 주도하는 문치와 여론 정치의 시대를 열 수 있었다.

때를 가려서 신중하게 말을 하더라도 반드시 해야 할 때가 오면 목숨을 내던질 각오로 자신의 뜻과 주장을 펴는 것, 이것이야말로 율곡이 평생 가슴속 깊이 간직한 말의 떳떳한 도리였다. 율곡처럼 말의 도리를 지키려고 한 선비들이 있었기 때문에 선조 시대에 들어와 조선은 비로소 외척 중심의 척신 정치를 말끔히 씻어 낼 수 있었다.

학군자언
學 君 子 言

【 군자의 말법을 익혀라 】

율곡은 임금이야말로 말을 더욱 조심해야 한다고 강조했다. "임금의 말은 비록 자질구레한 것일지라도 그 말이 가져오는 이해의 효과가 매우 크기" 때문이다. 이에 관련된 재미있는 옛이야기가 있다.

중국 수(隋)나라의 제2대 황제인 수양제가 처음 감천궁(甘泉宮)에 행차했을 때, 샘의 물과 산의 돌은 마음에 들었으나 반딧불이가 없는 것이 조금 아쉬웠다. 그래서 담당 관리를 나무라며 "반딧불이를 잡아와 궁궐을 밝게 비추라"고 말했다. 그러자 관리는 신속하게 수천 명을 파견하여 무려 수레 5백 대에 이르는 양의 반딧불이를 잡아 감천궁으로 보냈다고 한다.

임금의 사소한 말도 이 정도인데 큰 문제에 있어 그 말의 엄청난 위력은 더 말하지 않아도 알 것이다. 한 나라를 다스리는 임금은 남녀노소를 막론하고 나라 안의 온 백성들이 우러러보는 법이다. 그러므로 임금의 말은 입 밖으로 나오자마자 천둥이 치고 바람이 일듯 점점 보태어지고 더욱 커진다. 중국 역사상 그 통치가 가장 뛰어난 임금 중 한 명으로 꼽히며 '정관의 치(治)'라고까지 평가받는 당태종도 항상 말조심에 힘썼다고 한다.

말이란 군자에게 가장 중요한 것이다. 말하는 것이 어찌 쉬운 일이겠는가? 일반 백성들의 경우에도 말 한마디가 나쁘면 사람들이 그것을 기억하여 치욕과 손해를 낳게 되는 법이다. 그런즉 더구나 한 나라의 군주로서 말을 잘못하여 그 손실이 매우 크면 어찌 백성과 비교할 수 있겠는가? 나는 항상 이것을 경계하고 있다.

오긍(吳兢), 『정관정요(貞觀政要)』

임금의 자리는 한 나라를 이끄는 권력을 가진 만큼 그 말의 힘은 아주 강력하다. 더구나 임금은 항상 밝은 곳에 노출되어 있어 그 말이 매우 넓은 곳까지 퍼져가게 마련이다. 그렇다고 임금이 입을 완전히 닫아서도 안 된다. 생각하지 않으면 천하를 다스릴 수 없듯이 말을 하지 않으면 나라를 다스리는 책략을 펼칠 수 없다. 다만 임금의 말은 그 힘이 보통의 사람과 같지 않음을 명심하여 극히 조심스럽게 다룰 필요가 있다.

그렇다고 뛰어난 언변과 박식한 말만 앞서서는 안 될 것이다. 진시황은 변설에 뛰어났지만 자신의 능력을 과장하여 인심을 잃었고, 원(元)나라 문제(文帝)는 문학적 재능이 있었지만 공허한 말이 너무 많아 사람들의 기대를 저버렸다. 리더는 이런 웅변을 줄이고 호연지기를 기르며 개인적인 선호를 삼가 모든 말과 일을 순박하고 공평하게 처리하는 것이 중요하다. 누구나 말이 행동에 미치지 못하면 스스로를 속이게 될 뿐 아니라 다른 사람에게 믿음을 얻기도 어려운 법이다. 그런 사람은 성인이 될 수 없다. 마찬가지로 아무리 높은 뜻을 말한다 해도 그것을 현실적으로 실현시키지 못하는 사람은 다른 사람을 이끌 수 없다. 그런 사람을 진심으로 믿고 따를 사람 또한 세상에 아무도 없을 것이다.

언로를 열어 놓아라

사람을 쓰거나 일을 도모하는 리더의 위치에 있는 사람이라면 말을 조심하는 것과 함께 두 가지를 더 고려해야 한다. 하나는 언로, 즉 '말길을 여는 것'이고, 다른 하나는 '말의 참뜻을 파악하는 것'이다.

우선 리더는 누구라도 자신에게 거리낌 없이 의견을 말할 수 있도록 언로를 열어 놓아야 한다. 옛말에 간쟁(簡爭)하는 신하가 일곱 사람만 있다면 어떤 임금도 성군이 되지 않을 수 없고 어떤 나라도 부강해지지 않을 수 없다고 했다. 그만큼 리더는 자신의 뜻을 앞세우기보다는 먼저 여론에 귀를 기울여 자신의 나아갈 방향을 찾아야 한다.

제왕학의 교과서라 불리는 『정관정요』를 살펴보면 당 태종 또한 나라를 다스릴 때 무엇보다 언로의 보장을 중요하게 여겼음을 알 수 있다.

사람이 자기 얼굴을 보려면 반드시 맑은 거울이 있어야 하고, 군주가 자기의 허물을 알려면 반드시 충직한 신하에게 의지해야 한다. 군주가 만일 스스로를 현인이나 성인이라 여기고 신하들도 정확한 의견을 말해 이를 바로잡지 않으면 어찌 위험과 실패를 면할 수 있겠는가?

오긍, 『정관정요』

율곡 역시 나라를 잘 다스리기 위해서는 "먼 길을 가는 나그네가 길을 헤맬 때처럼 행동해야 한다"며 언로의 중요성을 강조했다. 첩첩산중과 거친 벌판에서는 갈림길 중에 또 갈림길이 나오므로 조금만 잘못 판단하면 백 리 혹은 천 리 길을 헤매게 된다. 나그네가 이미 길을 물어서 알고 있다고 하더라도 다시 길가의 사람에게 길을 묻는 이유는 자칫 잘못될까 두렵기 때문이다. 이것이 이미 알고 있는 사실도 다시 물어야 하는 이유이다. 리더는 이미 스스로 자세히 살피고 헤아려 판단을 했더라도 반드시 아랫사람들에게 묻고 보좌를 받아 그 잘못을 바로잡아야 한다. 또한 아랫사람들의 의견 수렴이 잘 되었다 해도 반드시 반복해서 여러 사람의 의견을 묻고 들어야 한다.

그런데 언로를 보장한다는 것이 말처럼 쉬운 일은 아니다. 첫째 대개 아래로부터 올라오는 제안은 리더의 뜻에 반하는 경우가 많기 때문이다. 물론 조언이나 제안이 잘못된 것일 수도 있다. 하지만 항상 주의를 기울여 듣고 있음을 행동으로 보여줘야 한다. 다른 사람의 의견이 자기 뜻과 같지 않다고 해서 자신의 단점을 감싸거나 상대를 비판한다면 누가 리더에게 조언을 하겠는가?

> 술과 음식은 사람들이 보편적으로 좋아하는 것이다. 사람들이 소중한 사람에게 술과 음식을 아끼지 않고 제공하는 것도 누구나 좋아한다고 생각하기 때문이다. 만약 임금이 술과 음식을 즐기듯 사람들에게 선한 말을 구한다면 누구나 다 착한 말을 즐겨 올리지 않겠는가? 그러므로 충직한 말이 임금에게 이르지 않는 이유는 임금이 바른말을 즐기지 않기 때문이라 할 수 있다.
>
> 이익(李瀷), 『성호사설(星湖僿說)』〈군중이 임금에게 바치는 말(納群言)〉

때로 억지가 섞이고 감정이 상하는 소리라 해도 리더라면 이를 평범하게 받아들이는 자세를 보여야 한다.

언로의 보장이 어려운 두 번째 이유는 직언의 성격상 오해를 받기 쉽기 때문이다. 이때의 직언은 아랫사람이 윗사람에게 올리는 것인 만큼 큰 용기가 필요한 행동이다. 그러다보니 말이 때로는 격렬하거나 절박해지기도 한다. 이런 말들은 자칫 감정적이거나 리더를 비난하는 소리로 들릴 수 있다. 하지만 그렇다고 해서 무시하거나 화를 내서는 안 된다.

율곡도 선조에게 이를 강하게 주장했다.

전하께서는 의견을 구한다는 전교를 내리시고, 거리낌이 없도록 문호를 크게 열어 놓아서, 위로는 조정의 신하들로부터 아래로는 일반 백성에 이르기까지, 서울은 물론이고 멀리 변방의 마을까지 모두 오늘날의 폐단에 대해 이야기하고 그들의 진심을 다 털어놓도록 하십시오. [중략] 혹시 말하는 내용이 조리가 없고 보잘것없으며 거리낌 없이 함부로 말하더라도 그대로 두고 죄를 묻지 마십시오.

『율곡전서』〈옥당진시폐소(玉堂陳時弊疏)〉

듣기에 심한 소리를 하더라도 결코 감정적으로 대하지 말고 너그럽게 용서해 언로를 보장하라는 주장이다. 최고의 권력을 가진 임금에게는 조금 무리한 일일 수도 있을 것이다. 하지만 언로가 막히면 어느 나라든 오래 버틸 수 없는 만큼, 리더가 언로 보장에 따른 감정적 부담을 감수하는 것이 당연하다.

한편 리더가 언로를 보장해도 아랫사람들이 침묵하는 경우가 있다. 이렇게 되는 까닭은 리더가 언로를 보장한다는 말을 할 뿐 실질적으로 언로를 보장하는 문화를 만들지 못했기 때문이다. 대개는 권위적이거나 독단적인 리더의 경우가 그렇지만 온화한 리더라 해도 무의식중에 이런 분위기를 조장할 수 있다. 이런 문화에서는 리더도 자기 뜻에 반하거나 귀에 거슬리는 말을 하는 사람을 용납하지 못하며, 아랫사람도 윗사람을 설득하기 위해 말을 꺼내기가 매우 어렵다. 중국 전국시대 말기 한비(韓非)가 지은 제자백가서인 『한비자(韓非子)』의 〈난언(亂言)〉을 보면 그 어려움이 아주 잘 나타나 있다.

저는 말을 하는 것 그 자체가 어려운 것은 아닙니다. 제가 말하기를 꺼리고 망설이는 까닭은 이렇습니다. 말투가 순순하고 매끄러워서 거침없이 줄줄 이어지면 겉만 화려하고 내실이 없는 것처럼 보일 것입니다. 말하는 태도가 고지식하고 신중하면서 빈틈없이 완벽하면 도리어 서투르고 조리가 없어 보일 것입니다. 인용을 자주 들고 비슷한 사례를 끌어대며 말을 많이 하면 이는 겉치레뿐이고 실제로는 쓸모가 없다 여길 것입니다. 요점만 간추려 그 대강을 말하고 직설적으로 꾸밈없이 말하면 미련하고 화술이 부족하다 할 것입니다. 바짝 달라붙어 속마음을 떠보듯이 말하면 주제넘고 염치없게 보일 것입니다. 말하는 품이 너무 크고 넓으며 고상해서 헤아릴 수 없으면 야단스럽고 무익하게 보일 것입니다. 이익을 타산하여 상세하게 말하고 자세한 수치를 들면 고루하다고 할 것입니다. 또 세속적인 말솜씨로 남을 거스르지 않는 말만을 가려 한다면 목숨을 부지하려고 아첨한다고 여길 것입니다. 저속한 말을 피하고 유별난 말재간으로 세상 이목을 끌면 무책임한 엉터리라고 여길 것입니다. 기민하게 말을 꾸며 문채를 갖추면 현학적으로 보일 것입니다. 일부러 문장이나 학문을 끊어 버리고 있는 그대로를 드러내어 말하면 야비하다고 여길 것입니다. 수

시로 시(詩)와 서(書)를 들먹이며 지나간 옛것을 본받는 척하면 암송을 되풀이한다고 여길 것입니다. 이것이 바로 제가 말하기를 꺼리며 거듭 염려스러워하는 이유입니다.

한비(韓非), 『한비자(韓非子)』 〈난언〉

정말 실소가 나올 정도로 말하기의 어려움을 시시콜콜 자세하게 서술해놓았다. 혹시 한비는 겁쟁이가 아니었을까 하는 생각까지 들게 한다. 물론 이런 오해도 한비가 말하길 두려워하는 이유 중 하나일 것이다. 어쨌든 이 글 뒤로 이어진 내용에 나오는 말로 해를 당한 현인들에 대한 이야기를 보면 진언에 대한 한비의 두려움이 결코 과장이 아님을 이해할 수 있다.

한비가 지적한 바를 리더가 충분히 고려해 언로를 보장한다고 해도, 윗사람과 아랫사람 간에 의사소통이 어려운 데 대해 정조는 일찍이 이렇게 밝혔다.

나와 멀리 떨어져 있거나 관계가 서먹서먹한 신하는 법에 걸려들까 두려워 감히 말하지 못한다. 반대로 나와 가까이 있거나 관계가 친밀한 신하는 비위를 맞추느라 말하려고 하지 않는다.

『일득록(日得錄)』 〈훈어(訓語)〉

자고로 윗사람과 아랫사람 간의 소통을 원활하게 하고 리더에게도 자유롭게 의견을 개진할 수 있는 통로를 만들고자 한다면 사람들이 제안하고 조언하는 일을 자연스럽게 즐길 수 있는 문화를 만들어야 한다.

사람들이 침묵하는 두 번째 이유는 말을 해도 아무 소용이 없다고 판단하기 때문이다. 선조가 즉위한 지 8년째 되던 해 정월 초하룻날, 흙비가 내리고 지진이 나는 등 천재지변이 끊이지 않자 선조는 신하들에게 어려운 시국을 타개할 계책을 구한다는 교지를 내렸다. 율곡은 주저 없이 1만자로 이루어진 상소문 〈만언봉사(萬言封事)〉를 지어 올렸다. 이때 선조는 하늘의 재앙과 민심의 동요에 대한 불안과 두려움에서 빨리 벗어나고 싶은 간절한 소망 때문인지 그 어느 때보다도 율곡의 주장에 귀를 기울었다.

승정원 우부승지 이이가 만언봉사를 올려 시대의 폐단을 극진하게 아뢰었다. 또 천재지변을 구제할 계책과 임금의 덕을 닦는 공부에 대해 말씀드렸다. 이에 임금이 답하셨다.
"상소의 말을 살펴보니, 요순시대 신민(臣民)의 뜻을 보는 것처럼 의논이 매우 훌륭하오. 옛사람들도 이보다 더 낫지는 못할 것이오. 이런 신하가 있으니 어찌 나라가 잘 다스려지지 않는다고 걱정할 필요가 있겠소? 그대의 충정을 진실로 아름답게 여기니, 상소의 내용을 반드시 유념하겠소. 다만 일을 경장(更張, 개혁)하자는 것이 너무 많아서, 모든 것을 갑자기 변경할 수는 없소. 이 상소를 모든 대신들에게 보여서 상의하여 처분하겠소."
그리고 그 상소문을 베껴서 올리라 명령하셨다.

『경연일기』 선조 7년(1574) 정월

그러나 선조의 이러한 관심은 한때의 불안과 두려움에서 벗어나려는 임시방편일 뿐 실제로 율곡이 제안한 개혁 정책을 시행하는데 힘을 쏟지는 않았다. 율곡을 비롯해 상소를 올린 신하들은 모두 힘이 빠졌다. 이런 일이 반복되다 보니 상소나 간언에 힘을 쓰는 신하들도 점점 줄어들었다.

이러한 선조의 무사안일과 무성의가 조선의 운명과 백성들의 삶에 어떤 영향을 끼쳤는지는 굳이 언급할 필요조차 없을 것이다.

말의 참뜻을 살펴라

리더에게는 말을 조심하고 여론에 귀를 기울이는 것 외에도 주목해야 할 중요한 것이 하나 더 있다. 말 가운데에는 공적인 이익을 앞세워 리더를 올바른 방향으로 나아가도록 하는 말과 사리사욕을 채우기 위해 리더를 현혹하고 그릇되게 이끄는 말이 반드시 뒤섞여 있기 마련이다. 따라서 리더는 말이 담고 있는 참뜻을 헤아리고 살필 줄 알아야 한다.

춘추시대 제나라 환공을 역사상 최초의 패자(覇者 : 제후들의 우두머리)로 만든 경세가 관자의 정치사상이 담겨 있는 『관자(管子)』를 보면, 제나라의 군주 환공이 멸망한 곽나라로 가서 그 백성에게 곽나라가 제나라에 망한 이유를 묻는 이야기가 나온다. 그러자 그 백성은 "국왕이 선량한 사람을 좋아하고 사악한 사람을 싫어했기 때문"이라고 답했다. 환공이 "그렇다면 현명한 군주인데 어떻게 멸망할 수 있었는가?"를 묻자 그 백성은 "군주가 선량한 사람을 좋아했지만 그들을 등용하지 못했고 사악한 사람을 싫어하지만 그들을 제거하지 못했기 때문"이라고 답했다.

몸 안의 기운을 드러내는 것이 소리가 되고 그것이 모습을 얻어 표현되는 것이 말이다. 소리는 오장육부에 뿌리를 두고 목구멍과 혀를 거치면서 비로소 완성된다. 그런데 말은 그 소리를 내는 사람의 기운에 따라 맑거나 탁해지고 강하거나 약해지며 느리거나 빨라지기도 한다. 이로써 편안함, 우울함, 기쁨, 슬픔, 분노, 즐거움은 소리에 드러나게 된다. 그러므로 소리를 듣고 먼저 맑은지 탁한지, 기쁜지 슬픈지 알 수 있다. 물론 사람은 이를 이용해 자신의 생각과는 다르게 그 소리를 꾸밀 수도 있다. 그러므로 말을 자세하게 듣고 그 속에 담긴 의미를 잘 간파하여 일의 맥락을 헤아리고 살펴야 한다.

율곡은 〈동호문답(東湖問答)〉에서 간사한 사람의 말을 판별할 줄 아는 것이 임금의 '용현(用賢)', 즉 현명한 신하를 가려 뽑는 요체라고 했다. 그럼 어떻게 그렇게 할 수 있는가? 율곡은 무엇보다 먼저 평소 그 사람의 말과 행동이 일치하는지를 살피라고 했다. 비록 처음에는 말로 허물을 덮을 수 있을지 몰라도 시간이 지나면 반드시 말과 행동의 사악함과 그릇됨이 드러난다는 것이다. 또한 리더는 한 사람이나 특정 세력의 말에 의지해 판단을 구하고 결정을 내려서는 안 된다. 율곡은 리더가 사욕과 안일함 때문에 편협한 마음을 품게 되면 반드시 그 틈을 비집고 들어오는 간사한 세력이 생긴다고 보았다. 따라서 눈과 귀를 열어 사방을 밝히듯이 말 역시 그 뜻을 세세히 헤아려 사람의 본의를 판별할 줄 알아야 한다. 이렇게 한다면 반드시 옳은 판단과 결정을 내리지는 못하더라도 말로 인해 발생하는 폐단과 재앙은 피할 수 있다는 뜻이다.

제 3 장

정심

定 心

선찰오심
先察吾心

【 마음을 먼저 다스려라 】

비록 내 안에 있으나 내가 주인이 되기 어려운 것이 바로 마음이다. 내가 존재하기 때문에 생겨났으나 내 의지대로 잘 다스려지지 않기 때문이다. 이런 마음의 특성 때문에 옛 성현들은 "마음이란 텅 비어 있으며 매우 영활하며 그 신묘함을 헤아릴 수 없다"고 보았다. 그런데 마음의 힘은 대단히 커서 '항상 몸의 주인이 되어 모든 일의 기강을 주도하기 때문에 잠시라도 보존하지 않으면 안 되는' 존재다.

무릇 마음이란 잡아 두면 존재하고 놓아 버리면 도망하는 것이니, 도망하면 사특한 생각이 생기고 사특한 생각이 생기면 물질에 끌려갈 뿐이다. 물질에 끌려가는데도 마음을 보존할 줄 모르면 정신이 소모되어 피곤하고 맥박이 흐리고 깨끗하지 못하며 형상이 없어도 형상이 있는 듯 눈을 가리고, 소리가 없어도 소리가 있는 듯 귀를 가리어 차츰 구제할 수 없는 지경에 이르면 심신도 따라 없어지고 형체도 따라서 흩어지는 것이다.

남효온(南孝溫), 『추강집(秋江集)』

마음은 내 몸의 주인인데, 이 마음이 한순간 깨닫지 못하는 사이에 내 안에서 빠져나가 버리면 물질적 욕망에 빠지게 되고 그렇게 되면 몸에는 주인이 없어진다. 결국 몸이 행하는 모든 일에서 기강이 사라져 자기 몸이 어디에 있는지도 자각하지 못하게 된다는 의미이다.

그런 만큼 마음을 다스리는 공부는 무엇보다 중요하다. 율곡은 마음공부를 그 어떤 배움보다 먼저 이루어야 한다고 믿었다. 제 마음 하나 다스리지 못하는 사람이라면 배움을 이뤄 도를 행하고 장차 벼슬길에 올라 백성을 다스리는 것도 불가능하다는 것이다. 따라서 특히 공부를 시작하는 사람은 무엇보다 마음을 먼저 다스려야 한다고 주장했다.

학문을 하는 자는 반드시 자기 마음을 정성껏 가지고 올바른 도를 행해야 한다. 또한 세속의 자질구레한 일로 자기 뜻을 어지럽혀서는 안 된다. 그런 다음에야 그 학문의 튼튼한 기초가 이루어지는 것이다.

『격몽요결』, 〈지신〉

율곡이 〈자경문〉을 지을 때 가장 공을 들인 부분도 다름 아닌 '정심(定心)'이었다. 어머니 사임당의 죽음 이후 수년간 정신적 방황을 하면서 '마음을 다잡아 안정시키는 공부'야말로 뜻을 세우고 배움을 닦고 일을 행할 때 언제나 기본 뿌리가 된다는 사실을 깨달았기 때문이다.

율곡이 평생토록 좌표로 삼겠다고 다짐했던 '정심공부'의 요체이자 가장 경계한 것이 구방지심(久放之心), 곧 '오랫동안 제멋대로 풀어놓은 마음'이었다.

오랫동안 제멋대로 풀어놓은 마음을 하루아침에 거두어들이는 것, 그와 같은 힘을 얻기가 어찌 쉽겠는가. 마음이란 살아 있는 사물이다. 잡념과 헛된 망상을 없앨 힘을 완성하기 전에는 마음이 요동치는 것을 안정시키기 어렵다. 마치 마음이 어수선하고 혼란스러울 때 의식적으로 끊어 버리려고 하면 더욱 더 어지러워지는 것과 같은 이치다. 금방 일어났다가도 또 금방 사라졌다가 하여, 나로부터 비롯되지 않은 듯한 것이 바로 마음이다. 설령 잡념을 끊어 없애더라도 다만 이 '끊어야겠다는 마음'은 내 가슴속에 자리 잡고 있다. 이 또한 망령스러운 잡념이다. 어수선하고 혼란스러운 생각들이 일어날 때는 마땅히 정신을 거두어 한곳으로 모아서 아무런 집착 없이 그것을 살펴야 한다. 결코 그러한 생각들에 집착해서는 안 된다. 그렇게 오래도록 공부하다 보면 마음이 반드시 고요하게 안정되는 때가 있게 된다.

「율곡전서」〈자경문〉

어떤 공부라도 마찬가지지만 마음공부는 매일 매순간 하지 않으면 안 된다. 그렇게 한다 해도 아주 오랜 시간이 걸려야 비로소 '고요하게 안정되는 때'를 만나게 되고 그때부터는 이를 유지하기 위해 노력해야 하는 것이다. 그렇다면 이렇듯 정심공부를 할 때 가장 경계해야 할 일은 무엇일까? 이는 조급한 마음이다. 율곡은 "하루아침에 금방 효과가 나타나기를 바라다 효과가 없으면 곧 물러나고 실망하는 마음을 갖는 것이 가장 좋지 않다"고 말했다. 마음을 다스려 바르게 하는 공부는 '죽을 때까지 해야 할 일'이기 때문이다.

특히 율곡은 정자의 말을 인용하면서 마음공부를 이루는 데 조급해하는 것은 욕심이며, 이 욕심을 먼저 버려야 한다고 강조했다.

배우는 사람은 모름지기 마음을 경건하게 지켜야 하며 조급하게 대해서는 안 된다. 마땅히 마음을 깊고 두텁게 길러 그 속에 깊이 잠긴 뒤라야 스스로 터득할 수 있다. 조급하게 얻고자 하는 것은 개인적인 욕망일 뿐 끝내 도에는 이르지 못한다.

『성학집요』〈수기 상〉

우리가 매일 세수를 하듯 마음도 매일 다듬지 않으면 안 된다. 한 번 청소했다고 방이 항상 깨끗하지는 않은 것과 같은 이치다. 한 번 반성하고 좋은 뜻을 가졌다고 해서 그것이 늘 우리 마음속에 있는 것은 아니다. 어제 먹은 뜻을 오늘 새롭게 하지 않으면 그것은 곧 우리를 떠나고 만다. 그러므로 어제의 좋은 뜻을 매일 마음속에 새기며 매순간 그 마음을 안정시키는 데 힘써야 한다.

마음을 다스리는 네 가지 방법

마음을 안정시킨다는 것은 참으로 어려운 일이다. 율곡이 평소 그토록 정심공부를 강조하고 또한 평생토록 공력을 기울인 까닭 역시 역설적이게도 마음을 안정시키는 것이 그만큼 힘들기 때문이었다. 그렇다면 마음을 안정시키기 어려운 까닭은 무엇인가? 그것은 낡은 습관과 나쁜 버릇이 마음을 옭아매고, 사사로운 욕망에 가려서 마음이 어둡고 어지러워지기 때문이다. 율곡은 그 병폐를 크게 네 가지로 나누어 살폈다.

오직 기질이 마음을 옭어매고 사사로운 욕망이 가려서 마음의 본체가 설 수 없기 때문에, 마음이 올바르게 작용하지 못하는 경우가 발생합니다. 이와 같은 병폐는 어둡고(昏), 어지러운(亂) 데 있습니다. 먼저 어두움의 병폐는 지적인 어두움(智昏)과 기질적인 어두움(氣昏) 두 가지가 있습니다. 지적인 어두움이란 참된 이치를 탐구하지 못해서 옳고 그름을 판단하지 못하는 것입니다. 또 기질적인 어두움이란 게으르고 아무 때나 드러누워서 항상 잠잘 생각만 하는 것입니다. 어지러움의 병폐 역시 두 가지가 있습니다. 먼저 사악한 생각(惡念)에 사로잡혀 외부 사물의 유혹에 빠져서 이로움을 따지고 재는 개인적인 욕망입니다. 다른 하나는 뜬구름과 같은 생각(浮念)으로 밑도 끝도 없는 생각이 불현듯 어지럽게 일어나서 꼬리에 꼬리를 물고 이어지는 것입니다.

「성학집요」〈수기 중(中)〉

그럼 이 네 가지 병폐 중에서 율곡이 가장 이겨 내기 어렵다고 생각한 것은 무엇이었을까? 그것은 다름 아닌 부념(浮念), 즉 '뜬구름처럼 떠도는 생각'이었다. 율곡은 이것이야말로 뜻을 세우고 마음을 닦는 공부에 가장 해로운 적이라고 여겼다.

배움에 정진하는 사람이 노력해도 가장 효과를 얻기 어려운 것이 뜬구름과 같은 생각을 다스리는 것입니다. 대개 사악한 생각이란 비록 마음속 깊이 가득 차 있다고 하더라도 선하고자 하는 의지를 성실하게 다지기만

하면 다스리기 어렵지 않습니다. 그러나 오직 뜬구름처럼 떠도는 생각만
은 아무 일이 없을 때에도 불쑥 일어났다가 문득 사라져 버려서 내 마음
대로 할 수 없습니다. 그토록 뜻을 성실하게 지녔던 사마온공(司馬溫公)＊
또한 오히려 마음이 어지러움을 근심했는데 하물며 배움에 처음 들어서
는 사람이야 어떠하겠습니까? [중략] 배우지 않은 사람은 마음을 놓아 버
리고 제멋대로 자신을 내맡겨서 그와 같은 생각이 뜬구름과 같은 생각이
라는 사실조차 스스로 깨닫지 못합니다. 그러나 배우는 사람은 고요히 앉
아서 자신의 마음을 거두어들인 다음에야 뜬구름과 같은 생각이 마음을
어지럽히고 있다는 사실을 깨달을 수 있습니다.

『성학집요』〈수기 중〉

그럼 어떻게 해야 사악한 생각이나 뜬구름처럼 제멋대로 떠도는 생각
을 다스려서 마음의 안정을 얻을 수 있을까? 율곡은 네 가지 방법이 있다
고 했다.

첫째, 경건한 마음을 잠시라도 놓아서는 안 된다. 즉 배움을 닦을 때나
사람을 대할 때는 물론 모든 일과 사물을 대할 때 항상 공경하고 겸손하
며 삼가는 마음을 지녀야 한다는 것이다.

둘째, 일을 할 때는 하는 일에 집중하고, 쉬고 있을 때 생각이 일어나면
반드시 그 생각이 무엇인가 살피고 헤아린다. 만약 사악한 생각이면 과감
하게 끊어 버려서 털끝만 한 싹이라도 마음속에 남겨 두지 않아야 하고,
선한 생각이고 마땅히 생각해 보아야 할 것이면 그 이치를 탐구하고 또한
드러내 밝혀야 한다.

＊　사마광(司馬光). 북송(北宋)의 정치가이자 대학자이다.

셋째, 뜬구름과 같은 생각을 끊어 내려고 애쓰지 않는다. 끊어 내고자 하는 마음 역시 뜬구름과 같은 생각일 뿐이다. 생각이 어지럽게 일어나면 자신의 마음을 살피고 헤아려서 그것이 뜬구름과 같은 생각임을 알고 끌려가지 않도록 하면 저절로 점차 그치게 된다.

넷째, 마음을 다스리는 공부에 밤낮으로 힘쓰되, 절대로 빨리 그 효과를 얻으려 해서는 안 된다. 만약 힘을 얻지 못해 가슴이 답답하고 꽉 막히거나 무료해질 때에는 반드시 정신을 가다듬고 마음속을 깨끗이 해서 한 오라기의 잡념도 없게 한다. 그렇게 기상을 맑고 조화롭게 하는 일을 오래오래 익혀서 엉기고 안정되면 늘 자신의 마음이 우뚝 서 있어서 외물(外物)의 자극에 이끌리거나 얽매이지 않게 된다.

욕심과 자만을 버려라

마음을 잘 다스리기 위해서는 우선 욕심과 자만을 버려야 한다. 『예기』에 다음과 같은 말이 있다.

> 오만함이 자라도록 해서는 안 되고 욕심을 내버려 두어서도 안 되며 뜻을 가득 채워서도 안 되고 즐거움을 끝까지 추구해서도 안 된다.
>
> 『예기』〈곡례(曲禮) 상(上)〉

인간인 이상 욕심과 욕망이 없을 수는 없다. 그렇다고 해서 욕심이 나를 지배하도록 내버려 두어서도 안 된다. 정신을 혼란하게 만드는 욕심을 방치하거나, 순간의 달콤함에 취해 끝없이 욕심을 추구하는 일은 결국 나를 망치는 지름길일 뿐이다.

　여기서 욕심과 즐거움이란 물질적인 것뿐 아니라 학문을 할 때 경계해야 할 '지적 허영'이나 '명예욕'과 '출세욕'도 포함한다. 율곡은 '뜻이 가득 찼다'는 것은 조금 얻은 것에 만족하면서 거만하게 뻐기고 스스로 대단하게 여기는 것이며, '즐거움을 추구한다'는 것은 이런 만족감을 계속해서 얻고자 하는 것이라고 해석했다. 그러면서 이런 만족감을 탐하는 욕심을 끊어 내는 것이 정심공부의 시작이라고 보았다.

　항상 온화하고 공손하고 자상하고 사랑하며, 사람에게 은혜를 베풀고 물건을 구제해 주는 것으로 자기의 마음을 갖는다. 그리고 남을 해치거나 물건을 해치는 등의 일은 터럭만큼도 마음속에 품지 말아야 한다. 대체로 사람이란 자기 몸에 이로운 일을 하려고 하면 필경 다른 사람이나 그들의 물건을 해치게 마련이다. 그러므로 배우는 자는 먼저 자신을 이롭게 하려는 마음부터 끊어 없애야 한다. 그런 다음에야 마땅히 어진 것을 배울 수 있다.

『격몽요결』〈접인〉

　마음에 욕심을 품으면 정도(正道)나 성학(聖學)이 아닌 물질적인 것에서 나를 이롭게 할 것들을 찾게 된다. 여기에서 물질적인 것이라 함은 눈에 보이는 것뿐 아니라 상이나 명예, 지위도 포함된다. 성급하게 물질을 탐하는 사람은 노력하기 전에 남의 것이라도 훔치거나 빼앗으려 든다. 마찬가지로 작은 상이나 칭찬에 마음을 빼앗긴 사람은 남을 속이거나 아첨을 해서라도 이를 얻으려 하게 마련이다.

　세상에 날 때부터 성인의 성품을 가지고 태어나는 사람은 없다. 다만 자기 마음을 얼마나 잘 다스리느냐에 따라 성인이 되기도 하고 범인(凡人)으로 남거나 악인(惡人)이 되기도 한다. 그중에서도 욕심은 그 모습이 매우 다양해서 간혹 선(善)의 모습으로 나타나기도 하는데, 이를 정확히 파악하고 이겨내지 못하면 어떤 것도 이룰 수 없다. 공자는 욕심을 견제해 풀어 내는 첫째가 바로 참는 것(忍)이라고 말한다.

어느 날 자장(子張)이 공자의 곁을 떠나 잠시 외유하고자 공자께 작별하며 물었다.

"원컨대 몸을 닦는 요점을 한마디로 말씀해 주십시오."

공자가 대답했다.

"백 가지 모든 행동의 근본은 참는 것이 제일이다."

자장이 다시 물었다.

"어떻게 참아야 합니까?"

공자가 대답했다.

"천자가 일을 참으면 온 나라에 해로움이 없고 제후가 참으면 다스리는 땅이 넓어진다. 관리가 참으면 지위가 높아지고 형제가 참으면 그 집이 부귀를 누리며 부부가 서로 참으면 일생을 함께 해로한다. 친구끼리 서로 참으면 상대의 명예를 떨어뜨리지 않고 스스로 참으면 화가 없다."

자장이 다시 물었다.

"만일 참지 않으면 어떻게 됩니까?"

공자가 대답했다.

"천자의 몸으로 참지 않으면 나라가 빈터가 되고 제후가 참지 않으면 제 몸뚱이까지 잃게 된다. 관리가 참지 않으면 매사가 법에 걸려 죽게 되고 형제가 참지 않으면 헤어져 살게 되며 부부가 참지 않으면 자식을 외롭

게 만든다. 친구 간에 서로 참지 않으면 정의가 소홀해지고, 스스로 참지
못하면 항상 근심이 없어지지 않는다."

『명심보감』〈계성(戒性)〉

　사람이 자신의 욕망을 참고 다스리지 못하면 문제가 불거지게 마련이
다. 역할이 큰 사람이라면 큰일이 벌어질 것이요, 비록 작은 역할을 하고
있는 사람이라 해도 사소하게 문제가 생길 수 있다. 크든 작든 사사로운
욕심은 화를 불러오는 법이다.

　율곡도 그랬지만 옛 성인들은 이러한 욕심을 버리고 마음을 다스리기
위해 〈잠언(箴言 : 경계의 뜻을 담은 글귀)〉이나 〈자경문〉을 써서 붙여 놓고
사특하고 올바르지 않은 생각과 행동이 몸과 마음에 깃들지 않도록 늘 스
스로 경계하는 삶을 살았다. 자신의 뜻을 글로 써서 잘 보이는 곳에 붙여
놓는 것은 예나 지금이나 목표를 이루는 효과적인 방법 중 하나로 권장할
만하다. 율곡처럼 내면의 정체성을 굳건히 해주는 나만의 '자경문'을 만
들어 늘 경계하는 삶을 시작해보면 어떨까.

주일무적
主 一 無 敵

【 마음을 하나로 집중하라 】

정심공부의 궁극적인 목적은 배움을 실천에 옮기는 것이 마땅한 도리임을 깨우치는 데 있다. 실천의 중요성을 일깨우기 위해 퇴계는 율곡에게 '주일무적(主一無敵)'과 '주경(主敬)'을 가르쳤다.

먼저 주일무적은 '마음이 한 가지로 집중되어 흩어지지 않는 것'을 뜻한다. 퇴계의 『성학십도(聖學十圖)』를 보면 그가 율곡에게 이야기하고자 한 내용을 더 자세히 알 수 있다. 이는 원래 주자의 〈경재잠(敬齋箴)*〉에 뿌리를 둔 것으로 성학(聖學)을 이루기 위해 필요한 정심공부의 근본이라 할 수 있다.

---

* 주자는 장식(張栻)의 〈주일잠〉을 읽고 크게 감동하여 그가 남긴 뜻을 모아 〈경재잠〉을 지어 벽에 붙여 놓고 스스로 경계했다. 퇴계는 주자의 〈경재잠〉을 『성학십도』의 제9장에 넣을 만큼 중요하게 여겼다.

동쪽으로 간다 하고 서쪽으로 가지 말 것이며 남쪽으로 간다고 하고 북쪽으로 가지 말아야 한다. 일을 하는 데 있어서는 그 일에 정성을 다하고 다른 일에 마음을 두어서는 안 된다. 두 가지 일을 가지고 두 가지 마음을 가지지 말 것이며, 세 가지 일을 가지고 세 가지 마음을 가지지 말아야 한다. 오직 마음을 전일(專一)하게 하여 모든 만물의 변화를 감찰하여야 한다.

이황, 『성학십도』〈경재잠도(敬齋箴圖)〉

처음에는 하나의 일이 있었는데 하나를 더하게 되면 잠깐 사이에 둘이 되어 두 가지 일이 되어버린다. 원래는 하나의 일이었는데 또 두 가지 일이 겹치게 되면 문득 세 개의 일이 되고 다시 세 가지 마음이 되어 버리기 쉽다. 이렇게 일에 따라 마음이 여러 갈래로 나뉘면 그 사이에 사특한 마음이나 사사로운 욕심이 생겨나고, 그것이 실마리가 되어 겉과 속이 바르지 않고 마음의 안정이 깨어질 수 있다. 따라서 주변 사람이나 외적인 상황에 동요되지 말고 하나의 마음으로 일을 대할 줄 알아야 한다.

그렇다고 해서 한 가지 일에 집착하라는 의미는 아니다. 일상생활에서 일어나는 수없이 많은 일 중 단 한 가지 일에만 마음이 고정되어 있다면 제대로 된 생활을 할 수 없을 것이다. 주일무적이란 집착이나 얽매여 있는 마음 상태가 아니라 정신을 한 가지로 집중하여 흐트러짐 없이 목표를 향해 나아가는 것을 의미한다.

퇴계를 만나기 전부터 율곡은 이미 마음을 한 가지로 쏟아 정성을 다함으로써 사특한 마음이나 뜬구름 같은 생각을 막는 일이 중요하다는 사실을 깨닫고 있었다. 그래서 〈자경문〉의 '정심' 부분 마지막에 다음과 같은 문장을 써 넣은 것이다.

일할 때 오로지 한마음으로 하는 것 또한 마음을 안정시키는 공부이다.

『율곡전서』〈자경문〉

퇴계가 율곡에게 주일무적과 함께 강조한 것이 바로 주경(主敬), 즉 경(敬)을 근본으로 삼는 것이다. 여기서 경이란 공경하고 조심하고 삼가며 정성을 다하는 것을 뜻한다. 퇴계와 율곡은 경이야말로 "성학의 처음과 끝"이라고 믿었다.

'경'이란 성인이 되기 위한 학문의 시작이자 끝입니다. 그러므로 주자가 "경을 유지하는 것(持敬)은 진리탐구(窮理)의 근본이다. 아직 알지 못하는 사람은 경하지 않으면 끝내 알 수 없다"고 했고, 정자가 "도에 들어가는 데는 경만 한 것이 없다. 사물의 도리를 깨닫는 경지에 이르렀어도(致知) 경하지 않은 사람은 도를 깨우칠 수 없다"고 했습니다. 이것은 경이 배움의 시작이라는 말입니다. 주자는 "이미 아는 사람도 경이 아니면 아는 것을 지킬 수 없다"고 했고, 정자는 "경과 의가 서면 덕이 있어서 사람들의 호응을 얻게 되고 외롭지 않다. 성인이라 하더라도 또한 이런 경지에 머물 뿐이다"고 했습니다. 이것은 경이 배움의 끝이라는 말입니다.

『성학집요』〈수기 상〉

율곡은 예전에 퇴계 선생이 자신에게 질문한 "경함이란 주일무적이니, 혹 사물이 한꺼번에 들이닥치면 어떻게 대응하겠소?"라는 말씀을 떠올리면서 스스로 이렇게 답했다.

대개 고요함 속에서 '마음이 한 가지로 집중되어 흩어지지 않는 것'은 공경함의 본질이고, 움직임 속에서 온갖 변화에 대응하면서도 그 주재자(主宰者)를 잃지 않는 것은 공경함의 작용입니다. 경함이 아니면 지극한 선(善)에 머무를 수 없고 또한 경함 가운데 지극한 선이 있습니다.

『율곡전서』〈퇴계 선생에게 올리는 별지〉

'경'은 하나로 일관되어야 하는데 이것이 곧 주일무적이며, 그와 같은 마음으로 일을 처리하는 것이 곧 경을 이루는 일이다. 이렇듯 율곡과 퇴계 사이에 오고 간 '정심공부'에 관한 대화의 결론이라고도 할 수 있는 '경'이란 도대체 무엇일까? 그것은 글자 그대로 '모든 사물을 공경하고 삼가는 마음으로 지극하게 대하는 것'을 뜻한다. 퇴계는 평생의 깨달음을 오로지 이 '경'에서 구했다. 배움과 실천의 도리는 오로지 공경함과 삼감과 정성스러움을 통해서만 닦을 수 있고 또 얻을 수 있다는 것이다.

결국 율곡이 퇴계를 통해 얻은 '정심' 곧 마음을 안정시키는 공부의 요체란 이렇게 결론지을 수 있지 않을까? 홀로 머물러 고요할 때나 혹은 나아가 사람들과 어울려 온갖 일과 사물을 대할 때에도, 마음을 하나로 집중하여 흩어지거나 어수선하게 만들지 않고, 오로지 공경하고 삼가며 정성을 다하는 마음으로 배움과 실천을 지극하게 행하는 것이라고.

마음을 고요하게 하는 방법

율곡이 퇴계를 처음 찾아가 2박 3일 동안 묵으면서 가장 많은 가르침을 받고 깨달음을 얻은 것은 입지와 더불어 정심이었다. 이후로도 율곡은 편지 왕래를 통해 퇴계에게 『대학(大學)』의 '안정됨(定)'과 '고요함(靜)'과 '편안함(安)'과 '생각함(慮)'과 '거만함(傲)'과 '게으름(惰)'의 뜻을 묻는 등 정심공부를 이어 나갔다. 율곡과 퇴계 두 사람 사이에서 오고 간 편지를 재구성해 보면, 율곡이 퇴계에게 가르침을 받은 정심의 요체를 짐작해 볼 수 있다.

율곡은 무엇보다 먼저 퇴계에게 '안정됨과 고요함과 편안함'에 관한 자신의 의혹을 풀어 달라고 청했다.

> 주자가 말하기를 "안정됨과 고요함과 편안함은 비록 절차는 나누어져 있지만 모두 공부가 용이하게 나아가기 위해서는 반드시 필요하다"고 했습니다. 또한 "마음이 편안하고 안정된 뒤에 능히 생각하는 것"과 "생각한 뒤에 능히 얻는 것"이 가장 진전을 이루기 어렵다고 했습니다. 이와 더불어 "마음이 편안하고 안정된 뒤에 능히 생각하는 것"은 안자(顔子)*가 아니면 실천하기 어렵다고 했습니다.
>
> 『율곡전서』 〈퇴계 선생에게 올리는 별지〉

율곡은 "자신의 뜻을 정한 다음에는 마음이 능히 고요하고, 마음이 고요해진 다음에는 그 처한 바가 능히 편안하고, 마음이 편안한 다음에는 능히 생각이 깊고, 생각이 깊은 다음에는 능히 얻는 것이 있다"는 『대학』의 구절을 인용해 퇴계에게 학문을 닦는 일과 정심공부의 관계에 관한 자신의 견해를 밝혔다. 그런데 여기에서 율곡이 의혹을 떨칠 수 없었던 것은 주자가 공자의 수제자였던 안자만이 이러한 절차와 이치를 능히 실천할 수 있다고 말한 대목이었다. 옛 성현을 본보기로 삼아서 성인이 되겠

---

* 안회(顔回). 중국 춘추 시대의 유학자. 자는 자연(子淵)이며, 공자의 수제자로 학덕이 뛰어났다.

다는 큰 뜻을 세워 배움을 닦고 실천하는 삶을 살겠다고 작정한 율곡으로서는 "안자만이 그렇게 할 수 있다"는 주자의 말을 도저히 받아들일 수 없었다. 율곡은 퇴계의 가르침을 통해 이러한 자신의 의혹을 깨끗하게 떨쳐 버리고 싶었을 것이다.

퇴계는 주자의 말에 대한 율곡의 의혹을 기꺼이 받아들이면서도, 행여나 율곡의 정심공부가 그것으로 인해 지체될 수도 있음을 우려해 그에 신경 쓰지 말고 더욱 힘써 나아갈 것을 당부하는 말 또한 잊지 않았다.

> 주자가 "마음이 안정되고 편안한 뒤에 능히 생각하는 것은 안자가 아니면 실천하기 어렵다"고 한 대목에 그대가 의혹을 품을지라도 그것은 진실이오. 주자와 같은 옛 성현의 말씀은 위로도 통하고 아래로도 통하며 정밀한 것과 조잡한 것이 모두 갖추어져 있소. 그래서 사람의 배움과 학문이 얕고 깊은 정도에 따라 모두 적용될 수가 있다고 할 수 있소. "편안하고 안정된 다음에야 능히 생각할 수 있다"는 말씀은 조잡하고 거친 것으로 말하자면 중인(中人) 이하의 보통 사람도 오히려 능히 힘써 나아갈 수 있고, 지극히 정밀한 것으로 말하자면 대현(大賢) 이상이 아니면 진실로 실천하기 어렵다고 한 것뿐이오. 따라서 안자에 관한 주자의 말씀은 그 정밀함의 극치를 말씀하신 것뿐이라고 하겠소. 만약 이 말씀을 구실로 삼아 스스로 포기하는 사람이 있다면, 그 사람은 함께 도리를 논할 가치도 없는 식견과 취향을 가진 것이오. 어찌 그런 사람의 핑계 대는 것을 걱정해 우리의 설(說)을 낮추어서 그쪽으로 나아갈 필요가 있겠소?
>
> 이황, 『퇴계전서』 〈이숙헌에게 답하다〉

아울러 퇴계는 구체적인 정심공부의 방법을 일러 주는 세심함을 보였다.

일이 없을 때는 존심(存心), 즉 욕망에 이끌리지 않고 본연의 상태를 지키는 것과, 양성(養性), 즉 본성을 기르는 일을 독실하게 할 뿐이오. 또한 배움을 닦고 사람을 대할 때는 의로움과 이치를 생각하고 헤아려야 하오. 이것은 마땅히 그렇게 해야만 하는 것이오. 대개 의리를 생각하기 시작하면 마음이 이미 움직여서 벌써 고요함의 경계를 벗어나게 되오. 이 뜻은 분명하여 알기가 어렵지 않은 듯하지만 참으로 아는 사람이 드물기 때문에, 고요함에 들어서 생각하지 않는다는 말은 곧 그윽하고 어둡고 적막하고 텅 빈 상태로 받아들이고, 움직임에 들어서 생각하고 헤아린다는 말은 어수선하게 외물을 뒤쫓아서 의리에서 벗어난 것으로 잘못 생각하오. 그래서 명색이 학문을 한다고 하면서도 끝내 학문에 힘을 얻지 못하는 것이오. 오직 공경함을 위주로 하는 공부가 움직임과 고요함을 꿰뚫어야만 배움에 어긋남이 없을 것이오.

이황, 『퇴계전서』 〈이숙헌에게 답하다〉

대개 사람들은 고요함이란 그윽하고 어둡고 적막해 텅 빈 상태라고 생각하고, 움직임이란 어수선하게 바깥 사물만을 좇느라 의리에서 벗어나는 상태로 여기는데, 이러한 구분은 매우 잘못된 것이다. 고요함과 움직임은 어떤 판단의 기준이라기보다는 안정된 본성을 유지하는 자세와 이를 위해 정진하는 노력을 기울이는 상태라 보는 게 맞다. 그럼 어떻게 해야 하는가? 고요함 속에 있든 움직임 속에 있든 항상 스스로 공경하고 삼가는 마음을 잃지 않는다면, 존심과 양성 그리고 의리와 이치 모두를 보존할 수 있다. 일이 없을 때는 고요함에 들어 본심을 지키고 본성을 기르는 데 힘쓰고, 배움에 나서거나 사람을 대할 때는 자신이 마땅히 해야 할 도리와 그 일의 긴요한 뜻을 잘 헤아린 후에 행동하여 주변 상황에 관계없이 마음이 늘 안정된 경지에 머물 수 있도록 잘 단속해야 할 것이다.

한순간도 방심하지 말라

율곡은 천재였다. 그는 29세 때 명경과(明經科)에 장원급제해 호조좌랑에 나아가기 이전까지 감시양장(監試兩場)과 문과발해(文科發解)에 모두 장원으로 뽑혔고, 또한 생원(生員) 및 문과·복시(覆試)·전시(殿試)에 모두 장원급제했다. 장원급제한 과거시험만 모두 아홉 번이나 되어서, 그가 거리에 나서면 도성 안 모든 사람들이 구도장원공(九度壯元公), 곧 '아홉 번이나 장원급제한 분'이라고 높여 부르며 칭송할 정도였다. 오늘날로 치면 대학수학능력시험부터 시작해서 고등고시(사법·외무·행정)를 비롯해 여타의 주요 국가 주관 시험에서 9번 수석 합격한 것과 같다. 요즘에도 그 사례를 찾기 힘든 전무후무한 기록이라고 할 만하다.

그런데 아홉 번이나 장원급제한 천재 율곡도 과거시험에서 낙방한 적이 있다. 율곡의 낙방 사실은 퇴계가 율곡에게 보낸 편지로 확인할 수 있다. 이 편지는 율곡이 예안을 찾아가 퇴계 선생을 처음 만나고 온 1558년(23세) 봄부터 그가 〈천도책(天道策)〉이라는 책문을 제출해 별시해에서 장원으로 뽑힌 같은 해 겨울 사이에 쓰인 것으로 짐작된다. 따라서 율곡이 낙방한 과거는 그가 치른 세 번째 과거시험이 된다.

첫 번째 시험은 사임당이 살아 있을 때 치른 진사(進士)초시(13세)였고, 두 번째 시험은 금강산에서 하산한 다음 해(21세)의 한성시였다. 퇴계 선생을 만나고 큰 가르침을 받은 다음이었기 때문에 율곡으로서는 더욱 자신 있게 세 번째 시험에 나섰을 것이다. 그러나 결과는 뜻밖에도 낙방이었다. 이때 율곡이 느꼈을 참담한 심정은 어렵지 않게 짐작할 수 있다.

기가 막히기도 하고 어이가 없기도 한 율곡은 도대체 '마음의 갈피'를 잡을 수 없었다. 누군가에게 하소연하지 않고는 차마 견딜 수 없었을 것이다. 그러나 아무한테나 말을 꺼내기에는 그의 꼿꼿한 자존심이 허락하지 않았다. 자신의 참담한 심정을 토로하고 다시 '마음을 다스리는 길'을 물을 사람은 오로지 평생의 스승으로 삼겠다고 마음에 새긴 퇴계 선생뿐이었다. 율곡은 다급한 마음으로 편지를 썼을 것이다. 그러나 당시 율곡이 퇴계에게 보낸 편지의 내용은 현재 전해지지 않고 있다. 다만 퇴계가 율곡에게 준 답장에 과거 낙방을 위로하면서 더욱 학문에 정진하라고 격려한 글이 남아 있을 뿐이다.

> 옛사람이 이르기를 '젊은 나이에 너무 일찍 과거에 합격하는 것도 하나의
> 불행이다'라고 했소. 그대가 이번 과거시험에 낙방한 것은 아마도 하늘이
> 장차 크게 쓰고자 함이니 아무쪼록 더욱 노력하시게.
>
> 이황, 『퇴계전서』〈이숙헌에게 답하다〉

여기에서 옛사람이란 북송 성리학의 태두 정이천(程伊川)을 이르는 것이고, 장차 크게 쓸 인재에게는 하늘이 모진 시련과 고난을 겪게 한다는 내용은 맹자가 한 말이다. 퇴계는 율곡이 옛 성인의 말씀을 거울삼아 절대로 이 한 번의 실패에 좌절하지 말고 더욱 분발할 수 있기를 바랐다. 퇴계의 답장은 과거 낙방으로 실의와 좌절에 빠져있던 율곡이 마음의 안정을 되찾아 더욱 공부에 전념할 수 있는 계기가 되었다.

물론 율곡이 오랫동안 마음을 풀어놓았기 때문에 과거 낙방의 쓴잔을 마신 것은 아니다. 그러나 한순간 지나친 자신감과 자기 과신으로 방심에 빠져 모든 것의 근본이 되는 정심을 잠시나마 놓쳐 버렸다는 사실은 결코 부인할 수 없다.

금강산에서 하산한 다음 해(1556)에 치른 한성시에서 장원을 한 율곡은 자신의 학문 수준에 자신감을 갖게 되었다. 더욱이 당대 최고의 학자인 퇴계가 첫 만남 이후 자신의 학식을 높여 칭찬하자 그 자신감이 헛되지 않음을 다시 한 번 확인했다. 이제 율곡은 더 이상 두려울 것이 없었다. 이 정도의 학문이라면 과거급제, 아니 장원은 이미 따 놓은 당상이라고 생각한 것이다.

그러나 지나친 자기 과신은 율곡을 방심의 늪에 빠뜨리고 말았다. 모든 일의 근본이 되는 정심, 즉 어떠한 일을 하더라도 정성을 다해 마음을 하나로 집중해 정진해야 한다는 기본 마음가짐을 놓쳐 버린 결과, 과거시험 낙방이라는 전혀 예상치 못한 실수를 저지르고 만 것이다. 율곡은 말할 수 없이 괴로웠다. 만약 이때 퇴계의 조언이 없었다면 율곡은 또 다시 방황하게 되었을지도 모른다. 그러나 율곡은 '하늘이 어떤 사람에게 큰일을 시키려고 할 때는 먼저 그 몸과 마음을 괴롭힌다'는 퇴계의 가르침을 좇아 다시 마음을 다잡아 공부에 매진했다. 율곡은 자신이 지은 〈자경문〉을 다시 한 번 되뇌면서 머릿속을 혼란스럽게 만드는 잡념과 망상들을 지워 버렸다. 그리고 율곡의 정심공부는 얼마 지나지 않아 그 효력을 유감없이 발휘했다. 그해(1558, 명종 13년) 겨울에 치러진 별시해에서 다시 장원급제한 것이다.

율곡이 세 번째로 치른 과거시험에서 낙방한 이유가 '방심의 결과'였다면, 네 번째 시험인 문과 별시에서 또다시 장원급제한 까닭은 '정심의 효과'였다고 할 수 있다. 따라서 스스로 마음을 다스릴 줄 아는 능력, 즉 마인드 컨트롤이야말로 성공과 실패를 가르는 핵심 요소 중 하나라고 할 수 있다.

구방심공
求 放 心 功

【 어지러이 흩어진 마음을 다잡아라 】

이미 밝혔듯이 퇴계는 율곡에게 입지의 살아 있는 본보기이자 정심공부의 평생 스승이었다. 그런데 율곡의 시대에는, 어떻게 보면 퇴계보다 더 철저하게 정심공부의 살아 있는 본보기 역할을 할 만한 또 다른 대학자가 있었다. 그는 퇴계와 더불어 영남 사림의 양대 산맥을 이룬 남명 조식이다.

남명의 삶은 '경(敬)'과 '의(義)'라는 두 글자로 압축할 수 있다. 수기치인(修己治人)의 성리학적 토대 위에서 실천을 강조한 그는 경의협지(敬義夾持)를 표방했다. 이것은 '경'으로써 마음을 곧게 하고 '의'로써 외부 사물을 처리해 나간다는 뜻이다. 이러한 신념을 바탕으로 일상생활에서는 철저한 절제로 일관하여 불의와 타협하지 않았으며, 당시의 사회 현실과 정치적 모순을 적극적으로 비판하고 나섰다.

남명은 유학자로서는 매우 특이하게도 항상 칼을 차고 다녔다. 여기에는 '內明者敬 外斷者義(내명자경 외단자의)'라는 경구가 새겨져 있었는데, 이 말은 '안으로 마음을 밝히는 것은 경(敬)이고, 바깥으로 외물을 끊는 것은 의(義)이다'라는 뜻이다. 안으로는 마음을 갈고닦고, 바깥으로는 온갖 사물의 유혹과 욕망을 단호하게 끊어 내겠다는 의지의 표현이다. 이처럼 자신의 굳은 신념을 평생에 걸쳐 지켜 나간 남명은 율곡에게 퇴계와 더불어 살아 있는 정심공부의 멘토가 되기에 충분했다.

항상 방 안에 단정히 앉아서 사색했다. 졸음이 오면 칼을 어루만지며 졸음을 쫓았다. 칼머리에는 다음과 같은 명(銘)이 새겨져 있었다. '內明者敬 外斷者義(내명자경 외단자의)' 한가롭게 거처하는 시간이 오래되니, 사사로운 욕심이 모두 씻기고 절벽처럼 깎아 세운 듯한 기상이 있게 되었다. 다른 사람이 선한 행동을 한 것을 들으면 좋아하고 사악한 행동을 한 것을 들으면 미워했다. [중략] 근래의 처사(處士)라고 하는 사람들 가운데 평생토록 절개를 지켜서 천길 벼랑 같은 기상을 지닌 사람으로는 조식 선생에 비견할 만한 사람이 얼마 없다.

『경연일기』 선조 5년(1572) 정월

더욱이 남명은 칼로도 모자란다면서 '성성자(惺惺子)'라고 이름붙인 방울을 늘 옷 띠에 차고 다녔다. 방울 소리가 날 때마다 나태해지거나 오만해지는 자신의 마음을 끊임없이 일깨울 수 있었기 때문이다. 남명은 제자들에게도 마음 수양과 자기 성찰이 얼마나 중요한 공부인지를 쉬지 않고 깨우쳐 주려 애썼다.

항상 쇠 방울을 차고 자신의 뜻과 마음을 깨우쳤다. 그 방울에 성성자(惺惺子), 즉 '사람의 마음을 깨우쳐주는 방울'이라고 이름을 붙였다. 그는 일찍이 이 방울을 제자에게 전해 주면서. "방울의 맑은 소리가 경각심과 깨우침을 준다. 모두 이 물건을 차면 좋겠다. 내가 이 소중한 보배를 너에게 주겠다. 항상 허리에 차고 다니며 방울의 조그마한 소리에도 스스로를 경계하고 꾸짖어서 삼가고 두려워하라. 이 방울에 죄를 짓지 말라"고 했다. 이에 제자가 "옛사람이 옥(玉)을 찼던 뜻과 같지 않습니까?"라고 여쭈었다. 그러자 남명은 "이 방울의 뜻이 더욱 간절하다. 옥을 찬 뜻에서 그치지 않는다"라고 대답했다

이긍익(李肯翊), 『연려실기술(練藜室記述)』 〈명종조의 유일(遺逸)〉

남명은 자신이 차고 다니던 칼과 성성자를 말년에 이르러 두 명의 수제자에게 각각 물려주었다. 칼을 받은 제자는 내암 정인홍(來庵 鄭仁弘)이고, 성성자를 받은 사람은 동강 김우옹(東岡 金宇顒)이었다. 특히 김우옹은 남명이 세상을 떠난 후 선조에게 스승이 자신에게 가르친 뜻은 오직 '주경(主敬)'과 '구방심지공(求放心之功)'에 있음을 다음과 같이 밝혔다.

임금이 시신(侍臣)에게 물었다.
"조식이나 이황의 제자 가운데 조정에서 벼슬하는 사람이 있는가?"
부제학 유희춘(柳希春)이 아뢰었다.
"이황 선생의 제자로 조정에 있는 사람은 정유일(鄭惟一), 정탁(鄭琢), 김취려(金就礪)입니다."
김우옹이 아뢰었다.

"조식 선생은 스스로 스승이라고 자처하지 않았습니다. 그러나 그 문하에 드나든 사람은 오건(吳健), 최영경(崔永慶), 정인홍 등이 있습니다. 소신 또한 그 문하에서 가르침을 받았습니다."

임금께서 말씀하셨다.

"조식이 그대에게 가르친 것은 무엇이오. 그리고 그대는 무슨 공부를 했소?"

김우옹이 아뢰었다.

"신은 진실로 공부에 힘쓰지 못했습니다. 그러나 조식 선생은 어지러이 흩어진 마음을 다잡는 공부에 힘쓰라고 했습니다. 또한 공경하고 삼가며 정성을 다하는 마음을 위주로(主敬) 해서 방심을 수습하는 공부(求放心之 功)로 삼았습니다."

이에 임금께서 말씀하셨다.

"주경과 구방심지공은 모두 몸과 마음에 절실한 것이오."

『경연일기』 선조 6년(1573) 12월

이처럼 율곡은 퇴계 선생의 '주일무적(마음이 한 가지로 집중하여 흩어지지 않는 것)'과 '주경(공경함을 위주로 해서 마음가짐과 몸가짐을 가지런하고 엄숙하게 해야 한다는 것)' 그리고 남명 선생의 '구방심지공(제멋대로 어지러이 노닐고 떠돌아다니는 마음을 거두어 들여서 다스리는 것)'과 '주경(공경함과 삼감과 정성스러움을 위주로 해서 마음을 밝게 하는 것)'을 본보기로 삼아 마음을 다스리고 안정을 얻어 훗날 대학자와 대사상가로 성장할 수 있는 거대하고 단단한 뿌리를 다질 수 있었다.

흩어진 마음을 다잡는 데 힘써라

『맹자』의 〈고자(告子)〉 상편에 보면 '구방심(求放心)의 설'이 나온다. 율곡은 이 '구방심의 설'에 대해 '엉성하고 간략하다(疏略)'는 의견을 내놓았다가 퇴계에게 혹독한 지적과 따끔한 가르침을 받았다. 율곡과 퇴계 사이에 오간 대화를 이해하기 위해서 먼저 『맹자』의 내용부터 살펴보자.

> 인(仁)은 사람의 마음이요, 의(義)는 사람의 길이다. 그 길을 버리고 그 마음을 흐트러뜨리고 구할 줄 모르니 슬프구나. 사람이 닭이나 개를 놓치면 찾을 줄 알면서도 그 마음은 놓쳐도 찾을 줄 모른다. 학문하는 도는 다른 것이 없다. 그 어지러이 흩어진 마음을 구하는 것일 뿐이다(學問之道無他 求其放心而已矣).
>
> 『맹자』〈고자 상〉

율곡은 1570년(35세) 퇴계에게 올린 편지에서 맹자의 '구방심'에 관해 "널리 배우는 사람을 위하여 말한 것으로서 이는 엉성하고 간략하다"고 썼다. 이에 퇴계는 답장에서 "구방심이라는 세 글자를 엉성한 견해를 가지고 대충 논하게 되면 반드시 자네가 보낸 편지와 같게 되네" 하고 지적했다. '어지러이 흩어진 마음을 다잡는 공부(求放心之功)'를 대수롭지 않게 여기는 것은 마치 이 말의 깊은 뜻을 물고기를 잡는 통발이나 짐승을 잡는 덫처럼 한 번 쓰고 버리는 것으로 여기는 것과 같아 정밀하고 핵심이 되는 공부와 관계가 없다고 할 수 있다는 것이다.

그러면서 맹자와 함께 정명도(程明道)의 '구방심의 설'을 재차 거론하면서 율곡에게 '어지러이 흩어진 마음을 다잡는 것이 공부의 올바른 길'임을 일러 주었다.

만약 구방심의 이치나 일이 이에 그칠 따름이라면, 맹자는 '학문을 시작할 때는 그 흩어진 마음을 다잡아야 한다'라고만 말해도 충분했을 텐데, 왜 '학문의 도는 다른 것이 없다. 그 어지러이 흩어진 마음을 다잡는 것일 뿐이다'라고 했겠는가. 또한 정명도 역시 마땅히 '성현이 사람을 가르치는 처음에는 사람들로 하여금 이미 흩어진 마음을…'이라고만 말해도 충분했을 텐데, 어찌 해서 '성현의 천언만어(千言萬語)는 다만 사람들로 하여금 이미 흩어진 마음을 단속하여 몸으로 들어오게 하는 일을 반복하게 한 것이다'라고 말했겠는가.

이황, 『퇴계전서』 〈이숙헌에게 답하다〉

더불어 퇴계는 『서경(書經)』에 나오는 "성인이라도 생각하지 않으면 미치광이가 된다(惟聖罔念作狂)"라는 구절을 빌려서, 비록 성현의 경지에 이른 사람이라고 하더라도 '어지러이 흩어진 마음을 다잡는 공부'를 소홀히 여기거나 게을리한다면 이미 성인도 현인도 아닌 사람으로 전락하고 만다는 따끔한 가르침을 주었다.

만약 '안자의 지위에 이르면 공부가 이미 정밀하고 자세해서 터럭 하나만큼의 방심도 논의할 것이 없다'고 말한다면, '잘못이 있자마자 곧 알아차린다'는 설을 붙일 수 없다. 뿐만 아니라 '성인이라도 생각하지 않으면 미치광이가 된다'라는 말은 실제로 그러한 일이 없는데도 옛사람이 아무렇게나 헛된 말을 지어내어 후세 사람들을 속인 것이 되고 만다. 또한 예로부터 성인이나 현인들은 그 학문이 이미 지극하고 그 지위가 이미 높으니, 마음을 편안히 갖고 뜻을 멋대로 가져 다시 벌벌 떨며 두려워하고 신중히 하는 마음이 없어도 된다는 말이 된다.

이황, 「퇴계전서」 〈이숙헌에게 답하다〉

결국 퇴계가 율곡에게 전하려고 한 구방심지공의 핵심은, 이 공부가 단지 배우는 사람이 처음에 한 번 거쳐 가는 관문이 아니라 평생토록 한 시도 잊지 않고 정밀하고 긴요하게 힘써야 하는 것이라는 점이다. 그것은 배움과 실천의 시작도 구방심지공에 두고 그 마지막도 구방심지공에 두어야 비로소 성인이 되겠다는 뜻에 가까워질 수 있다는 가르침이기도 하다.

소용돌이치는 감정을 다스려라

신사임당은 율곡에게 어머니 이상의 존재였다. 아무리 천재성을 타고나도 그것을 계발하고 이끌어 줄 부모나 스승을 만나지 못하면 오히려 평범한 사람보다 못한 존재가 되기 쉽다. 천재성이 '원석(原石)'이라면 좋은 부모와 훌륭한 스승은 원석을 갈고 다듬어 보석으로 재탄생시키는 '보석 세공사'나 다름없다. 그렇게 본다면 율곡은 행운아였다. 신사임당은 좋은 부모였을 뿐만 아니라 훌륭한 스승이었기 때문이다.

19세 꽃다운 나이에 한양 사람 이원수(李元秀)에게 시집 온 사임당은 모두 일곱 남매를 두었는데, 율곡은 그중 셋째 아들이었다. 자녀 교육에 남다른 정성을 쏟았던 사임당은 특히 3세 때 말보다 먼저 글을 깨우치고, 4세 때 『사략(史略)』의 첫 권을 배우면서 잘못된 구두점을 찾아낼 정도로 영특했던 율곡에게 각별한 관심을 가졌다.

　사임당이 율곡에게 쏟은 애정만큼 율곡 역시 사임당을 사랑하고 존경했다. 율곡은 사임당의 기대를 저버리지 않고 13세에 소과인 진사시에 합격해 소년 천재의 명성을 만천하에 드날렸다. 그러나 율곡은 어린 나이에도 과거 급제만을 위해 공부하는 것은 탐탁지 않게 여겼다. 이 또한 신사임당의 가르침과 영향 때문이었다. 사임당은 학문을 좋아했지만 그것을 통해 벼슬을 얻거나 출세를 하려는 마음을 비루하게 여겨 매우 혐오했다.

　신사임당의 아버지 신명화(申命和)는 비록 진사 이상의 벼슬을 살지는 않았지만, 조정에서 현량(賢良)으로 천거할 만큼 학문이 깊고 인품이 뛰어났다. 그러나 남편 이원수는 학문이 깊지 못했고 인품도 그다지 뛰어나지 못했다. 비록 여성의 신분이었지만 일찍부터 뛰어난 학문적 안목과 재능을 지녔던 사임당은 이러한 아버지와 남편 사이에서 심한 좌절과 갈등을 겪었다. 그런 점에서 율곡의 천재성은 학문을 향한 사임당의 갈증을 덜어주고 열정을 불사르게 하고도 남았다. 사임당은 시(詩)·서(書)·화(畵) 모두에 뛰어났다. 그러나 여성이라는 사회적 신분의 굴레로 인해 차마 재능을 펼치지 못하다가, 율곡을 교육하면서 그것을 마음껏 발산할 수 있었다.

　당시 이기라는 사람이 영의정으로 있었는데, 그는 사임당의 남편인 이원수의 오촌 아저씨뻘 되는 사람이었다. 당시 이원수는 이기의 문하에서 지냈는데, 사임당은 이러한 남편의 태도를 아주 못마땅하게 여겼다. 윤원형과 공모해 을사사화를 일으키고 수많은 선비들을 죽음으로 내몬 이기와 남편이 가깝게 지내는 것을 용납할 수 없었던 것이다. 하지만 이원수는 학문에는 별 욕심을 두지 않고, 벼슬과 권력에 대한 욕망이 높아 이기를 가까이 하고 있었다. 선비란 학문과 몸가짐에 힘쓸 뿐 권세가에 빌붙어 버슬자리나 탐내서는 안 된다는 것이 평소의 확고한 신념이었던 사임당은 남편의 이러한 행동을 강력하게 만류했다.[*]

어머니의 이러한 뜻과 가르침에 영향을 받은 율곡 역시 어렸을 때부터 선비의 올바른 삶과 학문에 크게 뜻을 두었을 뿐 과거급제로 입신양명하는 데는 마음을 두지 않았다. 그러나 사임당과 율곡이 과거시험과 입신양명에 뜻을 두든 그렇지 않든 상관없이, 세상 사람들은 타고난 천재성과 좋은 부모이자 스승인 사임당이 곁을 지켜주고 있는 소년 율곡의 찬란한 미래를 한 치도 의심하지 않았다.

그런데 어머니의 가르침 아래 학문에 큰 뜻을 두고 공부하던 율곡에게 하늘이 무너지는 듯한 충격이 덮쳐 왔다. 당시 율곡은 수운판관으로 조운(漕運) 업무를 수행하러 관서 지방으로 출장 가는 아버지를 따라 큰형 이선(李璿)과 함께 집을 떠나 있었다. 그런데 일을 끝마치고 다시 서울로 향하던 율곡 일행이 서강 나루에 이르렀을 때, 사임당이 갑작스럽게 죽음을 맞이했다는 소식이 전해졌다. 느닷없이 찾아든 비보에 밝은 미래만을 꿈꾸던 소년 천재 율곡은 허물어졌다. 세상에서 가장 사랑하는 어머니이자 가장 존경하는 스승인 사임당이 사라져 버린 세상은 아무 의미가 없었다. 율곡은 깊은 상실과 좌절감에 빠져 삶에 대한 의욕조차 잃어버렸다.

경기도 파주 선산에 어머니를 묻고 3년 시묘 살이를 끝마쳤지만 율곡의 고통과 절망감은 커져만 갔다. 삶과 죽음을 포함한 인간사 모든 것이 허망하고 뜬구름과 같았다. 이미 삶의 의미를 잃어버린 채 끝 모를 고뇌와 번민 속을 헤매던 율곡은 유학 서적은 물론 불교 서적까지 닥치는 대

[*] 박무영 외, 『조선의 여성들, 부자유한 시대에 너무나 비범했던』, 돌베개, 2004.

로 읽기 시작했다. 그것은 자신에게 닥친 감당할 수 없는 고통에서 벗어나고픈 나약한 한 인간의 절망에 가까운 몸부림이었다.

그러던 어느 날 율곡은 봉은사라는 사찰에서 불교 서적을 읽다가 '돈오(頓惡)'라는 구절을 접하고, 불교를 통하면 삶과 죽음에 대한 자신의 고민과 번뇌를 벗을 수 있겠다는 생각을 하게 되었다. 돈오란 참선을 통해 한 순간에 깨달음을 얻는다는 불교 사상이다. 율곡은 이 돈오의 가르침을 통해 삶과 죽음에 대한 자신의 의문을 해결할 수 있다고 여겼다. 당시 율곡에게 그것은 마지막 비상구나 다름없었다. 결국 19세 되던 해 봄, 율곡은 불교의 깨달음을 구하기로 작정하고 금강산으로 떠났다.

일찍이 자신이 익힌 공자, 맹자, 주자 등 옛 성현의 학문과는 다른 불교에 대한 호기심으로 율곡은 금강산에서의 구도 생활을 시작했다. 당시 조선은 숭유억불(崇儒抑佛)을 국시(國是)로 삼은 탓에 일단 불가에 몸을 담으면 벼슬길이 영원히 막혀 버리는 사회였다. 그러나 율곡은 참된 진리를 찾아 끝 모를 고통에서 벗어날 수만 있다면 벼슬 따위가 대수이겠는가 하는 심정으로 수행을 시작했다. 금강산 마하연*에 있는 참선 도량을 찾은 율곡은 그때부터 일체의 세속적 욕망과 관심을 끊고 불교의 깨달음을 얻기 위해 정진했다. 그러나 침식(寢食)을 잊은 채 불교의 가르침을 이해하기 위해 수행한 1년여 동안 율곡은 불교에서 가르치는 방법으로는 자신의 고뇌와 번민을 해결할 수 없다는 사실을 깨닫게 되었다.

일찍이 깊숙한 곳에 이르러 고요히 앉아 정신을 한곳에 모으고 생각했다. 잠자고 밥 먹는 것까지 잊어버린 지 오래였다. 그러던 어느 날 갑자기 '부

---

* 강원도 회양군 내금강면 장연리 금강산에 있는 절을 말한다.

처가 그 무리에게 생각을 더하지도 덜하지도 말라고 경계한 것은 무슨 뜻일까?'라는 의혹에 이르렀다. 그리고 부처가 경계한 뜻을 치열하게 사색한 결과 이러한 결론을 얻었다.

'불교의 학설은 그다지 기묘한 것이 없다. 다만 이 마음이 이리저리 내달리는 길을 끊은 다음 정신을 한곳으로 모아 지극히 고요하고 허명(虛明)한 경지에 이르도록 하려는 것일 뿐이다. 이에 가상으로 화두를 정해서 무리들이 여기에 의지해 참선하도록 했다. 그리고 사람들이 이런 뜻을 알고 참선에 전념하지 않아 끝내 아무것도 얻지 못할까 두려워 다른 공부를 하지 못하도록 금계(禁戒)를 만들어 속였다.'

『율곡전서』 〈연보〉

이때에 이르러서야 율곡은 다시 옛 성현의 학문인 유학과 성리학에 담긴 깊이와 참됨을 알게 되었다. 그리고 자신의 뜻과 앞으로 나아갈 방향이 옛 성현의 삶과 가르침에 있다는 사실을 깨달았다. 율곡은 어머니 사임당의 죽음 이후 끝 모를 좌절과 정신적 방황의 긴 터널을 그제야 비로소 뚫고 나온 듯한 느낌이 들었다.

어머니가 돌아가신 후 4년여 세월은 율곡에게 분명 견디기 힘든 고통의 나날이었다. 그러나 이 고통과 번민의 날들을 스스로 이겨내는 길을 찾았기에 율곡은 소년 천재에서 성숙한 인간으로 거듭날 수 있었다. 평생 자신이 추구해야 할 뜻과 방향을 찾은 것이다.

감정은 인간을 인간답게 만드는 요소지만, 스스로 다스리지 못하면 악마와 같이 나를 장악하고 조종해 나락으로 빠뜨린다. 그러므로 늘 경계하고 또 경계해야 한다.

습팔심법
習 八 心 法

【 여덟 가지 마음공부법을 익혀라 】

조선 시대의 임금은 절대 권력을 가지고 있었기 때문에 그 누구보다도 뛰어난 리더십을 발휘해야 했다. 임금의 말 한마디가 곧 법이어서 임금이 만일 그릇된 생각을 품게 되면 곧 백성들의 삶은 고단해지고 사회는 흉흉해졌다. 혹 임금의 생각이 바르더라도 올바른 이를 등용하지 못하고 간신배들에게 마음을 빼앗겨도 결과는 마찬가지였다. 때문에 옛 성현들은 임금에게 '제왕의 도'를 잊지 말라고 강조했다.

특히 율곡은 누구보다 끈질기게 '제왕의 도'를 주장했다. 그는 벼슬에 있든 물러나 있든 상관없이 언제나 임금에게 상소를 올렸고, 이것으로도 모자라 홍문관 부제학으로 있던 40세에는 임금을 교화할 목적으로 제왕학의 교과서라고 할 수 있는 『성학집요』라는 책까지 지어 올렸다.

『성학집요』는 제왕이 학문을 할 때 근본이 되는 것과 말단이 되는 것, 정치를 할 때 먼저 해야 할 것과 나중에 해야 할 것에 관해 밝혀 놓은 책입니다. 사람이 원래 타고난 덕을 밝혀서 얻을 수 있는 실질적인 효과는 물론, 백성이 스스로 덕을 깨달아 새롭게 거듭날 수 있는 실제 자취를 모두 대략이나마 밝혀 두었습니다. 작은 일로 미루어 살펴서 큰일을 알고, 자신을 근거로 삼아 온갖 일과 사물을 밝힌다면 진실로 천하의 도리가 여기에서 벗어나지 않을 것입니다.

『성학집요』〈진차(進箚)〉

『성학집요』는 이처럼 제왕이 되기 위한 학문을 할 때 꼭 필요한 것을 정리한 것이다. 그런데 율곡이 생각하기에 제왕의 학문이란 결국 덕을 쌓고 행하기 위해 필요한 수단일 뿐이었다. 그렇기에 율곡은 그 기초가 바로 정심공부라고 강조했다.

신이 생각건대, 어지러이 흩어진 마음을 거두어들이는 것이 학문의 기초입니다. 대개 옛날에는 사람이 태어나서 스스로 밥을 먹고 말할 수 있을 때부터 곧바로 가르쳐서 잘못된 행동이 없게 하고 지나친 생각이 없게 했습니다. 양심을 기르고 덕성을 높이는 방법은 어느 때 어느 일이나 모두 적용된다고 하겠습니다. 격물치지* 공부가 여기에 의거하기 때문에 귀착할 곳이 있었던 것입니다. 지금은 어릴 때부터 이런 공부는 하지 않

---

* 『대학』에 격물(格物) 치지(致知) 성의(誠意) 정심(正心) 수신(修身) 제가(齊家) 치국(治國) 평천하(平天下)의 8조목으로 된 내용 중 처음 두 조목을 가리킨다. 이중 격물과 치지만 본래의 뜻이 밝혀지지 않아 후세에 그 해석을 놓고 여러 학파가 생겨났다. 주자는 격(格)을 이른다(至)는 뜻으로 보아 모든 사물의 이치(理致)를 끝까지 파고들어 가면 앎에 이른다(致知)고 해석하는 성즉리설(性卽理說)을 확립했고, 왕양명은 사람의 참다운 양지(良知)를 얻기 위해서는 사람의 마음을 어둡게 하는 물욕(物欲)을 물리쳐야 한다고 주장하여, 격을 물리친다는 뜻으로 풀이한 심즉리설(心卽理說)을 확립했다.

고 곧바로 진리 탐구와 자기 수양만 일삼으려 하기 때문에 마음(方寸)이 어둡고 어지러워지며, 행동이 규범에 어긋나서 결코 성공하지 못합니다. [중략] 하물며 임금의 한 몸에는 온갖 일이 집중되어 있는데, 만일 일이 없을 때를 기다려 정좌하고 나서 배우려고 한다면 아마 그럴 겨를이 없을 것입니다. 일을 할 때나 고요할 때 모두 이 마음을 잊지 않고 마음 지키기를 게을리하지 말아야 합니다. 마치 노재(魯齋)*가 말한 것처럼 비록 천만 사람 가운데 있더라도 항상 자기 자신이 있다는 것을 안다면 일이 없을 때에는 텅 비고 고요하여 본마음을 기를 수 있고, 일이 있을 때는 밝게 살펴서 바르게 활용할 수 있을 것입니다.

『성학집요』〈수기 상〉

세상의 모든 큰일의 앞날을 좌우하는 임금은 항상 바쁘고 시간에 쫓길 수밖에 없다. 더구나 늘 여러 사람들에게 둘러싸여 여러 가지 이야기를 들어야 한다. 그렇다보니 조용히 자신의 행동과 마음을 성찰하고 다스리는 일이 쉽지가 않다. 율곡은 그 사실을 잘 알고 있었지만, 그렇기 때문에 더욱 임금에게는 정심공부가 필요하다고 주장했다. 바쁘고 정신없는 일정 속에서 임금이 중심을 잃으면 세상도 그에 따라 휘청거린다. 그래서 율곡은 어렵겠지만 언제 어느 때든 마음을 가다듬는 일을 게을리하지 않는 것이 '학문의 기초'라 정의하면서 임금에게 정심공부를 거듭 당부했다.

퇴계 또한 선조에게 제왕의 도를 가르치고자 『성학십도』를 지어 올려 정심공부의 중요성을 강조했다.

---

* 원나라 주자학의 대표적인 유학자이다.

신이 생각건대 〈경재잠〉에 나오는 설명은 공부를 하는 데 좋은 근거가 될 것입니다. [중략] 늘 몸소 완미(完美)하고 일상생활 속에서도 마음과 눈으로 경계하고 살핀다면 얻는 것이 있을 것입니다. '경(敬)이 학문을 완성하는 처음과 끝이 된다는 것을 어찌 믿지 아니하겠습니까?'

이황, 『성학십도』 〈경재잠도〉

퇴계는 선조에게 다른 사람들처럼 자신만의 자경문까지 만들어 가며 애쓰지는 않더라도, 주자의 〈경재잠〉처럼 좋은 글을 자경문 삼아 정심공부를 게을리하지 말라고 당부했다. 그러면서 '마음이란 만 가지 변화하는 근원이요, 경(敬)은 한 마음의 주장'이라 했다. 마음을 다스리지 못해 만 가지로 시시각각 변하면 좋은 정치를 할 수 없고, 또한 마음을 구하면서 경을 모르면 바른 마음을 가질 수 없다는 얘기였다.

여덟 가지 마음공부법

율곡이 『성학집요』에서 밝힌 제왕이 반드시 갖추어야 할 마음공부는 8가지로 정리할 수 있다.

첫째, 마음공부는 어지러이 흩어진 마음을 거두어들이는 것에서부터 시작해야 한다. 이렇게 시작하지 않고 곧바로 배움의 길에 들어서면 마음이 어둡고 어지러워지며, 행동은 도리에 어긋나게 되어서 어떤 일을 해도 결코 성공할 수 없다. 따라서 먼저 자신의 마음을 경건하게 지키는 일에 힘써야 한다. 마음을 깊고 두텁게 길러 그 속에 깊이 잠긴 다음에야 스스로 배움과 행동의 참 이치를 터득할 수 있다.

둘째, 마음의 중심을 잡아서 선한 본성을 닦는 일에 힘써야 한다. 특히 사람의 마음이란 항상 위태롭고 또한 미묘하다. 따라서 오로지 정성스럽고 한결같아야 진실로 그 중심을 잡아 나갈 수 있다.

셋째, 욕망을 적게 가져야 한다. 이는 마음의 중심을 잡고 선한 본성을 닦는 가장 좋은 방법이다. 욕망을 아예 갖지 말라는 얘기가 아니다. 욕망은 완전히 없앨 수 없으며, 어느 정도는 있어야만 한다. 욕망이 있어야 무언가를 성취하려는 의지가 생겨나고, 무언가를 성취하려면 그것을 이루겠다는 욕망이 반드시 있어야 하기 때문이다. 다만 지나친 욕망을 절제하지 못하면 마음의 근본을 잃게 되어 오히려 실패와 재앙을 불러올 수 있다.

넷째, 오직 '경(敬)', 즉 공경하고 두려워하며 삼가고 정성을 다하는 마음을 가져야 한다. 옛 성현의 가르침 가운데 가장 으뜸에 자리하는 가르침이 바로 '경'이기 때문에 처음부터 끝까지 철저하게 지킬 뿐 잠시도 놓아 버려서는 안 된다.

다섯째, 늘 마음의 안정을 유지해야 한다. 잡으면 자신에게 있지만 놓아 버리면 잃어버리고, 드나드는 때가 정해져 있지 않아 어디로 갈지도 모르는 것이 마음이다. 마음은 이처럼 위태롭게 움직이므로 안정을 유지하기가 어렵다는 사실을 명심해야 한다.

여섯째, 기쁨(喜)·성냄(怒)·슬픔(哀)·즐거움(樂)·두려움(懼)·사랑(愛)·욕망(欲)의 7가지 감정에 치우치지 않도록 절제해야 한다. 분노와 노여움을 가지면 마음이 바르지 못하고, 무서워하고 두려워하면 마음이 바르지 못하고, 좋아하고 즐거워하는 것이 지나치면 마음이 바르지 못하고, 근심과 걱정이 지나치면 마음이 바르지 못하다.

일곱째, 마음을 항상 올바르게 유지해서 사지육신이 마음의 명령에 따라 움직이도록 해야 한다. 마음이 없으면 봐도 보이지 않고 들어도 들리지 않고 먹어도 그 맛을 모른다. 마음이 없으면 곧 그것을 주재할 주인이 없는 것과 같아서 자신의 몸조차 제대로 다스리기 힘들다. 마음은 몸의 주인이다. 움직일 때와 고요할 때, 말할 때와 침묵할 때, 들고 날 때, 앉아 있을 때나 서 있을 때 모두 오직 자신이 주재하는 대로 몸이 움직이도록 해야 이치에 어긋남이 없다.

여덟째, 경으로 안을 반듯하게 하고 의로써 밖을 반듯하게 해야 한다. 마음에 있는 것은 반드시 밖으로 드러나니, 공경하고 삼가는 마음을 유지하면 의로움과 이치가 바로 서게 된다. 따라서 공경하고 삼가는 마음이 게으름을 이기는 사람은 길(吉)하지만 게으름이 공경하고 삼가는 마음을 이기는 사람은 망한다. 또한 의로움과 이치가 욕망을 이기는 사람은 순조롭지만 욕망이 의로움과 이치를 이기는 사람은 평탄하지 못하다.

율곡은 이렇듯 어지러이 흩어져 이리저리 떠도는 마음을 거두어들이는 것에서 시작해 항상 경계하고 두려워하고 겸손하며 삼가도록 마음을 다스려야 비로소 그 효과와 결실을 볼 수 있다고 보았다. 쉬운 일은 아니다. 율곡과 같은 대학자에게도 마음을 안정시키고 다스리는 것은 힘들고 지난한 과정이었다.

제 4 장

근독

謹獨

계구근독
戒 懼 謹 獨

【 보이지 않는 곳에서도 경계하고 삼가라 】

어느 시대 어느 사회건 입으로는 덕과 경을 말하는 사람이 많아도 실제로 이를 실천하는 사람은 많지 않다. 특히 현대에 와서는 덕과 경의 중요성을 말하는 이도 드물고 학문도 오직 출세와 돈벌이를 위한 도구로만 여겨지고 있다. 그렇기 때문에 오늘날에는 학식이 높더라도 마음은 어둡고 어긋난 행동을 하는 사람을 많이 볼 수 있다. 이에 성현들은 덕과 경의 의미를 되새겨 주기 위해 후대 사람들에게 정좌를 가르치고 몸가짐을 바르게 하는 방법을 일러 따르게 했던 것이다.

물론 아무리 마음을 잘 다스리고 몸가짐이 바른 사람이라 해도 그것이 진심이 아닌 경우도 많다. 진실로 덕을 쌓고 경건한 마음을 유지하는 것이 아니라 남들에게 보이고 평가받을 것을 생각해 말과 행동을 꾸미기도 하기 때문이다. 이는 스스로의 정신을 닦고 마음을 넓히는 공부가 아닌 얄팍한 처세법을 익힌 것에 지나지 않는다. 이러한 얄팍한 처세법은 단기간 동안은 어느 정도 효과를 발휘할지 몰라도 시간이 지나면 그 진심이 드러나는 법이어서 결국 사람들에게 외면당하기 마련이다. 혹 원하는 것을 얻는다 해도 결국 남는 것은 허무함과 외형적인 결과일 뿐, 정신적인 안정감이나 깊은 깨달음은 얻을 수 없다. 그래서 성현들은 몸과 마음을 단정히 하기 위해서는 반드시 '홀로 있을 때조차도 스스로 경계하고 삼가야 한다'고 강조한 것이다.

율곡은 〈자경문〉에서 세상의 모든 악행의 근원은 바로 홀로 있을 때 삼가지 않는 데서 생긴다고 했다. 홀로 있을 때 경계하고 삼갈 줄 알아야 비로소 사악함의 뿌리를 송두리째 없앨 수 있다고 여겼기 때문이다. 남과 함께 있을 때보다는 홀로 있을 때 스스로 경계하고 삼가는 마음과 태도를 갖거나 지키기가 더욱 힘들기 때문에 특별히 근독(謹獨)이 중요하다는 것이다.

항상 경계하고 두려워하며 홀로 있을 때 삼가는 마음을 가슴속에 담고서, 생각하고 또 생각하여 게을리하지 않는다면 일체의 사악한 생각은 자연스럽게 일어나지 않을 것이다. 모든 악은 다 홀로 있을 때 삼가지 않는 데서 생겨난다. 홀로 있을 때 삼간 다음에야 '기수(沂水)에서 목욕하고 시를 읊으며 돌아온다'는 의미*를 알 수 있게 될 것이다.

『율곡전서』 〈자경문〉

율곡은 공부하는 학생을 위해 지은 『격몽요결』의 〈지신〉 장에서도 "마

---

* 속세의 명리(名利)에 구애받지 않고 유유자적하는 삶을 살겠다는 뜻이다.

땅히 자기 몸과 마음을 바르게 해서 겉과 속이 한결같아 어두운 곳에 거처할 때도 밝은 곳에 있는 것처럼 하며, 혼자 있어도 여럿이 있을 때와 같이 한다"고 강조했다. 근독이란 홀로 있을 때도 남이 볼 때와 똑같이 행동하라는 것으로 결국 홀로 있을 때나 남과 함께 있을 때나 자신의 몸가짐과 마음가짐이 동일해야 한다는 뜻이다.

성혼의 근독하는 삶

율곡이 평생을 함께한 가장 절친한 벗은 우계(牛溪) 성혼이었다. 율곡이 1536년생이고 성혼이 1535년생이라 한 살 터울이었지만, 이들은 나이에 상관없이 친구로 사귀었다. 율곡과 성혼이 이른바 도의지교(道義之交)를 맺은 것은 1554년 율곡의 나이 19세, 성혼의 나이 20세 때로 율곡이 금강산에 들어가기 직전이다. 두 사람의 도의지교가 지닌 남다른 역사적 의미 때문인지, 이들의 개인 문집 연보에는 당시의 상황이 뚜렷하게 남아 있다.

『율곡전서』에는 성혼이 자신보다 한 살 아래인 율곡을 처음에 스승으로 삼으려 했다는 내용이 있는 반면『우계집(牛溪集)』에는 율곡이 학문의 경지는 자신이 더 낫지만, 지조와 독행에 있어서는 성혼이 자신보다 더 훌륭하다고 말한 대목이 나온다. 팔은 안으로 굽는다고 아마도 『율곡전서』를 편찬한 사람들은 율곡을 더 높이고 싶었을 것이고,『우계집』을 편찬한 사람들은 성혼의 훌륭함을 더 부각시키고 싶었을 것이다.

갑인 33년(1554) 선생 19세. 우계 성혼 선생과 더불어 친구로 사귀었다. 성혼 선생은 나이가 한 살 더 많았지만 처음에는 율곡 선생을 스승으로 섬기려고 했다. 그러나 율곡 선생이 굳이 사양하고 마침내 도의지교를 맺고 서로 옛 성현의 사업을 기대했다. 그때부터 죽을 때까지 교분이 변하지 않았다.

『율곡전서』〈연보〉

갑인 33년(1554) 명종 9년. 율곡 선생과 도의지교를 맺었다. 성혼 선생은 학문에 뜻을 둔 이후 마음을 진실하게 닦고 배움에 힘써서 규모가 엄격하고 정밀했다. 일찍이 율곡 선생이 칭찬하기를 "만약 학문에 도달한 수준을 말한다면 내가 다소 낫지만, 마음의 지조 그리고 행실의 독실함과 확고함은 내가 우계에게 미치지 못한다"고 했다.

성혼, 『우계집』〈연보〉

두 사람이 만난 때는 소년 천재 율곡이 삶의 방향을 잃고 어느 한곳 의지할 데를 찾지 못한 채 정처 없이 헤매던 시기였다. 그 무렵 만나 도의지교를 맺고 마음을 나눌 정도였으니 성혼의 학문과 인품에 대한 율곡의 생각을 미루어 짐작해 볼 수 있다.

성혼은 서울의 순화방(順和坊, 순화동)에서 태어났다. 그러나 정암 조광조의 제자였던 그의 아버지 성수침(成守琛)은 기묘사화 이후 두문불출하다가 훈구파와 척신들이 장악한 세상에 대한 모든 미련을 버리고 경기도 파주에 은둔해 살았다. 성혼이 10세 무렵 파주의 우계(牛溪)에 집터를 정해 거주한 다음부터 성수침은 따로 스승을 두지 않고 직접 성혼에게 학문을 가르쳤다. 성혼은 15세 때 이미 경서(經書)와 사서(史書)에 통달했고, 문장과 학식이 뛰어났을 뿐 아니라 행실 또한 의로워서 주변 사람들로부터 칭찬과 존경을 한 몸에 받았다. 그러나 평생 벼슬을 좇지 않고 은둔의 삶을 산 아버지 성수침의 영향 때문인지 입신양명에는 크게 뜻을 두지 않았다. 비록 17세에 감시(監試)의 생원과와 진사과에 모두 합격했지만 복시(覆試)에 응시하지 않았고, 이후로는 과거시험을 위한 공부를 중단하고 오로지 학문을 배우고 자신을 닦는 일에만 전념했다.

율곡은 일찍부터 성혼의 아버지인 성수침을 마음속 깊이 존경했고, 율곡의 선영이 파주에 있었기 때문에 성혼에 대한 소문도 익히 들어서 알고 있었다. 실제 성혼을 만난 율곡은 그의 학문과 삶에 대한 태도에 감동했고 평생토록 도리와 의로움으로 맺어진 우정을 쌓아 나갔다.

남의 단점과 실수를 결코 용납하지 못하는 까다로운 성격 탓에 율곡의 교우 관계는 그리 원만한 편이 못 되었다. 그런 율곡이 "나는 성품이 느슨하고 해이해 비록 알면서도 실천하지 못하지만, 우계는 알고 난 다음에는 곧 하나하나 실천하여 실제 자신의 것으로 만든다. 이것은 내가 미치지 못하는 점이다"라고 높여 칭찬할 정도였으니, 율곡이 성혼의 근독과 독행하는 삶을 얼마나 존경했는지 알 수 있다.

성혼의 근독에 대해서는 지금까지도 여러 일화가 전해 오고 있다. 그 가운데 인조(仁祖) 때 문신인 정홍명(鄭弘溟)이 지은 수필집이자 야사집인 『기옹만필(畸翁漫筆)』에 나오는 이야기 하나를 보자.

오래전에 우연하게 늙은 스님을 만났는데, 그의 말이 용문산에 있을 때 우계 성혼 선생과 여러 날을 함께 거처해서 그분의 일상생활을 잘 안다고 했다. 그래서 "선생께서 아침저녁으로 무엇을 하던가요?" 하고 물어보았다. 그랬더니 스님은 이렇게 대답했다. "새벽에 일어나면 반드시 세수를 하고 머리를 빗고 의관을 정제한 다음 단정히 팔짱을 끼고 바로 앉았습니다. 정오 무렵이 되면 다시 세수를 하고 머리를 빗고 앉아서는 때로는 책을 펴 보았습니다. 생각할 것이 있으면 곧 책을 덮고 엄숙하게 침묵했습니다. 바라보고 있노라면 그 모습이 너무나 엄숙하여 공경하는 마음을 갖지 않는 사람이 없을 지경이었습니다."

정홍명, 「기옹만필」

성혼은 약관의 나이에 병을 얻어 평생토록 병마와 싸우는 고통스러운 세월을 보내야 했다. 조선의 이름난 유학자들 중 퇴계 이황과 우계 성혼 두 사람보다 더 많은 병을 앓은 사람은 없다는 말까지 생겨날 정도였다. 그러나 성혼은 단 한시도 병을 핑계 삼아 정신을 놓거나 몸가짐을 흐트러뜨리지 않았다.

우계 선생은 약관 시절에 병에 걸렸고, 뒤이어서 친상(親喪)을 연달아 당했는데 너무 슬퍼한 나머지 몸이 심하게 상하여 마침내 고질병이 되었다. 그러나 하루에 한 끼만 먹고 겨울옷으로 여름까지 지내면서도 끝내 병을 핑계로 삼아 자신을 게을리하지 않았다. 평소에도 삼가고 엄숙하게 지내 마치 손님을 모시거나 제사를 받들 때처럼 공손하고 조심스럽게 행동했다. 낮에는 눕지 않았고, 마음이 나태해졌다는 사실을 깨닫게 되면 그때마다 용모를 정돈하고 수습하여 정신을 바로잡았다. 때로 기운이 쇠진해 지탱할 수 없으면 병풍에 기대고 앉아서 눈을 감고 숨을 고를 뿐이었다. 그러다가 잠시 후 기운이 다시 소생하면 곧 일어나 앉아 책을 보았다. 그렇게 하기를 밤낮으로 계속하여 비록 몸에는 병이 들었어도 육체와 정신이 피곤한 줄을 알지 못했다. [중략] 책자 하나를 장만해 날마다 일기를 썼는데, 이는 퇴계 선생의 『자성록(自省錄)』과 같았다. 여기에는 '오늘은 어떤 잘못을 반성하고 어떤 악행을 고쳤다'라거나 '어떤 곳의 아무개

는 행실이 훌륭하니 공경할 만하다' 혹은 '어떤 사람은 뜻이 고상하니, 이
는 가상한 일이다'라는 내용이 적혀 있었다.

성혼, 「우계집」 〈연보보유 덕행(年譜補遺 德行)〉

건강한 사람이라도 게으름을 피우고 싶은 유혹을 떨치고 항상 몸을 바
로 세우기란 쉽지 않다. 그렇기에 율곡은 이러한 성혼의 근독하는 삶을
자신의 단점을 깨닫고 고치는 본보기로 삼고 늘 공경했다. 그리고 이런
자세가 공부하는 자들에게 꼭 필요한 것임을 항상 강조했다.

자기 몸을 이기는 공부는 날마다 행동하는 일을 삼가는 것보다 더 중한
것이 없다. 여기서 몸이란 내 마음이 좋아하는 것이 천리(天理)에 맞지 않
는 것을 뜻한다. 그런즉 반드시 내 마음을 반성하고 살펴서 내가 여색을
즐기지는 않는지, 이익과 명예를 탐하지는 않는지, 벼슬을 바라지는 않는
지, 안일한 생각을 갖지는 않는지, 노는 것을 좋아하지는 않는지 살펴보
아야 한다. 마음이 좋아하는 백 가지 중 만일 한 가지라도 이치에 합당하
지 않은 것이 있으면 이것을 한 줄기도 남기지 말고 잘라 내야 한다. 그런
후라야 내 마음이 좋아하는 바가 비로소 바른 의리에 두게 되므로 그때
는 그냥 두어도 내 몸을 저절로 이기게 될 것이다.

「격몽요결」 〈지신〉

이처럼 율곡과 성혼의 근독하는 삶은 후대까지도 널리 전해져 많은 사
람들의 모범이 되었다. 특히 임진왜란 때 금산 전투에서 7백여 명의 의병
을 이끌고 왜적과 싸우다가 장렬하게 전사한 의병장 조헌(趙憲)은 일찍이
선조에게 근독의 근본정신, 곧 마음을 깨끗이 하고 욕심을 적게 하며 행

동과 실천을 깊고 두텁게 하는 것으로 세상의 본보기가 될 만한 사람은 이지함(李之菡)과 더불어 성혼과 이이가 있을 뿐이라고 밝히기도 했다.

> 동방(東方)에 태어난 남자로서 욕망의 늪으로부터 스스로 초탈한 사람이 이지함, 성혼 외에 또 몇 사람이 있겠습니까. 신이 세상에서 스승으로 섬긴 세 분이 있는데, 이지함, 성혼, 이이입니다. 이 세 분은 비록 학문을 성취한 수준은 똑같지 않지만, 마음을 깨끗이 하고 욕심을 적게 하고 지극한 행실이 세상의 모범이 된 점에서는 똑같습니다. 신은 그 만 분의 일이라도 따라가려고 하지만 뜻을 이룰 수가 없었습니다.
>
> 조헌, 『중봉집(重峯集)』 선조 19년(1586) 소(疏)

비록 몸이 힘들고, 게으름을 피우고 싶은 마음의 유혹이 끊이지 않아도 강한 의지로 이를 극복하면, 몸을 잃은 후에라도 그 정신은 오랜 세월 사람들의 마음속에 기둥이 되어 남게 되는 것이다.

스스로를 속이지 말라

율곡은 근독의 구체적인 방법으로 '진실한 마음가짐과 각고(刻苦)의 공부'를 꼽았다. 배움의 길에 들어선 사람은 반드시 마음을 진실하게 하고 뜻을 성실하게 해야 한다. 이때 마음이 진실하고 뜻이 성실한 것은 무자기(毋自欺), 즉 '스스로를 속이지 말라'는 의미이다.

뜻을 성실하게 한다는 것은 자신을 속이지 않는 것이다. 마치 악취를 싫어하듯 악을 싫어하고 미인을 좋아하듯 선을 좋아하는 것이다. 이로써 스스로 만족하는 것이다. 이 때문에 군자는 반드시 홀로 있을 때 삼간다.

공자, 『대학』

율곡은 자신의 저서에도 여러 번 인용할 정도로 이 글을 중요하게 여겼다. 여기서 '뜻을 성실하게 한다는 것'은 자기 수양의 기본이다. '자신을 속이는 것'은 선은 행하고 악은 버려야 함을 알면서도 아직 마음이 참되지 못해 이를 지키지 못하는 것이다. 이러한 모순은 내 마음과 행동이 진실인지 거짓인지 혹은 선인지 악인지는 다른 사람은 알 수 없고 오직 나만이 알 수 있기 때문에 발생한다. 이렇듯 알면서도 행하지 못하는 사람은 비록 학문이 높다 해도 반쪽짜리 인간에 불과하다.

율곡은 근독의 자세를 유지하기 위해 늘 살피고 단속해야 할 대상으로 마음과 학문과 행실을 꼽았다.

날마다 자주 자신을 단속해서 점검하고 혹시 마음이 올바르지 않은 데 있지 않은가, 학문이 제자리걸음을 하고 있지 않은가, 행실에 힘을 쏟지 못하고 있지 않는가를 살핀다. 만약 이중 한 가지라도 부족함이 있으면 고칠 것이요, 없으면 더욱 힘써서 부지런히 경계해야 할 것이다. 이는 몸이 죽은 뒤에라야 그만둘 일이다.

『격몽요결』 〈지신〉

세운 뜻이 사특한 마음에 현혹되어 변질되지 않도록 살피고, 그 뜻에 맞는 깨달음을 얻기 위해 정진하며, 또한 깨달음을 실천하는 데 맞는 올바른 몸가짐을 늘 유지하도록 돌아보고 경계해야 한다는 말이다. 이때 마음과 학문과 행실을 평가하는 것 또한 자기 자신이다. 따라서 솔직하게 스스로를 바라보고 바르게 행동하는 것, 그리고 이것을 평생 동안 지켜나가는 것이야말로 진정 근독하는 삶이라 하겠다.

『채근담(菜根譚)』을 보면 좀 더 구체적인 내용이 나와 있다.

기쁨에 들떠서 경솔하게 일을 맡지 말고, 술에 취했다고 해서 화를 내서는 안 된다. 즐거움에 마음을 빼앗겨 많은 일을 하지 말고, 피곤하다고 해서 마무리를 소홀히 해서는 안 된다.

홍자성(洪自誠), 「채근담」

말을 많이 하지 말고 일을 많이 벌이지 말며, 편안함과 즐거움을 쫓다가 후회할 일 따위는 하지 말라는 것이다. 말이 많으면 실패가 많고 일이 많으면 해로움이 많기 때문이다. 뭐 그리 다칠 일이 많다고 그렇게 경계하느냐고 할 수도 있겠다. 하지만 옛사람들은 어떤 일이든 그에 대한 대가가 따른다고 믿었고, 요즘 사람들도 어느 정도 비슷한 인식을 갖고 있다.

모든 일을 스스로 생각하고 스스로 보살피도록 하라. 위에서는 하늘의 거울이 내려다보고, 아래에서는 땅의 신령이 살펴보고 있다. 밝은 세상에는 임금의 법이 있으며, 어두운 곳에서는 귀신이 따라다니면서 살피고 있을 것이다. 그러니 오직 올바른 것을 지켜서 자기 마음을 속이지 말아야 한다. 경계하고 또 경계하라.

자허원군(紫虛元君), 「성유심문(誠諭心文)」

오늘날 같은 최첨단 시대에 신령과 귀신 운운하는 옛말은 조금 우습게 여겨질 수도 있겠다. 하지만 자기 자신을 속이는 것으로 인해 마음속에 죄의식과 후회가 남게 된다면 이는 신령이나 귀신보다 더 끈질기고 무섭게 자신을 옭아맬 것이다. 더구나 여러 가지 유혹을 이기지 못해 자꾸 자신을 속이다 보면 결국에는 어떤 것이 나의 진실한 마음이며 참 모습인지 알 수 없게 된다. 즉, 자기 자신을 잃어버리는 것이다. 그러므로 홀로 있을 때 더욱 경계하고 삼가 스스로를 속이지 않도록 노력해야 한다.

검신구용
撿身九容

【 몸가짐을 바르게 하라 】

근독하는 정신을 닦고 기를 때 가장 '해로운 몸가짐'은 무엇일까? 율곡은 그것이 일없이 자는 낮잠과 게으름이라고 단언했다. 조선의 유학자들은 배움을 닦는 사람이 아무 생각 없이 낮잠이나 자는 것을 특히 싫어했다. 거기에는 특별한 연원이 있다. 다름 아닌 『논어』에 등장하는 공자와 제자 재여(宰予)의 일화 때문이다.

재여가 낮잠을 자는 모습을 보고 공자가 말했다. "썩은 나무에는 가히 조각할 수 없고, 썩은 흙으로 쌓은 담장은 가히 손질을 할 수 없는 법이다. 너 같은 사람을 무슨 말로 꾸짖을 수 있겠는가."

『논어』〈공야장(公冶長)〉

공자는 일없이 낮잠을 자는 습관은 의지와 기운이 게으르고 나태해서 배움의 근본 자세가 되어 있지 않기 때문에 생기는 것이라고 생각했다. 썩은 나무에는 조각을 할 수 없고, 썩은 흙으로 쌓은 담장은 손질할 수 없듯이 배움의 근본 자세가 되어 있지 않는 사람에게는 아무리 힘써 가르쳐도 별반 소용이 없다는 것이다. 조선의 유학자들은 낮잠을 곧 편안함을 추구하는 기운이 우세해지고 경계하는 의지가 나태하게 됐다는 최초의 신호로 받아들였다. 율곡 역시 낮잠을 아주 혐오했다. 낮잠은 나태하고 게으르다는 가장 확실한 징표이고, 홀로 있을 때 몸가짐을 아무렇지도 않게 흐트러뜨리게 만드는 최대의 적이라고 여겼기 때문이다. 따라서 율곡에게 낮잠이란 근독하는 삶을 위해 가장 먼저 다스려야 할 대상이었다.

밤에 잠을 자거나 몸에 질병이 있는 경우가 아니면 누워서는 안 된다. 또한 몸을 비스듬히 기대어서도 안 된다. 한밤중이라도 졸리지 않으면 누워서는 안 된다. 다만 밤에는 억지로 잠을 막아서는 안 된다. 낮에 졸음이 오면 마땅히 자신의 마음을 불러일으키고 힘써 노력해 깨어 있도록 해야 한다. 눈꺼풀이 무겁게 내리 누르면 벌떡 일어나 두루 걸어 다녀서 마음이 깨어 있게 해야 한다.

『율곡전서』〈자경문〉

앞서 낮잠과 더불어 다스려야 할 근독에 해로운 몸가짐을 게으름이라고 했다. 싹을 틔웠으되 이삭이 나오지 않거나 이삭이 나와도 열매를 맺지 못하는 곡식이 있다. 근독도 이와 같다. 알고 있어도 몸을 움직여 행하지 않으면 아무 쓸모가 없다.

혹 싹에는 문제가 없어도 이를 기르는 사람이 한결같이 돌보지 않으면 비록 이삭이 나와도 열매는 맺지 못한다. 비가 오고 몸이 아파도 매일 같은 마음과 정성을 쏟아야 비로소 열매를 볼 수 있다. 율곡은 홀로 있을 때도 공경하고 두려워하며 삼가는 삶의 길 역시 '쉽고 가까운 길'이 아닌 '어렵고 먼 길'이라고 생각했다. 단번에 성취할 수도 없고 또 한걸음에 도달할 수도 없다는 말이다.

항상 "어려운 일을 먼저 행하고, 얻을 것은 나중에 생각해야 한다." 성실하고 독실하게 행하다 보면 반드시 효과를 볼 수 있지만 그 성공 여부를 미리 기약하거나 계산해 행동해서는 안 된다는 뜻이다. 율곡은 사람들은 항상 '먼저 얻고자 하는 폐단'이 있기 때문에 미리 성공만 기약할 뿐 노력은 하지 않는다고 생각했다. 그래서 큰맘 먹고 힘써 노력하다가도 얼마 지나지 않아 별다른 성과가 없으면 이내 싫증을 내고 게으른 마음이 생겨나 포기하게 된다는 것이다.

그러나 이러한 병폐는 누구에게나 있게 마련이므로 너무 쉽게 낙담하지는 말자. 그렇다면 어떻게 이러한 게으름과 나태함 그리고 편안함을 추구하는 몸과 마음을 극복할 수 있을까?

먼 길을 가는 사람이 한걸음에 그 목적지에 도달할 수는 없습니다. 반드시 가까운 곳에서부터 점차적으로 나아가야 합니다. 또한 높은 곳에 오르는 사람이 단숨에 오를 수는 없습니다. 반드시 낮은 곳에서부터 점차적으로 올라가야 합니다. 만약 길을 잃어버리지 않고 매일 같이 순서에 따라 부지런히 힘써 나아가고 결코 물러서지 않는다면 아무리 멀고 높은 곳이라도 도달할 수 있습니다. [중략] 처음에는 나아가기가 매우 힘들고 험난하지만 나중에는 점차 요령이 생겨서 쉬워지고, 처음에는 매우 심심하지만 나중에는 점차 맛을 느껴 빠져들게 됩니다.

『성학집요』〈수기 중〉

작은 것에서부터 큰 것으로, 낮은 곳에서부터 높은 곳으로 과정과 순서를 정해서 결코 물러서지 않고 꾸준히 나아간다면 반드시 성취하게 된다. 이때 주의할 점은 먼저 '얻고자 하는 것', 즉 성공이나 성과물에 연연하지 말고 성실하고 독실하게 행하는 일에만 집중하라는 것이다. 율곡은 이렇게 말했다. "성실하고 독실하게 행하는데 어떻게 성공하지 않을 수 있겠는가?" 설령 손에 잡히거나 눈에 보이는 성과물이 없다고 하더라도 부지런히 노력하고 힘써 행한다면 그 과정을 통해 게으름과 나태함 그리고 편안함을 추구하는 몸과 마음만은 반드시 고쳐질 것이다.

근독의 아홉 가지 몸가짐

주자는 "지금 사람은 모두 근본에서 이해하려고 하지 않는다. 예컨대 '경건(敬虔)'이라는 글자를 입으로만 말하고 실행하려고 하지는 않는다. 근본이 서 있지 않기 때문에 그 밖에 자질구레한 공부가 귀결할 곳이 없게 되는 것이다. 정명도와 이연평(李延平)이 모두 사람들에게 정좌(靜坐)를 가르쳤다. 이런 것을 보더라도 반드시 정좌해야 한다"고 했다. 근본을 세우기 위해서는 무엇보다 몸을 바로 세우는 정좌 자세가 필요하다는 주장이다. 이런 생각은 조선 시대 선비들에게도 이어져 어려서부터 바른 자세를 유지하는 것을 중요하게 여겼다.

특히 율곡은 근독의 몸가짐으로 구용(九容)보다 더 절실한 것이 없다고

했다. 구용이란 『예기』의 〈옥조(玉藻)〉편에 나오는 말로 군자가 갖추어야
할 아홉 가지 몸가짐을 말한다.

발걸음은 무게가 있어야 하고, 손놀림은 공손해야 하고, 시선은 단정해야
하고, 말은 적어야 하고, 목소리는 조용해야 하고, 머리 모양은 곧아야 하
고, 기운은 엄숙해야 하고, 서 있는 모양은 덕이 있어야 하고, 안색은 장중
하고 씩씩해야 하고, 앉아 있을 때는 시동(尸童)과 같이 다소곳해야 하며,
편안하게 있을 때와 말을 할 때는 얼굴빛이 온화해야 한다.

『예기』〈옥조〉

율곡은 『격몽요결』에서 이 아홉 가지 갖추어야 할 몸가짐을 이렇게 해
석했다.

1. **족용중(足容重)** : 발걸음은 무겁게 한다. 가볍게 행동하지 말라는 뜻이
다. 다만 어른 앞에서 걸음을 옮길 때에는 꼭 이렇게 하지 않아도 된다.
2. **수용공(手容恭)** : 손 모양은 공손해야 한다. 손놀림을 게을리하지 않되
일이 없을 때는 마땅히 두 손을 모으고 함부로 움직이지 않는다.
3. **목용단(目容端)** : 시선은 단정해야 한다. 눈동자를 안정시켜 마땅히 바
르게 보아야 하고 흘겨보거나 째려봐서는 안 된다.
4. **구용지(口容止)** : 입은 그칠 줄 알아야 한다. 말을 하거나 음식을 먹을
때가 아니면 입을 함부로 움직여서는 안 된다.
5. **성용정(聲容靜)** : 말소리는 고요하게 한다. 마땅히 몸과 기운을 잘 조절
하여 구역질을 하거나 트림하는 등의 잡스러운 소리를 내지 않도록 해야
한다.

6. **두용직(頭容直)** : 머리 모양은 반듯하고 곧아야 한다. 마땅히 머리를 바르게 하여 몸을 곧게 하고, 기울여 돌리거나 한쪽으로 삐딱하게 두어서는 안 된다.

7. **기용숙(氣容肅)** : 숨소리는 엄숙해야 한다. 마땅히 숨을 고르게 쉬어야 하고 거친 숨소리를 내서는 안 된다.

8. **입용덕(立容德)** : 서 있는 모습에 덕이 있어야 한다. 늠름하게 똑바로 서고 한쪽으로 기대거나 비스듬하게 서지 않아야 한다.

9. **색용장(色容莊)** : 얼굴빛은 장중하고 당당해야 한다. 안색을 가지런하게 해서 태만한 기색이 없어야 한다.

「격몽요결」

더불어 의복은 단정하게 하고 얼굴은 엄숙해야 하며 손은 마주 잡아 반듯이 하고 걸음걸이는 꼿꼿해야 한다. 그뿐 아니라 말은 언제나 신중히 하고 한 번 움직이고 한 번 쉬는 것이라도 경솔해서는 안 되며 아무렇게나 지나쳐 버려서도 안 된다. 언어에 법도가 없으면 허물과 근심이 생기고, 제때에 규칙적으로 먹지 않고 과식하거나 폭식하는 등 식탐을 부린다면 고달프고 수고스러우며, 탐내고 욕심내는 것이 많으면 위태롭고 어지러운 일이 일어나며, 잠이 너무 많으면 게으르며, 감정을 일으켜 적합한 절도를 잃으면 그 성품을 보전하지 못하게 되기 때문이다.

이렇게 행동 하나하나를 규제하는 것이 요즘 세상에서는 고리타분하고 답답하게 보일지도 모르겠다. 하지만 행동은 모두 마음가짐과 정신에서 나오는 법이다. 그 마음과 정신이 올곧고 진실하다면 결코 행동이 흐트러질 수 없다. 몸과 마음을 경계해 단속하는 것이 곧 창의력을 짓밟는 군국주의식 사고방식이라고 오해하지 않기를 바란다. 이는 정신이 자유롭다는 뜻이 행동이 난잡하다는 의미와 다른 것과 같다. 학문이 깊고 정신세계가 넓을수록 몸을 더욱 낮추고 조심하는 것은 당연하다.

시간 관리를 철저히 하라

많은 사람들이 근독이 어려운 이유가 시간이 없어서라고 말한다. 여유가 있으면 일기도 쓰고 책도 읽으며 성찰의 시간도 갖겠지만 도무지 시간이 나질 않는다는 것이다. 물론 시간은 핑계에 지나지 않는다. 문제는 게으른 마음을 이기지 못하는 부족한 의지력과 아직 좋은 생활 습관을 들이지 못했기 때문이다.

몸가짐을 바르게 한 뒤 챙겨야 할 것이 바로 시간이다. 게으른 마음이 가장 좋아하는 일은 미루는 것이고, 미루는 것에 익숙해지면 허송세월하며 일생을 보내기 쉽다. 이래서는 학문을 이루고 몸과 마음을 바로 세우는 일을 결코 할 수 없다.

율곡이 1578년(43세) 해주 석담에 은병정사(隱屛精舍)를 짓고 학자로서의 삶과 제자 양성에 본격적으로 힘쓸 때 지은 〈은병정사의 학규(學規)〉와 〈은병정사의 약속(約束)〉을 살펴보면, 그가 얼마나 철저하게 시간을 관리했는가를 어렵지 않게 알 수 있다. 특히 율곡은 일상생활에서의 시간 관리를 유별나게 강조했다.

날이 어두운 뒤에는 등불을 밝혀 글을 읽고 밤이 깊은 후에야 잠자리에 든다. 새벽에 일어나서부터 밤에 잠자리에 들 때까지 반드시 하루 동안 하는 일이 있어서 게으름을 피워서는 안 된다. 독서하거나, 조용히 앉아서 본마음을 간직하거나, 뜻과 이치를 강론하거나, 익힌 것에 대해 질문하거나 좀 더 자세하게 가르쳐 달라고 여쭈는 데 힘써야 한다. 여기에서 어긋남이 있다면 배우는 자라고 할 수 없다.

『율곡전서』 〈은병정사의 학규〉

왜 이렇게 하루 동안의 시간 관리를 철저하게 해야 하는가? 만약 일상의 소소한 것에서부터 시작하지 않는다면 장차 학문을 성취하고 큰 뜻을 이루는 길로 결코 나아갈 수 없기 때문이다. 일상의 시간 관리에 대한 율곡의 생각은 은병정사의 학규와 약속을 지은 지 4년 뒤인 1582년(47세), 왕명을 받들어 선조에게 지어 올린 〈학교모범〉에도 고스란히 나타나 있다. 앞서 은병정사의 학규와 약속이 해주 석담에 드나드는 사람들을 대상으로 한 것이라면 〈학교모범〉은 학문에 힘쓰는 조선 백성 전체를 대상으로 한 것이다. 율곡은 여기서 시간 관리에 대해 다음과 같이 견해를 밝혔다.

글을 읽는 여가에 때때로 기예(技藝)를 즐기되, 예를 들어 거문고 타기, 활쏘기, 투호 등의 놀이는 모두 각자의 규범을 두어 적당한 시기가 아니면 해서는 안 된다. 또한 장기나 바둑 등의 잡희(雜戱)에 눈을 돌려 실제 공부에 방해가 되게 해서는 안 된다.

『율곡전서』 〈학교모범〉

공부와 수양하는 시간 틈틈이 여가 시간을 즐기되, 적당한 시기와 규범을 정해서 본래 자신의 뜻과 일에 방해가 되지 않도록 하라는 말이다. 일상생활이 공부와 수양만으로 채워질 수는 없다. 인간은 기계가 아니다. 쉬고 즐기면서 재충전하는 여유를 갖지 못한다면 누구든 금방 지치게 된다. 이런 사실을 잘 알고 있었던 율곡은 여가 시간을 갖는 것 또한 배움의 일부분임을 인정했고, 그 바탕 위에서 시간을 잘 관리하는 것이 얼마나 중요한지를 강조했다.

중국 위진남북조시대 동진(東晋) 사람 도간(陶侃)의 이야기도 일상생활에서의 시간 관리가 얼마나 중요한가를 살필 수 있는 좋은 예이다. 도간이 광주자사가 되었을 때 그 고을에는 아무런 할 일이 없어 한가로운 세월을 보내게 되었다. 그런데 도간은 아침에 출근하면 손수 벽돌 백 장을 담 밖으로 옮겨 놓느라 땀을 흘렸다. 점심때까지 다 옮기고 나면 잠시 쉬었다가 담 밖에 있는 벽돌을 다시 안으로 애써 옮겼다. 그 일을 모두 마친 다음에야 땀을 씻고 퇴근을 하는 것이었다. 이를 이상하게 여긴 사람들이 물었다.

"힘드실 텐데 그 벽돌은 왜 이리저리 옮기시는 겁니까? 필요하시면 아랫사람을 시키시지요."

도간의 대답은 간단했다.

"모르는 소리. 장차 우리는 중원에서 중요한 일을 해야 하네. 그런데 내가 지나치게 편안하게 지낸다면 막상 일할 시기가 되었을 때는 아무 일도 못할 것 아닌가? 그래서 나는 몸과 마음을 단련시키고 있는 것이네."

일이 있건 없건 도간은 자신의 마음과 몸을 부지런히 단련한 것이다. 도간은 나중에 형주자사가 되었는데, 그곳은 일이 무척 많았다. 하지만 그는 종일 단정히 앉아 부지런히 맡은 일을 처리했다. 일이 아무리 많아도 모든 문서에 손수 회답을 했고, 일을 처리하는 속도가 빨라 멀리서 온 사람들을 만나는 데도 한 사람도 기다리는 수고를 하지 않았다.

그는 항상 이렇게 말했다.

"대우(大禹)*는 성인이지만 촌각 같은 짧은 시간도 몹시 아끼셨다. 하물며 보통 사람에 불과한 우리들이야 단 1분의 시간이라도 아껴야 하지 않겠느냐. 어떻게 제멋대로 놀고 게으름이나 피우면서 술에 취해 흥청망청 헛되게 세월을 보낼 수 있겠느냐. 살아 있을 때는 시대에 아무런 이익이 되지 않고, 죽어서는 후세에 명성을 남기지 못할 것이다. 이것은 스스로 자신을 포기하고 스스로 자신을 버리는 짓에 다름없다."

시간은 생명이다. 늙고 죽는 것은 두려워하면서 왜 시간을 버리는 일은 두려워하지 않는가. 나이 듦을 한탄하기 전에 지금 내게 주어진 시간에 충실해야 한다. 율곡의 경우나 도간의 사례에서 볼 수 있는 것처럼 크고 넓은 뜻과 깊은 정신으로 채워진 시간이야말로 인생을 제대로 살았다는 증거이기 때문이다.

---

* 중국 하나라의 시조 우임금을 높여 이르는 말이다.

폐사불경
廢邪不敬

【 불경한 생각을 버려라 】

율곡은 홀로 있을 때 조심하고 삼가는 삶이란 곧 '경(敬)'이라는 한 글자에 몸과 마음을 머무르게 하는 것이라고 여겼다. 공경하고 겸손하며 삼가고 정성을 다하는 마음으로 근본을 세우고 힘써 실천해야 그나마 근독의 뜻에 가까이 갈 수 있기 때문이다. 근독이라는 말은 신독(愼獨, 홀로 있을 때에도 몸가짐을 바로 하고 언행을 삼감), 혹은 경신(敬身, 몸가짐을 공경히 하며 삼가 함)과 일맥상통하는 말이다.

일이 있으면 합당한 이치로 대응하고, 글을 읽을 때는 정성으로 궁리하고 탐구해야 한다. 이 두 가지 이외에는 조용하게 앉아서 마음을 거두어 고요하게 하고 어지러운 생각이 일어나지 않도록 해야 한다. 그래서 환하게 빛나 어둡고 어리석은 잘못이 없게끔 해야 한다. 이른바 공경하고 겸손하며 삼감으로써 마음을 곧게 한다(敬以直內)는 것이 이와 같다. 마땅히 몸과 마음을 바르게 해서 안과 밖이 한결같도록 해야 한다. 어두운 곳에 거처해서도 밝은 곳에 있는 것처럼 하고 홀로 있을 때에도 많은 사람이 함께 있는 듯이 한다.

『격몽요결』 〈지신〉

그렇다면 근독의 근본정신을 닦고 기를 때 가장 해로운 생각은 무엇인가? 율곡은 그것이 '사특하고 불경한 생각'이라고 보았다. 그래서인지 율곡은 "생각에 사특함이 없을 것(思無邪)과 불경함이 없을 것(無不敬), 이 두 글귀는 일생 동안 받아들여 사용해도 끝이 없다. 마땅히 벽 위에 걸어두고 잠시도 잊어서는 안 된다"고 말했다.

'생각에 사특함이 없다'는 말은 공자가 시를 논할 때 쓴 표현으로 『논어』 〈위정〉 편에 나온다. 공자는 여기에서 "『시경(詩經)』에 수록된 3백 편의 시를 한마디로 요약한다면 '그것은 시경을 보는 자의 마음에 사특한 생각이 없어야 한다'는 것이다"라고 했다. 또 '불경함이 없다'는 말은 『예기』 〈곡례〉 편 첫머리에 나오는 것으로, "자신과 모든 사물을 공경하고, 사색에 잠긴 듯 엄숙한 태도를 지니고, 말을 안정되고 일관되게 하면 모든 사람들을 편안하게 할 수 있다"라고 했다. 북송 성리학의 대사상가 중 한 사람인 정명도는 이 '사무사(思無邪)'와 '무불경(無不敬)' 두 글귀를 이렇게 해석했다.

명도 선생은 사무사와 무불경 두 구절이 양심 공부에 동일한 효용이 있다고 말했다.

"생각함에는 사특한 마음이 없고, 항상 공경을 일삼으라는 말을 따라서 실천한다면 어찌 잘못이 있을 수 있겠는가. 잘못이 있다면 모두 공경하지 않고 바른 마음을 갖지 않았기 때문일 뿐이다."

『근사록(近思錄)』〈존양(存養)〉

한편 율곡은 '사특하고 불경한 생각'을 없애는 양심 공부를 훨씬 더 구체적이고 현실감 있게 제시해놓았는데, 그 내용은 이렇다.

극기(克己) 공부가 일상생활에서 가장 절실하다. '기(己)'란 내 마음에 좋게 느껴지는 것이 하늘의 이치에 부합하지 않는 것을 말한다. 내 마음이 여색을 좋아하는지, 이로움을 좋아하는지, 명예를 좋아하는지, 출세를 좋아하는지, 편안함과 나태함을 좋아하는지, 잔치를 베풀고 사람들과 흥겹게 노는 것을 좋아하는지, 진귀한 보석이나 노리개를 좋아하는지를 반드시 살펴야 한다. 만약 내가 좋아하는 것들이 이치와 진리에 부합되지 않는다면, 과감하게 끊어 내서 뿌리조차 남기지 않아야 한다. 그런 다음에야 내 마음에 좋은 것이 비로소 의로움과 이치에 맞게 될 것이고 또한 마땅히 극복해야 할 '기(己)' 또한 없어질 것이다.

『격몽요결』〈지신〉

'극기'란 자기를 이기는 것으로, 여기서 '자기'란 개인적인 욕망을 말한다. 욕망에는 세 가지가 있는데, 첫째가 치우친 성질대로 하고 싶은 욕망이고, 둘째는 귀·눈·입·코 등과 같은 감각기관에 따른 욕망이며, 셋째는 남을 시기하고 이기려는 욕망이다. 보통 어떤 일이 생겼을 때 이것은 천리(天理)이고 저것은 나의 욕심임을 잘 알지만, 실제로 행동을 할 때에는 욕망에 이끌려 처리하고는 일이 끝난 뒤 종종 후회하게 된다. 큰 길로 가야 한다는 것을 알면서도 작은 길에 이끌려 가시덤불을 만나 상처만 입는 꼴이다.

본디 마음의 근원적인 덕은 천리(天理)가 아닌 것이 없지만 또한 인욕(人慾)을 완전히 제거할 수는 없기 때문에 인(仁)을 행하려는 사람은 반드시 개인적인 욕망을 이겨서 예(禮)로 돌아가야 한다. 이렇게 날마다 자기를 극복하는 훈련을 통해 이것이 몸에 배면 개인적인 욕망도 점차 사라져 예만이 몸에 남게 될 것이라는 것이 율곡의 주장이다.

편협한 생각에서 벗어나라

율곡은 자신의 이해관계나 당파의 이익 그리고 친분이 많고 적음을 초월해 오로지 의로움과 이치를 좇아 소신껏 행동했다. 그래서 35세가 되던 해인 1570년 정계 은퇴를 결심하고 해주 석담에 은둔한다. 이 시기를 전후해서 그는 조정과 사림의 대립과 갈등에서 벗어나 오로지 독서와 근독하는 생활 그리고 극기 공부에만 매달려 지내고자 했다. 정계 은퇴를 극구 만류하는 박순에게 율곡은 "서울에 있었던 1년 동안 책 한 권 제대로 읽지 못했습니다. 이처럼 시간을 빼앗기면 평생을 그르칠까 염려됩니다"라고 하면서 책에 파묻혀 은일(隱逸)하는 삶을 살고픈 강력한 의지를 내보이기도 했다.

그러나 세상인심은 율곡에게 은둔 생활조차 쉽사리 허락하지 않았다. 특히 김효원의 동인 세력을 짓밟고 싶었던 서인 인사들은 어떻게든지 율곡의 낙향을 만류하고 서울에 주저앉혀서 자신들의 세력을 키우는 데 도움이 되도록 하고 싶었다. 1536년생 동갑내기로 일찍부터 율곡과 친분을 쌓아 온 송강 정철이 대표적인 인물이다. 정철은 평소 김효원의 세력을 '소인배의 무리'라고 깎아내리면서 배척했다. 그러나 율곡은 "김효원은 명예를 좋아하는 선비일 뿐이고, 나는 그대처럼 그를 소인으로 여기지는 않는다"며 감쌌다. 율곡은 동인과 서인의 무리 중 어느 한쪽이 다른 한쪽을 배척하기 시작하면 붕당의 폐해가 걷잡을 수 없이 확산될 수 있다며 크게 우려했다. 그러나 정철은 호남으로 돌아가려고 하면서 율곡에게 다시 김효원의 무리를 배척하라고 강하게 주장했다. 그러자 율곡은 "김효원은 잘못을 저질렀다는 형적(形迹)이 없고 또한 사림의 후배들이 그를 소중하게 여긴다. 만약 그를 깊이 배척하면 반드시 사림과 연루된 큰 분란이 일어나 조정이 평안하지 않을 것이다"라며 정철을 타일렀다. 그러나 정철은 시문(詩文)의 대가답게 이러한 시를 남기고 떠나갔다.

君意似山終不動　그대의 뜻은 산처럼 무거워 끝내 움직이지 않고
我行如水幾時回　나의 앞길은 물처럼 흘러가니 어느 때에나 돌아올까.

『율곡전서』〈연보〉

그 뒤 정철은 율곡이 김효원의 동인 세력을 감싸 준다는 의혹을 더욱 깊이 품었다. 율곡은 자신을 당파의 이로움을 위해 이용하려는 정철의 태도를 괘씸하게 여겼다. 그리고 한편으로는 당파의 이해관계 때문에 한쪽으로 지나치게 치우친 시각으로 상황을 이해하는 편협한 마음을 깨우쳐줄 생각으로 정철에게 다음과 같이 편지를 써서 보냈다.

형(兄, 정철)은 김효원을 형편없는 소인배라고 여겨서 반드시 패란(敗亂)을 저질러 사림을 해칠 것이라고 생각하오. 그러나 나는 그가 단지 명예

를 좋아하는 사람이며, 그의 재주는 나라와 백성을 위해 쓸 만하다고 보오. 또한 형은 그가 외직(外職)으로 나간 이후 마치 호랑이를 포박하듯이 경중(輕重)을 헤아리지 않고 그를 몹시 공격하려고만 하고 있소. 그것이 주변 사람들에게까지 미쳐서 인심을 흉흉하게 만들고 있는 자들이 모두 형을 그 구실로 삼고 있소.

만약 이와 같은 일이 그치지 않는다면 일을 그르치는 책임은 형에게 있고 내게 있지 않소. 내 생각이 이와 같으므로 끝내 형의 고명한 가르침을 받아들일 수 없소.

설령 김효원의 기세가 강성해져 폐단이 생겨날 지경에 이르더라도 그때는 내가 마땅히 혼자라도 일깨워서 물리칠 것이오. 김효원의 득죄(得罪)를 지나치게 무겁게 해 사림으로 하여금 불평하게 한다면 또한 내가 마땅히 혼자라도 일깨워서 그를 구제할 것이오. 이와 같이 그의 기세를 견제하고 그의 위태로움을 붙들어 주는 것이 사리에 합당하거늘, 형은 애초부터 소인배라고 단정해 김효원을 아끼는 사람들을 모두 그의 무리라고 지목하여 일체 배척하고 있소. 이것은 김효원을 아끼는 사람이 반드시 간사한 것이 아니고, 또한 김효원을 배척하는 사람이 반드시 올바른 것이 아니며, 다만 마음이 공정한가 혹은 사사로운가 여부에 달려 있을 뿐임을 모르는 짓이라고 할 수 있소. 과연 내가 김효원과 더불어 사당(私黨)을 이룰 것이라 생각하는가? 형은 사림이 무사하기를 바라지 않는가? 자기 한 몸을 위해 일을 도모하는가 아니면 나라를 위해 계획하는가? 만약 의혹이 남아 있다면 꺼리지 말고 다시 묻기 바라오.

『율곡전서』 〈연보〉

율곡의 시각에서 보자면, 자기 당파의 이로움을 좇는 마음이나 사사로운 감정이란 사특한 마음에서부터 생겨나는 것이고, 자신과 다른 세력을 무조건 배척하려는 행동은 상대방을 공경하지 않는 마음으로부터 발생하는 것이다. 모두 근독의 근본정신이라고 할 수 있는 '사무사(思無邪)와 무불경(無不敬)'의 두 글귀를 훼손하는 행태일 따름이다. 그러한 행동은 상대방을 파멸시키기 이전에 자신이 먼저 다치고 만다. 남을 해하느라 사특하고 악독한 마음을 품는 것 자체가 자신을 파멸의 길로 몰고 가는 것이기 때문이다. 따라서 사특한 마음과 공경하지 않는 마음이 근독의 가장 해로운 적이라고 할 만하다. 율곡이 왜 그토록 통렬하고 준엄한 필치로 정철에게 충고했는지를 헤아려 볼 수 있는 대목이다.

다스려야 할 아홉 가지 생각

율곡은 학문을 발전시키고 지혜를 높이는 데에는 구사(九思)보다 더 절실한 것이 없다고 했다. 구사란 『논어』〈계씨(季氏)〉편에 나오는 말로 군자가 반드시 해야 하는 아홉 가지 생각을 말한다.

> 공자가 말했다. "군자에게는 아홉 가지 생각해야 할 일이 있다. 볼 때는 밝게 보겠다고 생각하고, 들을 때는 슬기롭고 도리에 밝은 것인지를 생각하고, 얼굴빛은 늘 온화하게 갖겠다고 생각하고, 태도는 단정하고 공손히 하겠다고 생각하고, 말은 성실하게 하려고 생각하고, 일은 공경하고 신중하게 하겠다고 생각하고, 의심이 날 때는 물어서 밝힐 것을 생각하고, 노여움이 일 때는 화를 낸 다음 돌아올 환란(患亂)을 생각하고, 이로움을 얻었을 때는 의로운 것인가를 생각한다."
>
> 『논어』〈계씨〉

그는 이 '다스려야 할 아홉 가지 생각'을 『격몽요결』에서 이렇게 풀이해 놓았다.

1. **시사명(視思明)** : 볼 때는 밝고 바르게 보겠다고 생각한다. 사물을 볼 때 생각을 가리지 않으면 밝아서 보이지 않는 것이 없다.

2. **청사총(聽思總)** : 들을 때는 소리의 참뜻을 듣겠다고 생각한다. 들을 때 생각에 막힘이 없으면 슬기롭고 도리에 밝게 되어서 들리지 않는 것이 없다.

3. **색사온(色思溫)** : 얼굴빛은 온화해야 한다고 생각한다. 안색을 온화하고 부드럽게 하고 삐치거나 분노하는 기색이 없어야 한다.

4. **모사공(貌思恭)** : 용모는 단정하고 공손해야 한다고 생각한다. 자신의 태도가 단정하고 장중하지 않음이 없도록 해야 한다.

5. **언사충(言思忠)** : 말은 진실하고 거짓 없이 하겠다고 생각한다. 단 한마디 말이라도 충실하고 믿음이 있도록 해야 한다.

6. **사사경(事思敬)** : 모든 일을 공경하고 신중하게 하겠다고 생각한다. 단 한 가지 일을 하더라도 늘 공경하고 삼가야 한다.

7. **의사문(疑思問)** : 의문이 일어나면 물어서 밝히겠다고 생각한다. 마음속에 의심이 생겨나면 반드시 먼저 깨달음을 얻은 사람에게 물어야지 모르는 것을 그대로 두어서는 안 된다.

8. **분사난(忿思難)** : 분노가 일어날 때는 화를 낸 다음 돌아올 근심과 재앙을 생각한다. 노여움은 이성으로 잘 다스려 스스로 견뎌낼 수 있어야 한다.

9. **견득사의(見得思義)** : 이로움을 마주해서는 의로움을 생각한다. 재물을 대할 때는 반드시 이로움과 의로움을 밝게 분별해서 의로움에 맞으면 취

하고 그렇지 않으면 취하지 말아야 한다.

『격몽요결』

율곡은 구사(九思)와 구용(九容)을 항상 마음에 깊이 새겨서 자신의 몸을 단속하고 잠시라도 떠나보내서는 안 된다고 했다. 또한 이 두 가지를 방 안 앉은 자리 곁에 써 붙여 두고 홀로 있을 때나 사람을 대할 때 이따금 살펴보고 스스로를 단속해야 한다고 했다. 아홉 가지 갖추어야 할 몸가짐과 아홉 가지 다스려야 할 생각을 '근독과 공경의 지침'으로 삼아 항상 몸과 마음속에 지니고 다녀서 자연스럽게 배어나도록 하라는 주문이다. 율곡이 이것을 구태여 아이들을 위한 학습 교재인『격몽요결』에 자세하게 밝혀 둔 까닭 역시 배움의 길에 막 들어선 학동 때부터 구사와 구용이 습관처럼 몸과 마음에 배기를 바랐기 때문이다. 장성해서는 이미 몸과 마음에 깊숙이 밴 낡은 습관과 버릇 때문에 근독과 공경하는 삶을 살기 어렵다는 사실을 율곡은 누구보다도 잘 알고 있었던 것이다.

학문하는 사람이 지켜야 할 것들

중국 송나라의 남당(南塘) 진백(陳柏)이 지은 〈숙흥야매잠(夙興夜寐箴)〉은 율곡을 비롯한 많은 유학자들이 마음을 거두어들이는 데 가장 큰 힘이 되는 글로 여겼다. 이는 '일찍 일어나고 늦게 자면서 부지런히 노력하도록 깨우치는 글'이라는 뜻으로, 율곡은 선조를 위해 지은『성학집요』에 이를 수록했으며, 퇴계는『성학십도』에 그림까지 넣어 자세히 설명할 정도였다.

닭이 울어 잠에서 깨면 이런 저런 생각이 점차로 일어나니 그 사이에 어찌 마음을 고요히 하여 정돈하지 않을 수 있겠는가! 과거의 허물을 반성하기도 하고, 혹은 새로이 깨달은 것을 실마리 삼아 차례차례 조리(條理)를 세워 분명하게 이해해야 한다. 이미 근본이 세워졌으면 새벽 일찍 일어나 세수하고 머리를 빗고 의관(衣冠)을 갖추고 단정하게 앉아서 안색을 가다듬어야 한다. 마음을 모아서 솟아오르는 해처럼 밝게 하여 엄숙하고 가지런하게 하며, 마음을 비우고 밝으며 고요하고 한결같이 해야 한다. 이때 책을 펼쳐 성현을 대하게 되면 공자가 그 자리에 계시고 안자와 증자가 앞뒤에 서 있게 될 것이다. 성현의 말씀을 친밀하고 절실하게 경청하며, 제자들이 묻고 변론한 것을 거듭 참고하여 바로잡아야 한다. 일이 생겨 대응할 때는 행동으로 증험하고, 천명(天命)은 밝게 빛나니 항상 여기에 눈을 두어야 한다. 일이 끝난 다음에는 곧 예전의 나로 돌아가 마음을 고요히 하고 정신을 모으고 잡념을 버려야 한다. 움직임과 고요함이 돌고 도는 것을 마음만은 볼 수 있으니, 고요할 때는 보존하고 움직일 때는 관찰하되 마음이 두 갈래 세 갈래로 흩어져서는 안 된다. 글을 읽고 남는 시간에는 틈틈이 쉬면서 정신을 가다듬고 본성(本性)과 심정(心情)을 길러야 한다. 날이 저물면 사람은 권태로워져서 기운이 혼탁해지기 쉬우니 몸과 마음을 가지런하고 엄숙하게 해서 정신을 밝게 일으켜 세워야 한다. 밤이 깊어서 잠잘 때에는 손발을 가지런히 모으고 잡스러운 생각을 일으키지 말며 심신(心神, 마음과 정신)이 편히 쉬게 해야 한다. 이렇듯 밤의 기운을 잘 기르면 올곧은 마음이 본래의 상태로 돌아가게 된다. 항상 이것을 마음에 두고 새겨서 밤낮으로 부지런히 힘써야 한다.

「성학십도」〈숙흥야매잠도〉

율곡은 이 글이 학문하는 사람이 매일매일을 근독하는 자세로 살아가는 데 반드시 지켜야 할 구체적인 지침을 주고 있다고 평가했다.

닭이 울어 잠에서 깨면 마음을 고요히 하여 정돈하고 마음을 모아서 솟아오르는 해처럼 밝게 하라는 것은 해가 돋기 전에 일찍 일어나라는 의미이다. 성현의 말씀을 친밀하고 절실하게 경청하며, 제자들이 묻고 변론한 것을 거듭 참고하라는 것은 단정한 자세로 공부에 임하라고 권하는 것이다. 일을 할 때는 하늘의 큰 뜻을 파악해야 하며, 일이 끝나면 미련을 두지 말고 마음이 다른 여러 가지 일에 현혹되지 않도록 조심해야 한다. 남는 시간에는 부지런히 감정과 본성을 기르고, 날이 어두워져도 몸과 마음이 흐트러지지 않도록 조심한다. 이렇게 밤의 기운을 함양하여 근본을 회복하기 위해서는 잠자리에 늦게 들어야 한다. 이런 생활을 매일 밤낮으로 힘써 행할 때 비로소 근독하는 삶의 기본을 세웠다고 할 수 있다.

율곡이 말하는 '학문과 삶의 길'은 현대인들이 실천하기에는 지나치게 어렵고 힘든 과제라고 생각할 수도 있다. 여기에서 율곡이 평생 걸어간 그 길이 현대인들이 추구해야 할 유일하게 올바른 길이라고 말할 생각은 없다. 다만 학문과 삶을 향한 율곡의 진지함을 깊이 살핀다면 누구라도 큰 허물없이 당당하게 삶을 살아갈 수 있다는 사실만은 잊지 말자.

군위근독
君 爲 謹 獨

【 리더로서 근독의 본보기가 되어라 】

사람의 마음은 보이지 않지만 마음에서 파생된 말과 행동은 밖으로 드러나 다른 사람들에게 영향을 미치고 평가를 받는다. 특히 리더는 그 모습이 더욱 잘 드러나기 때문에 말과 행동을 각별히 조심해야 한다. 주변에 사람들이 있을 때뿐만 아니라 홀로 있을 때도 수천 명의 사람들이 나를 보고 있다는 생각으로 근독하는 자세를 늘 유지하지 않으면 흐트러진 모습을 뜻하지 않게 남에게 보일 수도 있다. 그러면 한 번의 실수로 신뢰를 잃고 그동안 공들여 쌓아 온 탑이 무너지게 된다. 따라서 리더는 홀로 있을 때 더욱 스스로를 경계하는 삶을 살아야 한다.

율곡이 살았던 시대에는 왕이 잘못을 하면 비록 그 사실을 백성들이 모를지라도 하늘이 노한다는 믿음이 강했다. 그러므로 왕은 늘 하늘과 민심을 두려워하고 신하들도 스스로 경계하는 삶을 살아야 한다고 생각했다.

이와 같은 하늘의 힘과 왕의 자세를 가장 잘 드러낸 글이 바로 율곡의 〈천도책〉이다. 이는 원래 율곡이 네 번째 과거시험을 치를 때 제출한 답문이다. 이 별시해의 책문(策問)에는 과거와 달리 무척 난해한 철학적 질문이 제시되었다.

> 천도(天道)는 알기도 어렵고 말하기도 어렵다. 해와 달이 하늘에 달려 하루 낮 하룻밤을 운행하는데 더디고 빠름은 누가 그렇게 시키는 것인가. 또한 해와 달이 한꺼번에 나와서 일식과 월식이 일어나는 것은 왜 그러한가. [중략] 어떻게 하면 일식과 월식이 일어나지 않고, 성신(星辰)이 궤도를 잃지 않으며, 우레에서 벼락이 치지 않고, 서리가 여름에 내리지 않으며, 눈과 우박이 재앙을 일으키지 않고, 태풍과 장맛비의 피해 없이 각각 그 순서를 따라 마침내 하늘과 땅이 제자리에 바로 서고 만물이 잘 자라나게 되는가. 이와 같은 도리는 어디로부터 비롯되는가. 여러 유생들은 널리 경사(經史)에 통달했으니 반드시 이것을 말할 수 있을 것이다.

천지자연의 법칙과 질서를 묻는 이 책문은 얼핏 생각하면 황당할 정도로 형이상학적이다. 왜 이런 시험 문제가 출제되었을까?

잘 알다시피 조선은 농업을 근간으로 한 농본 사회였다. 농본 사회의 정치와 다스림은 천지자연의 질서와 밀접하게 관련되어 있다. 따라서 계절과 기후의 변화, 비·바람·서리·우박 등의 자연 현상이 4계절·12개월·24절기의 순리와 이치에 따라 얼마나 잘 운행되느냐에 따라 정치와 민생이 안정되기도 하고 혼란에 빠지기도 한다. 이러한 천지자연의 현상과 변화는 누가 주재하는가? 그것은 하늘(天)이다. 이 관점에서 모든 자연 현상은 물론이고 세상사의 질서와 혼란, 인간사의 편안함과 위태로움, 국가의 흥

망성쇠, 개인의 재앙과 행복이 다 하늘에 의해 좌우된다. 그런데 유학에서는 천명사상(天命思想)*에 의거해 하늘의 인격신이 곧 절대 군주(임금)가 된다. 여기에서 하늘과 인간(임금)을 동일시하는 사상(天子)이 성립된다. 그래서 당시 사람들은 만약 하늘을 대신해 인간 사회를 다스리는 임금이 잘못이나 죄악을 범하면 하늘이 자연재해나 천재지변을 통해 경고하거나 벌을 내린다고 생각했다. 공자가 쓴 역사서인 『춘추(春秋)』나 『조선왕조실록(朝鮮王朝實錄)』에 자연재해나 천재지변의 기록이 자주 등장하는 까닭도 바로 여기에 있다.**

결국 "하늘과 땅이 제자리에 바로 서고 만물이 잘 자라나게 하려면 그 도는 어디에서 오는가"라는 별시해의 시험 문제는 '하늘을 대신해 자연과 인간 사회를 주관하는 임금이 그 정치 질서를 바로 세울 수 있는 방법은 무엇인가?'를 묻는 것이었다. 하늘의 질서와 작용을 묻는 천문학적 질문인 것처럼 보이지만 그 실질을 살펴보면 인간 사회의 질서와 작용을 묻는 인문학적 질문을 한 것이다.

그러나 이 책문에는 천지자연이 변화를 일으키는 현상과 철학적 문제가 혼재되어 있는 데다가 그것을 유학의 경사(經史)에 비추어 답하라고 했기 때문에 학문이 깊지 않으면 결코 질문의 요체를 이해할 수도 제대로 답변할 수도 없는 난제 중의 난제였다.

율곡은 '천도(天道)'를 묻는 책문의 의도를 정확하게 파악하고 있었다. 퇴계로부터 격려 편지를 받은 다음부터 마음을 가다듬고 더욱 배움에 뜻

---

* 하늘은 항상 덕이 있는 사람을 천자로 삼아 만민을 다스리게 한다는 사상이다. 중국의 유교적인 정치·윤리 사상의 하나로, 천자가 덕을 잃으면 하늘이 다른 유덕자에게 명령을 내려 새로운 왕조가 시작된다고 믿는 것이다.
** 최인호, 『유림』(5권), 열림원, 2006.

을 두고 정진한 덕분에 학문이 일취월장한 덕도 있었을 것이다. 이 〈천도책〉의 전체 내용은 『율곡전서』에 고스란히 남아 전해 오고 있는데, 그 핵심을 간추려 소개하면 이렇다.

만약 음과 양의 두 기운이 조화를 이루지 못하면 일월(日月)의 운행이 그 방향을 잃고, 그 드러남이 제때를 잃어서 바람과 구름, 우레와 번개가 모두 어그러진 기운에서 나오게 됩니다. 이것은 모두 천지자연의 이치가 어긋나 생기는 변괴입니다. 그러나 사람은 곧 천지의 마음이니, 사람의 마음이 올바르면 천지의 마음도 올바르고 사람의 기운이 순하면 천지의 기운도 순하게 되는 것입니다. 따라서 이치의 올바름과 이치의 변괴가 어찌 한결같이 하늘의 도 탓이라고만 할 수 있겠습니까. [중략] 집사(執事)께서 편말(篇末)에 또한 "하늘과 땅이 제자리에 바로 서고, 만물이 잘 자라나게 되는 것은 그 도리가 어디로부터 비롯되는가" 하고 물으셨는데, 저는 이 말씀에 깊이 느낀 것이 있습니다. 저는 '임금이 자신의 마음을 바로 해서 조정을 바로잡고, 조정을 바로 해서 천하를 바로잡고, 천하를 바로잡으면 천지(天地)의 기운도 바르게 된다'고 들었습니다. 또한 '마음이 화평하면 형체가 화평하고, 형체가 화평하면 기운도 화평하고, 기운이 화평하면 천지 또한 호응하여 화평해진다'고 들었습니다. 천지의 기운이 이미 바르다면 어찌 해와 달이 어두워지고 어찌 별들이 길을 잃는 일이 생기겠습니까. 천지의 기운이 이미 화평하다면 우레와 번개, 벼락이 어찌 위엄을 부리고 바람과 구름, 서리와 눈이 어찌 제때를 잃고, 흙비와 축축하고 음산한 기운이 어찌 재앙을 일으키겠습니까. 하늘은 비와 햇볕과 추위와 바람으로 모든 사물을 생성하고, 임금은 공경함과 슬기로움과 계획과 성스러움으로써 위로 하늘의 도에 호응하는 것입니다. 그래서 하늘이 제때에 맞춰 비를 내리는 것은 바로 임금의 공경함과 같고, 하늘이 제때에 맞춰 햇볕을 비추는 것은 임금의 다스림과 같고, 하늘이 제때에 맞춰 따사로운 것은 임금의 슬기로움과 같고, 하늘이 제때에 맞춰 춥게 하는 것은 임금의 계획함에 응하는 징조이며, 하늘이 제때에 맞춰 바람이 불게 하는 것은 임금의 성스러움이라고 할 수 있습니다. 이와 같이 살펴보자면 천지가 제자리를 지키고 만물이 생장하는 것은 오로지 임금 한 분의 수덕(修德)에 달려 있는 것이 아니겠습니까. 아아! 오늘날 조선의 모든 사물이 잘 자라나는 것이 어찌 임금님의 근독에 달려 있다고 아니하겠습니까.

『율곡전서』〈천도책〉

　　율곡의 답안지는 시험 출제관들의 마음을 단번에 사로잡았다. 천지가 올바르게 서고 만물이 잘 자라나는 도리는 바로 다스림의 질서 곧 임금의 정치가 올바르게 서는 것이라는 율곡의 답변은 하늘의 도를 묻는 책문의 핵심을 정확하게 짚고 있었기 때문이다. 특히 "임금이 자신의 마음을 바로 해서 조정을 바로잡고, 조정을 바로 해서 천하를 바로잡고, 천하를 바로잡으면 천지의 기운도 바르게 된다"는 구절은 명답 중의 명답이었다. 당시 시험을 관장하던 정사룡(鄭士龍)과 양응정(楊應鼎) 등 여러 관료들은 율곡의 책문을 보고서, "우리들은 며칠이 지나도록 생각에 생각을 거듭해서 겨우 이렇게 쓸 수 있었다. 그런데 이모(李謀, 율곡)는 짧은 시간 동안에 쓴 대책이 이와 같다. 참으로 천재로구나"라며 감탄을 금치 못했다고 한다.

원칙 있는 포용 정신을 지녀라

동서 분당(分黨)을 전후한 시기, 율곡은 조정과 사림을 이끄는 리더 중의 리더였다. 따라서 율곡의 말 한마디 혹은 행동 하나가 조정과 사림에 끼치는 영향력과 파급 효과가 엄청났다. 율곡은 자신을 둘러싼 이러한 정치 상황을 누구보다 잘 이해하고 있었기 때문에 개인적인 친분과 당파의 이해관계를 뛰어넘어서 항상 동서화합을 부르짖었다.

그러나 율곡의 이러한 진심과 노력은 통하지 않은 때가 더 많았다. 특히 동인들 중에서도 속된 선비나, 동인에 합세해 권세를 잡으려는 벼슬아치들은 어떻게든 구실을 만들어 율곡을 탄핵하려고 했다. 그 대표적인 사례가 백인걸(白仁傑) 상소 사건이다.

율곡이 44세 되던 1579년(선조 12년) 7월, 백인걸은 동서 분당의 폐단을 지적하고 군비 확장을 강조하는 장문의 상소문을 임금에게 올렸다. 조광조의 제자였던 백인걸은 당시 조정과 사림으로부터 존경받는 원로대신 중의 한 사람이었다. 백인걸은 동서화합의 계책을 말하려고 했으나 자신의 글재주로는 그 뜻이 잘 전달되지 못할 것 같아 율곡에게 상소문을 다듬고 고쳐 달라고 부탁했다. 이때 율곡은 비록 노쇠했지만 나라와 사림의 미래를 걱정하는 백인걸의 정성을 차마 외면할 수 없어서 글을 지어 보냈다. 백인걸은 특히 자신의 상소문 중 동인과 서인을 논한 항목에서 율곡의 글을 상당히 많이 인용했다. 더욱이 백인걸은 강직하고 소탈한 성격이어서 율곡의 글을 빌렸다는 사실을 감추지 않았다. 그래서 동인에 속한 허엽(許曄)과 이문형(李文馨)이 백인걸에게 "동서를 논한 한 항목은 어째서 이이의 상소와 뜻이 같습니까?"라고 묻자 스스럼없이 "이 의론은 이이의 손에서 나온 것이오"라고 솔직하게 대답했다.

얼마 후 백인걸의 상소문 중 '동인과 서인에 관한 의론'이 율곡의 손에서 나왔다는 사실을 안 동인의 일부 속된 선비들이 들고 일어나 율곡을 탄핵하기 시작했다. 원로대신을 배후에서 부추겨 은밀하게 자신의 뜻을 내세우는 것은 임금을 속이는 간사한 속임수이므로 처벌해야 한다는 주장이었다. 율곡을 탄핵해 서인이 정치적으로 기운을 펼 수 없도록 억누르기 위해서였다. 더욱이 동인에게 합세해 율곡을 탄핵하면 좋은 벼슬자리를 얻을 수 있다고 생각한 무리들까지 나서서 율곡을 공격했다.

『경연일기』에는 당시의 상황이 이렇게 기록되어 있다.

이때 동인 중에 험악하고 경솔한 자들이 기필코 이이를 해치려고 하여 괴이한 논의가 백방에서 나왔으나, 박순·노수신(盧守愼)·김우옹이 정색하며 억제하여 감히 해치지 못했다.

『경연일기』 선조 12년(1579) 7월

이 사건 이후 정철 등은 동인 세력 전체를 소인배로 폄하하면서 배척하려고 했다. 그는 "지금부터 동인은 선비가 아니다"라는 극언까지 서슴지 않았다. 하지만 율곡은 이러한 상황에서도 자신에 대한 동인 일부 세력의 공격이나 탄핵의 결과보다는 이로 인해 조정과 사림의 의론이 분열되어서 인재가 망가지고 국력이 쇠퇴하여 장차 큰 재앙이 일어나는 실마리가 되지나 않을까 노심초사했다. 따라서 자기변명이나 동인 세력의 잘잘못을 가리기보다는 큰 틀 안에서 동인과 서인이 서로의 존재를 인정하고 공론(公論)을 통한 화합정치를 모색하는 것이 가장 바람직하다고 생각했다. 나라와 사림의 미래를 위해서라면 자신을 공격한 동인의 선비들조차 기꺼이 포용하려고 한 것이다.

단, 율곡은 동인과 서인에 합세해 권세나 잡으려는 속된 선비들은 포용의 대상이 아니라 배척의 대상이 되어야 한다고 여겼다. 자신과 다른 정치 세력의 존재를 인정하고 포용하되, 개인의 권세와 이익만을 좇는 무리들까지 껴안는다면 이들 때문에 동인과 서인의 다툼이 더욱 격렬해질 것이라고 여겼기 때문이다. 이런 점에서 율곡은 원칙 있는 포용 정신을 강조했다. 여기에서 원칙이란 '도학(성리학)의 길'이라고 할 수 있다. 즉 도학의 길을 함께 걸을 수 있는 사람이라면 비록 정치적 반대파나 경쟁자라도 기꺼이 포용해 함께 해야 한다는 것이 율곡의 주장이었다.

이런 시각에서 본다면 사간원과 사헌부의 언관들이 앞장서서 율곡을 탄핵할 때, 동인에 속한 유성룡(柳成龍), 이발, 김우옹의 행동은 율곡과 뜻이 같았다고 할 수 있다. 유성룡과 이발은 율곡을 탄핵하려는 언관들을 힘써 말렸고, 김우옹은 "사헌부에서 만약 율곡을 탄핵한다면 내가 단독으로 나서서 어진 사람을 배척한 죄를 논하고, 나 역시 물러나겠다"고 말했다. 어질고 현명해 나라의 인재가 될 만한 사람이라면 동인과 서인을 떠나서 마땅히 포용해 함께 가야함을 몸소 보여 준 것이다.

리더는 자신을 따르는 사람 못지않게 자신을 비판하거나 반대하는 무리와 마주쳐야 하는 운명 속에서 생활할 수밖에 없다. 이때 만약 리더가 자신을 따르는 사람만을 껴안고 그렇지 않은 사람은 배척한다면, 그의 주위에는 온통 아첨하는 무리들로 넘쳐나게 될 것이다. 반대로 주관이나 원칙도 없이 모든 사람을 껴안다 보면, 개인의 이익과 권세를 좇아 다툼과 분열을 조장하는 무리들까지 섞이게 되어 더욱 혼란스러워질 수도 있다. 따라서 리더는 이 둘을 모두 포용하되 누구라도 확실히 알 수 있도록 자신이 나아가고자 하는 방향과 뚜렷한 주관, 그리고 원칙을 마땅히 보여줄 수 있어야 한다. 그렇게 할 때야 비로소 리더의 주관과 나아가는 방향과 원칙에 동의하거나 협력하는 사람은 가까이 남게 되지만 그렇지 않은 사람은 멀어지게 될 것이다.

스스로를 살피고 또 살펴라

근독의 효과와 결과란, 공자의 말을 빌리자면 곧 극기복례(克己復禮)라고 할 수 있다. 자신의 욕망과 감정을 이겨내고 예(禮)로 돌아가는 삶이야말로 근독의 종착역이기 때문이다. 1575년(선조 8년) 10월의 어느 날 저녁 경연에서 율곡은 이 극기복례에 대해 선조에게 강의한 적이 있다. 『대학연의(大學衍義)』를 진강하다가 공자의 수제자인 안자의 극기복례라는 대목에 이르러서였다.

인간의 본성은 본래 선한 것이 천리(天理)이지만, 다만 사욕에 가려지기 때문에 천리가 회복되지 못합니다. 만약 사욕을 이겨내면 그 선한 본성은 온전하게 됩니다. 안자는 궁리함이 본래 밝아서 천리와 인욕이 흑백을 보는 것과 같이 분명했기 때문에, 극기복례에 종사해 털끝만큼도 분명하지 않은 것이 없었습니다. 그러나 요즘 사람들은 예전부터 궁리하는 공부도 없이 곧 극기만 하려 하므로 자신의 사욕을 오히려 천리라고 하는 우를 범하기도 합니다. 그러므로 격물치지로써 『대학』의 시초 공부를 삼은 것입니다. 예전에는 공부할 때 말이 많지 않고 극기복례를 바로 실천해 다만 이 네 글자만으로도 성인이 될 수 있었습니다. 그런데 지금은 말은 많은 반면 실제로 공력은 기울이지 않으므로 실효도 없는 것입니다.

「경연일기」 선조 8년(1575) 10월

율곡은 근독과 극기복례의 실효를 얻기 위해서는 무엇이 욕망이고 무엇이 선한 본성인지를 마치 흑백을 가리듯이 살피고 또 살펴야 한다는 뜻을 담아 강의했다. 그러면서 선조에게 살피고 또 살피는 2가지 방법을 제시했다. 그 하나는 격물치지, 즉 모든 사물의 이치를 살피고 또 살펴서 앎에 이르러야 비로소 인욕(人慾, 인간의 욕망)과 천리(天理, 인간의 선한 본성)를 분별할 수 있다는 것이고, 다른 하나는 인욕과 천리를 분별하는 공부를 할 때 말을 앞세우지 말고 곧바로 실천하라는 것이다.

그럼 율곡이 선조에게 곧바로 실천하라고 권한 극기복례란 구체적으로 무엇일까? 그에 대한 해답은 『격몽요결』에 있다.

선왕의 법도에 맞는 옷이 아니면 감히 입지 말고, 선왕의 법도에 맞는 말이 아니면 감히 말하지 말며, 선왕의 덕행이 아니면 감히 행하지 말라는 이 말은 마땅히 평생토록 명심해야 한다.

『격몽요결』〈지신〉

다시 말하자면, 예가 아니면 보지도 말고, 예가 아니면 듣지도 말고, 예가 아니면 말하지도 말고, 예가 아니면 행동하지도 않는 것이야말로 근독과 극기의 요점이라는 것이다. 무엇이 예이고 무엇이 예가 아닌지를 구별해 실천하려면, 인간의 선한 본성을 깊이 탐구하는 한편으로 스스로를 살피고 또 살펴서 행동해야만 한다. 그것은 율곡이 선조에게 올린 '군왕이 갖추어야 할 참다운 자질' 중 하나이기도 했다.

제 5 장

공부

工 夫

사이후이
死而後已

【 배우고 또 배워라 】

예로부터 우리나라는 학구열과 지식욕이 매우 높았다. 조선 시대부터 시작된 선비 사회가 그 발단이라면 발단일 수도 있겠지만, 무엇보다 학문을 통해서만이 부와 명예를 쌓을 수 있는 길이 열린다는 신념이 강한 까닭일 것이다. 하지만 이러한 믿음은 오직 결과론적인 오해에 불과하다. 실제 학문이란 벼슬에 오르기 위한 시험공부가 아니며, 부와 명예 역시 학문을 통해서보다 더 빨리 얻을 수 있는 길은 많다.

그럼 진정한 의미의 학문이란 무엇인가? 율곡은 학문이란 알고 행하는 것이라고 했다. 앎으로써 선한 것을 밝히고 행함으로써 자신을 참되게 하는 과정이라는 것이다.

사람이 세상을 살아가는데 배우지 않으면 올바른 사람이 될 수 없다. 그런데 이 학문이란 것이 별다른 것이 아니다.

이는 다만 아비 된 자는 그 아들을 사랑할 것, 자식 된 자는 부모에게 효도할 것, 신하 된 자는 임금에게 충성을 다할 것, 부부간에 분별이 있을 것, 형제간에 우애가 있을 것, 젊은 사람은 어른에게 공손할 것, 친구 사이에 믿음이 있을 것 등이다. 이런 일들을 날마다 행하는 행동 사이에서 모두 마땅한 것을 행해야 할 것이고, 공연히 마음을 현묘(玄妙)한 곳에 두어서 이상한 효과가 나타나기를 바라지 말아야 한다.

학문을 하지 않은 사람은 마음이 막히고 식견이 어둡게 마련이다. 따라서 사람은 반드시 글을 읽고 이치를 궁리해서 자신이 마땅히 가야 할 길을 밝혀야 한다. 그런 뒤에야 조예가 깊어지고 행동도 올바르게 된다. 그런데 지금 사람들은 학문이 날마다 행동하는 데에 있음을 알지 못하고 까마득히 높고 멀어서 보통 사람은 하지 못한다는 공연한 생각을 한다. 그래서 학문을 남에게 미루고 자신은 이로써 만족하니 어찌 슬픈 일이 아니겠는가?

『격몽요결』〈서문(序文)〉

율곡에게 학문이란 털끝만큼도 개인적인 뜻과 욕심으로 자신을 가리거나 얽매지 않고, 옛것을 익히고 실천할 수 있는 것을 돈독하게 하며, 이치를 분별하는 데 한치도 어긋남이 없고, 일 처리에도 지나치거나 부족함이 없으며, 새것을 익히고 예의를 숭상하여 사람의 도리를 다하는 법을 배우고 행하는 것이다. 결국 학문이란 사람이 사람답게 살기 위해 필요한 것을 알고 행한다는 지극히 단순한 필요조건이라 하겠다.

그런데 왜 항상 학문은 어렵게만 느껴지는 것일까. 이는 개인적인 욕심에 사로잡혀 학문의 진정한 의미를 잊었기 때문이다.

과거 공부를 하는 자들은 이것이 이루어질지 실패할지에 얽매어, 이에 따라 마음이 움직이기 때문에 항상 초조하고 조급해져 몸을 움직여 수고로운 일을 하는 것만 못한 상태가 된다.

『격몽요결』〈처세(處世)〉

학문을 하는 원래 이유가 사람답게 사는 법을 알고 깨달아 이를 실천하는 데 있음을 잊고 오직 눈에 보이는 목표만을 좇는다면, 가만히 앉아서 지식을 쌓는 것이 몸을 움직여 노동하는 것보다 더 힘들게 느껴질 것이다. 과거시험의 당락과 같은 결과에만 마음을 쓰면 평정심을 잃게 되어 스트레스를 받을 수밖에 없기 때문이다. 과거시험에도 합격하고 배운 것을 충실하게 실천도 한다면 문제될 것은 없지만, 대개는 급제를 하고 나면 그것으로 만족해 더 이상 학문을 지속하지 않는 것이 문제다. 그때부터는 학문보다 과거시험에 합격해 얻은 자리를 지키는 것을 더 중요하게 여긴다.

이렇게 보면 학문 역시 컴퓨터나 기계와 같이 이익을 얻기 위한 도구나 수단과 별반 다르지 않다. 이래서야 어떻게 학문을 하는 근본적인 이유가 사람답기 위해서 즉 '사람다움의 길'을 찾기 위해서라고 말할 수 있겠는가. 사람과 동물을 가르는 기준, 즉 사람다움이란 결국 예(禮)에 있다. 그렇다면 율곡에게 예란 무엇일까? 예는 인간의 도리를 배워서 깨닫고 실천하는 데서 나온다. 율곡은 배우고 깨닫고 실천하는 행위 전체를 학문이라고 여겼다. 이러한 학문의 진정한 뜻을 마음에 새기고 공부를 시작할 때에야 비로소 학문의 가치와 의미를 깨닫게 되고, 즐거움을 느끼게 되며, 사람이 가야 할 올바른 길을 찾게 된다는 것이 율곡의 주장이다.

부지런히 책을 읽으라

주자는 "학문을 하는 도리는 사물의 이치를 궁리하고 사색하는 일이 가장 앞자리에 있고 사물의 이치를 궁리하고 사색하는 일의 핵심은 독서가 맨 앞자리를 차지한다"고 했다. 율곡 역시 진리와 이치를 궁리하고 탐구하는 이 모든 일 가운데 독서보다 앞서는 것은 없다고 여겼다. 옛 성현들이 깨 달은 사물의 진리와 인간사의 이치가 바로 책 속에 담겨 있기 때문이다.

> 반드시 이치를 궁리하고 탐구하며 선을 밝힌 다음에야 마땅히 행해야 할 도리가 눈앞에 드러나 앞으로 나아갈 수 있다. 도리를 드러내는 데에는 이치를 헤아리는 것보다 우선하는 것이 없고, 이치를 헤아리는 데는 독서 보다 앞서는 것이 없다. 왜 그러한가? 옛 성현들이 마음을 쓴 자취와 본받 거나 경계해야 할 선과 악이 모두 책 속에 쓰여 있기 때문이다.
>
> 『격몽요결』〈독서(讀書)〉

오늘날 우리는 고전을 통해 성현들을 만난다. 그리고 책을 읽는 동안 저자가 어떻게 생겼으며 어떠한 인물이었을까 상상한다. 그러다보면 미 처 생각하지 못했거나 현시대에는 존재하지 않는 세계까지도 엿볼 수 있 게 된다. 새로운 세계를 만나는 것이다. 그래서 맹자나 중국의 대역사가 사마천(司馬遷) 역시 독서를 두고 "하루에 두 시간만이라도 다른 세계에 살아서 그날그날의 번뇌를 끊어 버릴 수 있다면, 그것은 말할 것도 없이 육체적 감옥에 갇혀 있는 사람들로부터 부러움을 살 만한 특권을 얻는 것 이다"라고 한 것이다.

독서는 여행과 조금도 다름이 없다. 이렇듯 옛 성현의 자취와 행적이 담긴 책을 살피지 않고 홀로 사물의 진리와 세상사의 이치를 밝히겠다는 것은, 방 안에 쌓아 둔 보물은 내팽개쳐 둔 채 온갖 고생을 하며 밖에서 보물을 찾아 헤매는 꼴이나 다름없다. 독서를 하지 않고서 큰 뜻을 이루고 큰 인물이 되겠다는 것 역시 이와 똑같다. 무엇보다 먼저 독서에 힘을 쏟아야 하고 또한 평생 부지런히 책을 읽어야 하는 까닭이 바로 여기에 있다.

율곡은 독서란 죽어야 비로소 멈출 수 있는 평생의 과업이요 의무라고 생각했다. 일하지 않으면 독서하고 독서하지 않으면 일하는 것, 그것이 바로 율곡이 생각한 선비의 삶이었다.

공부는 늦춰서도 안 되고 성급하게 해서도 안 되며 죽은 뒤에야 끝나는 것이다. 만약 공부의 효과를 빨리 얻으려고 한다면 이 또한 이익을 탐하는 마음이다. 공부는 늦추지도 않고, 서두르지도 않으면서, 평생 동안 꾸준히 해 나가야지 그렇게 하지 않고 탐욕을 부린다면 부모가 물려준 이 몸이 형벌을 받고 치욕을 당하게 만드는 것이다. 그러므로 사람의 아들이라고 할 수 없다.

「율곡전서」〈자경문〉

비장함마저 느껴지는 구절이다. 그만큼 율곡은 사람으로 태어났다면 공부와 독서를 떠나서는 살 수도 없고 존재의 가치를 찾을 수도 없다고 생각했다. 이는 맹자가 말한 것처럼 "학문은 곧 놓아 버린 마음을 찾는 것"으로 공부와 독서가 단지 지식을 쌓는 것이 아니라 인간으로서 살아가는 데 꼭 필요한 깨달음과 실천 방향을 제시해 주는 것이라 믿었기 때문이다. 공부와 독서를 하지 않으면 사람으로서의 도리를 알 수가 없고 도리를 알지 못하면 행동하지 못하니 결국 사람다운 사람이 되지 못한다는 것이다.

공부가 필요한 기간은 성장판이 자라는 기간처럼 정해져 있지도 않고, 하루아침에 공부의 결과가 나타나지도 않는다. 결국 어려서 말을 배우고 지식을 쌓기 시작할 때부터 꾸준히 죽을 때까지 책을 읽으며 성심을 다하는 수밖에 없다.

이는 현재 자신이 처한 상황과도 별반 상관이 없다. 집안이 가난해도 공부를 피할 수는 없다. 부자 역시 이미 부자임을 믿고 공부를 게을리해서는 안 된다. 비록 가난해도 부지런히 공부하면 몸을 일으킬 수 있고, 부자라도 공부하지 않으면 앞날을 장담할 수 없기 때문이다. 공부란 자기 몸을 빛내는 세상에서 가장 귀중하고 효과적인 방법이다. 배우면 군자가 되고 배우지 않으면 소인이 되니 공부에 힘을 쓰는 일은 당연하지 않겠는가. 그러니 평생 책을 읽는 일이 매일 밥 먹고 세수하는 일만큼 중요할 수밖에 없다.

배운 것은 쓸모 있게 활용하라

독서하는 까닭은 다른 것에 있지 않다. 사물의 진리와 세상의 이치를 밝혀 장차 온갖 일에 적용하기 위해서다. 그런 맥락에서 보면 독서란 '앎'과 '실천'이 결합된 말이라고 볼 수 있다. 공자가 『논어』에서 언급한 학이시습지(學而時習之, 배우고 때로 익힌다)의 의미가 바로 그것이다. 부모에게 효도하고 형제간에 우애하는 사람이 있다고 하자. 이것은 과연 앎인가 실천인가? 또 누군가 궁리하고 사색하며 글을 읽는다고 하자. 이것은 앎인가 실천인가? 여기서 효도하고 우애하는 것은 몸이 실천하는 것이고, 궁리하고 사색하며 글을 읽는 것은 마음이 실천하는 것이라 할 수 있다. 이렇듯 독서는 몸으로 배우는 것도 있고 마음으로 배우는 것도 있다. 따라서 독서는 어떤 면에서 모두 실천이다.

인생을 여행에 비유하면, 독서는 여행에 앞서 지도를 살펴보는 것과 같고 실천은 말과 수레를 준비해 실제 여행을 떠나는 것과 같다. 그런데 말과 수레는 내버려 둔 채 지도와 안내서만 본다면 아무리 계획을 잘 세워도 그 여행은 끝내 성공할 수 없다. 이처럼 앎을 실천하지 않는다면 독서가 무슨 의미가 있겠는가.

율곡 역시 사물의 진리와 세상의 이치를 아는 방법이 오직 책 속에만 있다고 믿는 앞뒤 꽉 막힌 어리석은 선비는 아니었다. 그래서 『성학집요』에서 진리를 탐구하는 데는 수많은 실마리가 있다면서, 책을 읽어서 깨닫기도 하고, 과거나 현재의 인물을 논하면서 잘잘못을 갈릴 수도 있고, 사물에 직접 대응하고 접촉하여 옳고 그름을 판단하는 것 모두가 진리를 탐구하는 방법에 해당한다고 말했다. 특히 그는 실사구시 정신을 중요시해 현실에 맞는 실천이 중요하다고 믿었다. 그래서 책 속에 파묻혀 세상물정이라곤 도대체 모르는 서생(書生)의 삶과 사고방식에 매우 비판적이었다. 독서란 자기 삶과 행동의 나침반이어야지 책을 위한 책 읽기가 되어서는 안 된다. 흔히 책 읽기를 좋아하는 독서광은 많이 읽고 널리 읽는 것에만 욕심을 내어서 자칫 독서의 방향과 목표가 무엇인지도 잃어버리는 우를 범하기 쉽다. 이러한 일을 경계하기 위해 율곡은 〈자경문〉과 『격몽요결』에 다음과 같은 글귀를 남겨놓았다.

글을 읽는 까닭은 옳고 그름을 분별해서 일을 행할 때 적용하기 위한 것이다. 만약 일을 살피지 아니하고 오롯이 앉아서 책만 읽는다면, 그것은 아무런 쓸모도 없는 배움에 지나지 않는다.

『율곡전서』〈자경문〉

독서할 때는 글의 의미와 뜻을 깊이 터득하고 글 구절마다 반드시 자기가 실천할 방법을 구한다. 이렇게 하지 않고 입으로만 글을 읽을 뿐 마음으로 본받지 않고 몸으로 행하지 않는다면 책은 책대로 있고 나는 나대로 있을 뿐이니 무슨 이익이 있겠는가?

『격몽요결』〈독서〉

등불이 비록 밝다고 할지라도 사물을 정확하게 비출 수 없다면 무슨 소용이 있겠는가. 마찬가지로 아무리 많은 지식을 가졌다 해도 이를 몸으로 실천하지 않으면 아무 의미가 없다. 실제 생활에서도 역시 마찬가지다. 예를 들어 법전을 두루 섭렵했거나 뛰어난 의술을 익힌 사람이라 해도 세상에 나아가 그 실력과 뜻을 펼치지 않으면 아무 소용이 없는 것이다.

특히 율곡은 실용주의를 폄하하는 선비들의 공부 방식을 매우 싫어했다. 공자와 맹자의 사상을 잘 알고 과거에도 합격해 벼슬길에 나아갔다 해도, 정작 그렇게 부르짖던 인의(仁義)와 덕치(德治)의 실질적인 방법을 찾지 않는다면 그 역시 아무 쓸모없는 지식인이라 할 것이다.

율곡은 남명 조식조차도 치도(治道)와 안민책(安民策)을 생산하는 능력은 매우 낮다고 평가했다. 그래서인지 퇴계와는 다르게 남명에게 가르침을 받거나 교류를 하지는 않았다. 다만 남명의 생활을 본받고자 했던 흔적만이 앞에서 소개한 선조와 김우옹의 대화 이외에도 『경연일기』 이곳저곳에 등장하고 있다. 율곡은 조식을 "세상을 피해 홀로 서서 뜻과 행실이 높고 깨끗했으니, 진실로 산림처사(山林處士)라 할 만하다"라고 높여 칭찬하면서도, "그의 논저를 보면 학문에서 실제로 체득한 자기 견해가 뚜렷하지 않고 상소한 내용을 살펴보아도 역시 세상을 다스리고 백성을 구제할 방책은 못되었다. 비록 그가 세상에 나와 일을 했다고 하더라도 반드시 다스림의 도리를 깨우쳤다고 볼 수는 없었다. 그의 문인들이 그를 추앙하여 도학군자라고 하는 것은 진실로 지나친 말이다"고 평가하면서 올곧은 생활 자세만으로 공부가 완성되는 것은 아님을 강조했다.

독재법도
讀在法度

【 독서의 법도를 익혀라 】

공부와 독서를 잘하는 비법은 부지런히 하는 것도 중요하지만 더 중요한 것은 꾸준하게 지속하는 것이다. 율곡은 책의 내용은 반드시 익히려고 해야지 슬쩍 지나치듯 해서는 안 된다고 여겼다. 읽고 생각하며 생각하고 글을 짓는다. 이 모든 일은 부지런히 또 꾸준히 하는 것이 핵심이다. 이중 어느 것 하나도 소홀히 해서는 안 된다.

이렇게 독서하는 방법을 익히면 읽은 것을 활용하는 데 방도가 생기고 학문으로 나아가는 첫 단계부터 시간과 정력을 헛되이 낭비하지 않을 수 있다. 또한 일에도 근거가 있고 행동에도 원칙과 기준이 생긴다. 독서 방법이 바로 서지 않으면 평생 공부와 독서만 해도 학문의 크고 중요한 근본에 다가가지 못하고 세상 이치에 두루 통달할 수 없다.

『중용(中庸)』에 보면 독서를 하는 5가지 방법이 나온다. 박학(博學), 심문(審問), 신사(愼思), 명변(明辯), 독행(篤行)이 그것이다.

'박학'은 두루 혹은 널리 배운다는 의미이고, '심문'은 자세히 묻는다는 것이다. 또한 '신사'는 신중하게 생각한다는 것을, '명변'은 명확하게 분별한다는 것을, 그리고 '독행'은 진실한 마음으로 성실하게 실천한다는 것을 의미한다. 즉 가만히 앉아 글자만 읽거나 그 안에 담긴 지식만을 추구하는 것이 아니라, 읽고 생각하고 판단하여 실천하는 것 모두가 독서에 해당한다. 그래서 율곡은 독서를 할 때는 경건한 마음과 바른 자세를 가져야 하며 동시에 깊이 생각하며 읽을 것을 주문했다.

> 글을 읽는 자는 반드시 단정하게 손을 마주 잡고 반듯하게 앉아서 공손히 책을 펴놓는다. 마음을 하나로 집중하고 뜻을 모아 정밀하게 생각하고 오래 읽어 그 행할 일을 깊이 생각해야 한다.
>
> 『격몽요결』〈독서〉

오늘날 독서하는 사람은 두루 널리 배우는 '박학'에만 집착할 뿐 '심문'을 비롯한 4가지 방법에는 관심을 두지 않는다. 특히 인터넷의 발달로 필요한 정보를 대부분 손쉽게 얻을 수 있기 때문에 시험과 같은 특별한 일이 없으면 '박학'조차 잘 하려고 들지 않는다. 그러다 보니 책을 읽고도 무엇을 읽었는지 기억하지 못하는 경우가 다반사다. 이는 진심으로 책을 대하지 않기 때문이다.

이수광(李睟光)은 『지봉유설(芝峰類說)』에서 글을 읽을 때는 세 가지가 그곳에 머물러야 하는데, 우선 마음이 머물러야 하고 눈이 머물러야 하며 입이 머물러야 한다고 했다. 마음이 그곳에 머무르지 않으면 눈이 자세히 보지 않게 된다. 마음과 눈이 한곳에 머무르지 못하면 다만 제멋대로 외우고 헛되이 읽을 뿐이다. 이래서는 결코 책의 내용을 기억할 수 없고, 설령 기억한다고 해도 오래가지 못한다.

산길은 얼마간이라도 이용하지 않으면 잡초로 가득 차버린다. 어찌 산길만 그렇겠는가? 학문을 하는 사람은 독서를 할 때 생각을 하지 않을 수 없다. 생각을 하면 얻고 생각을 하지 않으면 얻지 못하기 때문이다. 또한 생각이 있다면 기록하지 않을 수 없다. 기록을 하면 남고 기록하지 않으면 사라진다. 그러므로 생각하고 기록하고 다시 생각하고 해석하면 앎과 깨달음이 더욱 자라나서 말과 행동이 두루 통하게 된다. 만약 그렇게 하지 못하면 앎과 깨달음은 금세 흔적도 없이 사라지고 만다.

독서를 할 때는 마치 보물을 발견했는데 혹시 다른 이가 먼저 달려가 그 보물을 차지하지는 않을까 하는 마음으로 책을 대해야 한다. 바로 앞에 있는 보물을 놓친다고 생각하면 얼마나 조바심이 나겠는가. 독서할 때는 그처럼 지식을 열렬히 갈구하는 마음이 필요하다. 이렇게 얻은 보물을 그냥 주머니에 넣고 잊어버리는 사람은 없다. 보고 또 보아 그 모양을 머리에 새기고 햇빛에 비추어 보거나 이리저리 돌려 보며 다양한 아름다움을 찾으려고 한다. 책을 읽을 때도 이렇듯 여러 가지 다양한 호기심과 생각이 필요하다. 또한 독서를 하다가 의혹이 생기면 몹시 아픈 자식을 둔 부모가 의사를 대하듯 모르는 것이나 의혹이 생겨난 것을 부끄러워하거나 감추지 말고 그 답을 적극적으로 찾아야 한다. 그렇게 해야 책 속의 진리가 완전히 내 것이 될 수 있기 때문이다.

한 권의 책을 읽고 또 읽으라

빠르게 돌아가는 세상 속에서 사람들은 매일매일을 너무도 바쁘게 보내고 있다. 언제나 처리할 일들이 넘쳐나고, 하나라도 빠뜨리는 일은 쉽사리 용납되지 않는다. 그렇게 급한 일들만을 처리해도 늘 시간에 쫓기고 잠잘 시간을 쪼개 써야 한다. 하지만 그렇다고 해서 독서를 포기해서는 안 된다. 독서를 하지 않는 것은 정신을 굶기는 것과 같기 때문이다.

독서 시간이나 글 읽는 횟수를 정하고, 정해진 시간을 제멋대로 넘나들며 더 읽거나 덜 읽어서는 안 된다. 사정이 있다고 한두 번 빠뜨리다 보면 아무런 이유가 없는데도 게으름을 피우게 된다. 한 권의 책을 모두 읽을 만한 여유를 기다렸다가 책을 펼쳐든다면 평생토록 독서할 수 있는 날을 찾지 못할 것이다. 생계를 위해 바쁜 중에도 학문에 뜻을 두어 틈틈이 한 글자라도 읽어야 한다.

> 옛사람은 부모를 봉양하기 위하여 몸소 밭을 갈아 농사지은 사람도 있고 품팔이를 한 사람도 있다. 이런 일을 할 때 그 어려움이야 말할 수 없이 심했을 테니 어느 겨를에 글을 읽었겠는가? 오직 부모를 위해 수고로운 일을 하면서도 이를 괴롭게 여기지 않는 것만으로 이미 그는 자식 된 도리에 충실한 셈이다. 그런데 그런 틈틈이 학문을 해서 역시 올바른 덕에까지 나아간 것이다.
>
> 『격몽요결』〈처세〉

물론 독서하기에 특별한 좋은 때가 있기는 하다. 옛날에는 위나라 사람인 동우가 말한 삼여지설(三餘之說)이 일반적이었는데, 그는 "밤은 낮이 남겨 놓은 여분의 시간이다. 비오는 날은 맑은 날이 남겨 놓은 여분의 시간이다. 겨울은 한 해가 남겨 놓은 여분의 시간이다. 이러한 여분의 시간에는 사람들의 일이 다소간 한가로워져 마음을 하나로 집중해 독서할 수 있다"고 했다. 물론 이는 과거 농업 사회에 살던 사람들에게나 맞는 이야기다. 하지만 요즘에도 역시 낮이 남겨 놓은 밤 시간과 주 5일 근무제 덕분에 생겨난 주말 이틀의 시간 그리고 농한기보다는 짧지만 휴가가 있다. 마음과 정성만 있다면 얼마든지 책을 들 시간은 있다.

독서하는 데는 장소의 제한을 받지도 않는다. 송나라의 구양수(歐陽脩)는 삼상(三上)이 공부하기에 제일 좋은 곳이라고 했다. 이는 침대 위, 말 위, 화장실 위를 말한다. 즉 눕거나 말을 타고 길을 가거나 볼일을 볼 때조차도 글 읽기에 부족함이 없다는 것이다. 오늘날에는 마음만 먹으면 어디서든 책을 볼 수 있다. 밤이라 해도 언제나 환하게 불이 켜져 있고 책의 크기도 옛날보다 작고 얇을 뿐 아니라 전자책의 등장으로 휴대하기도 더 편리해졌다. 중요한 것은 독서의 환경이 아니라 책을 읽고자 하는 마음과 의지이다.

율곡은 평생을 자신의 말대로 '나랏일이 아니면 독서하고, 독서하지 않으면 나랏일을 하는 삶'을 살았다. 평생을 정사와 독서, 오로지 이 2가지를 위해 산 것이다. 그것이 바로 수신(修身)과 치국(治國)과 위민(爲民)의 유일한 길이라고 여겼기 때문이다.

앞에서 살펴본 것처럼, 율곡은 정계 은퇴를 만류하는 박순에게 책 한 권 제대로 읽을 수 없는 관직 생활을 한탄할 만큼 독서광이었다. 당시 조선의 지식인들 중에서 독서광의 순위를 매길 경우 둘째가라면 서러울 성혼조차도 감탄하고 부러워할 만큼 율곡의 독서욕은 강렬하고도 치열했다. 이러한 사실은 율곡의 일상생활을 가장 가까이에서 지켜본 성혼의 증언을 통해서 확인할 수 있다.

지난달 그믐에 율곡 마을에 있는 숙헌(叔獻, 율곡의 자[字])을 방문했다. 그는 책상 위에 『시전(詩傳)』* 국풍(國風)**을 펼쳐놓고 있었다. 내가 "금년에는 어느 정도 책을 읽었는가?" 하고 물었더니, 숙헌은 "올해에 『논어』, 『맹자』, 『대학』, 『중용』의 사서를 세 번씩 세 차례 읽었으니, 모두 계산하면 아홉 번이네. 이제 또다시 『시전』을 읽기 시작해서 왕풍(王風)***에 이르렀네"라고 대답했다. 이 말을 듣고 나서 나도 모르게 감탄하고 또 부러운 마음이 들었다. 나는 항상 한가할 뿐만 아니라 집을 수리하고, 집안을 다스리며, 손님을 맞이하느라 늘 바쁜 숙헌보다 훨씬 일이 적다. 그럼에도 불구하고 한 권의 책도 제대로 읽지 못하고 있다. 이처럼 생활하면서 도리에 대한 소견(所見)이 있기를 바란다면 뒷걸음치면서 앞으로 나아가기를 바라는 어리석음과 다를 바 없다. 비록 고질병 때문에 스스로 독서하지 못했다고 하더라도 진실로 지극한 마음으로 좋아한다면 이와 같지는 않을 것이다. 길게 탄식해보지만 후회가 밀려온다. 다만 앞으로 다소 오래 살아서 행여나 오늘의 뜻을 이룰 수 있기를 바랄 뿐이다.

성혼, 『우계집 속집』 〈잡기(雜記)〉

율곡은 한 권의 책을 반복해서 읽는 것이 중요하다고 했다. 읽고 또 읽어 완전히 내 것으로 만들지 않으면 읽지 않은 것과 다를 것이 없다고 생각했기 때문이다. 퇴계도 제자인 학봉 김성일(金誠一)에게 "오직 익숙해

---

* 『시경』의 내용을 알기 쉽게 풀이한 책이다.
** 『시경』 중에서 민요 부분을 통틀어 이르는 말로, 모두 135편이다.
*** 『시경』의 편명으로 주나라의 동쪽 도읍지인 낙읍(洛邑)의 기내 사방 6백 리의 땅에서 전해 오던 시가(詩歌)를 묶었다.

질 때까지 읽어야 한다. 대개 독서하는 사람은 비록 문장의 뜻을 이해하고 있더라도 그 문장에 익숙해 있지 않으면 읽은 후 즉시 잊어버린다. 그래서 마음에 간직할 수가 없다. 이미 공부한 것은 반드시 완전히 익숙해지도록 더욱 힘을 써야 한다. 그런 다음에야 마음속에 간직할 수가 있으며 흠뻑 젖어드는 묘미를 느낄 수 있다"라며 여러 번 읽기를 강조했다.

책을 지은 사람과 책을 산 사람, 그리고 책을 읽은 사람 중 누가 진짜 그 책의 주인일까? 답은 바로 시간이 나면 항상 책을 펼치고 또 중요하다 생각되면 반복해 읽어 완전히 이해한 사람일 것이다.

책장을 급하게 넘기지 말라

책을 읽을 때 가장 경계해야 할 일은 한 권의 책도 미처 모두 이해하지 못했는데 또 다른 책에 마음을 두는 것이다. 이는 특히 글 읽기를 좋아하는 사람에게서 많이 나타나는 폐단이다. 더 많이 넓게 읽고 싶은 욕심에 미처 그 책에서 말하고자 하는 내용의 실마리도 잡지 못한 채로 책장을 덮고 서둘러 다른 책을 집어 든다. 이런 까닭에 종일 부지런히 책상 앞에 앉아 읽었어도 마음이 급하고 항상 분주해 공부의 즐거움에 빠져들지 못한다. 이것은 게으름으로 인해 중도에 하던 일을 그만두는 경우와 다를 바 없다.

율곡의 독서 철학 역시 다독(多讀)과 속독(速讀)보다는 단 한 권의 책이라도 숙독(熟讀)하고 정독(精讀)하는 것에 더 가까웠다. 단 한 권의 책이라도 그 뜻을 제대로 깨우친다면 누가 강요하지 않아도 스스로 그 다음 또 그 다음 단계의 책을 찾아서 읽는 연쇄 효과가 나타난다고 생각했기 때문이다.

> 글을 읽을 때는 반드시 한 권의 책을 숙독하여 뜻을 모두 알아내고 꿰뚫
> 어 의심이 사라진 다음에야 다른 책으로 바꾸어 읽어야 한다. 많이 읽는
> 일에 힘써 바삐 책장을 넘겨서는 안 된다.
>
> 『격몽요결』〈독서〉

　과거에는 책의 종류가 많지 않고 구할 수 있는 책도 적었다. 따라서 중
요하다고 판단되는 필독서를 완전히 암기하고 내 것으로 만드는 것이 중
요했다. 하지만 하루에도 몇 백 권씩 새로운 책이 쏟아지는 오늘날에는
그것을 한 권 한 권 꼼꼼히 읽거나 여러 번 읽는 일이 불가능하다고 반박
하는 사람도 있다. 맞는 말이다. 그렇다고 무턱대고 많이 읽기만 해서도
결국 남는 것이 없어 어차피 읽지 않는 것과 다를 바가 없다. 중요한 것은
꼭 읽어야 할 책과 참고할 책, 그리고 읽지 않아도 되는 책을 잘 선별하는
것이다. 이때 도움이 되는 것이 바로 목차다. 목차에는 저자가 전달하고자
하는 책의 내용이 가장 간단하고 핵심적으로 정리되어 있다. 따라서 목차
를 보면 그 책이 내게 꼭 필요한 책인지, 필요한 부분만 찾아볼 것인지, 읽
지 않을 것인지를 판단할 수 있다. 만약 중요한 책으로 판단되면 그 책을
읽는 동안에는 다른 책에 대한 욕심을 버리고 집중해서 완전히 내 것으로
만들어야 한다.

　독서란 입신의 이치와 같다. 그 시작과 끝이 분명해야 하고 구차하게
끝맺어서는 안 된다. 지금 책상위에 몇 권의 책이 있다고 하자. 대충 훑어
보고 끝냈다면 금세 잊어버릴 것이고, 그것은 물건을 구경하는 재미에 정
신이 팔려 뜻과 눈만 해치는 것과 같다.

"빨리 이르려고 하면 이르지 못한다"는 공자의 말처럼 성급한 욕심을 버리고 마음을 한곳에 모아 글을 읽으면 진정한 독서의 즐거움에 이르게 될 것이다.

열심히 읽고 쓰고 생각하라

어떤 사람은 다섯 수레의 책을 입으로는 줄줄 외면서도 정작 그 뜻과 의미를 물으면 전혀 알지 못한다. 이것은 다름 아니라 독서를 하면서 생각하지 않았기 때문이다.

생각할 사(思)는 밭 전(田) 자 밑에 마음 심(心) 자를 붙인 것이다. 밭은 갈아서 다스린다는 뜻이다. 농부가 잡초를 없애 질 좋은 곡식을 거두는 것처럼 마음 밭을 잘 갈아 다스리면 이로부터 마음이 바르게 되고 뜻이 성실해져 사악한 잡념은 물러가고 하늘의 이치는 저절로 밝아진다.

유성룡, 『서애집(西厓集)』〈학이사위주(學以思爲主)〉

독서란 궁리(窮理), 곧 진리와 이치를 탐구하기 위한 기초다. 궁리란 다르게 표현하면 사색(思索), 곧 생각하는 것이다. 따라서 독서와 생각하기는 따로 떨어져 존재할 수 없다.

조선의 선비들은 문학과 역사와 철학(文史哲)을 두루 섭렵한 인문학자였다. 이때 가장 중요한 것은 독서와 사색과 글쓰기가 삼위일체를 이루어야 한다는 사실이다. 이렇게 되어야만 배움은 최고의 효과를 낼 수 있고, 또한 학문이 최고의 경지에 도달할 수 있다. 생각하지 않고 책을 읽는 것은 그저 글을 훑어 읽는 것에 지나지 않고, 독서하지 않고서 생각만 한다면 실체가 없는 잡념이나 망상에 그칠 뿐이다. 또한 독서와 사색이 없는 글쓰기는 화려하게 꾸민 말장난에 불과하다. 그릇에 물이 차면 넘치듯 독서와 사색이 자신을 가득 채우면 글이란 잘 쓰려고 하지 않아도 잘 쓰일 수밖에 없다. 따라서 글쓰기의 기본은 당연히 책 읽기와 생각하기가 된다. 그렇다면 독서하면서 생각하는, 혹은 생각하면서 독서하는 올바른 방법은 무엇일까?

율곡이 『성학집요』에서 밝힌 올바른 독서와 궁리의 방법은 이렇게 정리할 수 있다.

첫째, 책을 읽을 때는 반드시 의문을 가져야 한다. 처음 배우는 사람은 대개 책을 읽으면서도 의심할 줄 모른다. 왜 그런가? 많이 읽고 많이 얻는 것에만 힘을 쏟아서 한 권의 책을 정밀하게 이해할 틈도 없이 서둘러 대충대충 마구 읽은 다음 또 다른 책으로 넘어가기 때문이다. 이렇게 해서는 제아무리 많은 책을 읽는다고 해도 끝내 자신이 얻고자 하는 것을 얻지 못한다. 단 한권의 책을 읽더라도 의문을 갖고 또한 그것을 정확하고 자세하게 이해하고 터득하려는 태도가 필요하다.

둘째, 책 읽기와 생각하기 역시 일정한 과정과 법칙에 따라야 한다. 책을 처음 읽기 시작할 때는 잘 모르지만, 읽을수록 조금씩 의문이 일어나고 점차 마디마디 끊어져서 의문이 생겨난다. 이때는 이해할 수 있을 만큼만 읽고 자세하고 정밀하게 생각해야 한다. 또한 먼저 문장의 뜻을 정확하게 알아야 비로소 글의 의미를 이해할 수 있다. 이러한 고비를 통과하고 난 다음에야 점차로 의문이 풀리고 또한 여러 가지 이치에 두루 통하게 되어서 의문이 해소된다. 만약 의문을 해소하는 과정에서 부딪치는 어려움에 굴복해 책 읽기와 생각하기를 멈춘다면 아무것도 얻을 수 없다.

셋째, 단 한 구절을 읽더라도 장차 그것을 어디에 적용할 수 있을지 세심하게 관찰하고 헤아려야 한다. 책을 읽고 있을 때는 무언가 깨달은 듯싶지만 책을 덮고 나서는 읽기 전과 별반 달라진 것이 없는 까닭은 자신이 읽고 생각한 것을 장차 어디에 어떻게 이용할지 절실하게 성찰하지 않았기 때문이다. 수천수만 권의 책을 읽었어도 큰일이 닥쳤을 때 책을 읽지 않는 사람과 별반 다르게 행동하지 못하는 이유도 이 때문이다. 따라서 책을 읽고 생각하는 일이 책상 위의 잡념으로 그치지 않도록 항상 읽은 것의 쓰임새와 사용처를 헤아리고 살펴야 한다.

아울러 율곡은 독서와 궁리를 하는 데 다양한 길이 존재한다는 퇴계의 가르침을 평생토록 간직했다. 퇴계는 1558년(명종 13) 율곡에게 보낸 편지에서 지나치게 한 가지 방법에만 얽매이는 독서와 궁리의 폐단을 일깨우면서, 앎과 깨달음에 이르는 길은 여러 갈래여서 돌아서 갈 수도 있고 헤맬 수도 있고 쉬었다 갈 수도 있다고 전했다. 그것은 평생 독서와 궁리의 삶을 산 노스승의 지혜가 듬뿍 담긴 충고였다.

> 궁리의 방법은 여러 가지가 있으니, 한 가지 방법에만 얽매일 필요는 없소. 만약 한 가지 일을 깊게 궁리하다가 터득하지 못하여 곧바로 싫증과 권태를 느끼고 끝내 다시는 궁리하지 않는다면, 미적미적 세월을 보내면서 이치를 탐구하는 일을 피한다고 할 수 있지 않겠는가. 그렇지 않고 궁리하는 것이 때로 이리저리 엉키고 뒤섞여서 힘써 찾아도 그 핵심에 통할 수 없거나 혹은 자질이 어두워서 억지로 밝혀내기 어려울 때는 우선 그 일은 잠시 그냥 놓아두고 따로 다른 일을 궁리하는 것이 좋을 것이오. 이렇게 궁리에 궁리를 거듭해 나아가다 보면 자꾸 쌓이고 깊이 생각해서 자연히 마음이 점차로 밝아지고 의리의 실체도 차츰 눈앞에 나타나는 법

이오. 그때에 이르러서 다시 예전에 궁리하여 터득하지 못한 것을 끄집어내 이미 이해하고 터득한 이치와 함께 대조하여 살피면 자신도 모르는 사이에 전날 미처 궁리해내지 못했던 것까지도 일시에 드러나 밝혀져 깨닫게 되오. 이것이 곧 궁리의 활법(活法)이오. 그러나 궁리하다가 안 된다고 해서 평생 그것을 버려두라는 말은 아니오.

이황, 『퇴계전서』 〈이숙헌에게 답하다〉

사람의 자질과 능력은 천차만별이다. 그래서 율곡은 세상에는 "한 번만 생각하고도 곧바로 터득하는 사람이 있는가 하면, 정밀하게 생각하고 나서야 비로소 깨닫는 사람도 있고, 절실하게 생각하고서도 깨닫지 못하는 사람 또한 있다"고 했다. 이렇게 본다면 만병통치약처럼 모든 사람에게 똑같이 적용할 수 있는 올바른 독서와 궁리의 방법은 존재하지 않을지도 모른다. 그렇지만 '생각하면 얻고 생각하지 않으면 얻지 못한다'는 이치는 변하지 않는다. 다만 자신의 자질과 능력에 알맞은 독서와 궁리의 방법을 찾는 것까지도 독서의 과정으로 삼고, 열심히 읽고 쓰고 생각하는 일을 멈추지 않는 것이 중요하다.

순환숙독
循環熟讀

【 순서와 절차에 따라 독서하라 】

독서할 때 가장 우려할 일은 단계나 순서를 뛰어넘어 원하는 것을 빨리 성취하고자 하는 성급한 마음이다. 이는 사사로운 욕심이 독서하는 본뜻을 억눌러 생기는 폐단이다. 사사로운 욕심을 앞세워 독서의 목표를 성취한 사람은 일찍이 없었다.

율곡은 독서에는 마땅히 지켜야 할 순서와 절차가 있어야 한다고 생각했다. 순서와 절차에 따라 자세하게 읽는 것이 독서의 기본자세라는 것이다. 책을 읽을 때는 작은 것에서 큰 것으로, 낮은 것에서 높은 것으로, 가까운 곳에서 먼 곳으로 점차적으로 나아가야 한다. 작은 것에서부터 시작해야 비로소 큰 것을 깨달을 수 있고, 낮은 것에서부터 시작해야 높은 것을 이해할 수 있고, 가까운 곳을 꿰뚫어야 비로소 먼 곳을 미루어 짐작할 수 있기 때문이다. 물론 학문의 일정한 경지를 넘어서면 독서의 순서와 절차에 얽매이지 않고 학문의 경계를 넘나들어도 아무런 문제가 되지 않는다. 그러나 아직 학문의 틀이 잡히지도 않았는데 순서와 절차를 무시하고 제멋대로 독서를 하게 되면, 끝내 독서의 방향과 목표가 무엇인지 깨닫지 못할 수 있다. 따라서 학문이 일정한 수준에 도달하기 이전에는 반드시 순서와 절차에 따라 독서를 해야 한다.

율곡이 정리한 독서의 순서와 절차에 대해서는 『성학집요』와 『격몽요결』에 자세히 기록되어 있다.

가장 먼저 할 일은 자신이 뜻을 둔 학문의 규모와 범위를 개괄할 수 있는 독서 목록을 작성하는 것이다. 이것을 '기본 독서 목록'이라고 해두자. 율곡이 읽고자 한 기본도서는 오서(五書)와 오경(五經)으로, 모두 10여 종이다. 그것은 『소학(小學)』, 『대학(大學), 『대학혹문(大學或問)』, 『논어(論語)』, 『맹자(孟子)』, 『중용(中庸)』, 『시경(詩經)』, 『예경(禮經)』, 『서경(書經)』, 『역경(易經)』, 『춘추(春秋)』 등이다. 이 서적들이 어떤 내용을 담고 있고 또 율곡이 왜 이를 기본 도서로 삼았는지 살펴보자.

〈율곡의 기본 독서 목록〉

도서명	내용	선정 이유
『소학』	주자가 감수하고 제자인 유청지(劉淸之) 등이 편찬한 책. 학동(學童)들에게 유학에서 강조하는 일상생활의 도덕규범과 자기 수양을 위한 실천 지침을 가르치기 위한 교재로 활용.	사람이 행해야 할 근본 도리를 깨우치고 수기치인(修己治人)을 실천하기 위한 입문서이자 평생의 나침반으로 삼을 만한 책이다.

『대학』과 『대학혹문』	사서(四書)의 하나. 대인지학(大人之學. 어른의 학문), 제왕학의 필독서로 공자의 말을 제자 증자가 기술한 책. 유학의 기본 윤곽인 삼대 강령과 팔대 조목을 제시. 『대학혹문(大學或問)』은 주자가 『대학』을 묻고 답변하는 형식을 빌려서 자세하게 해설한 책.	『대학』은 증자가 옛사람들의 주된 학문 방법에 관한 공자의 말씀을 서술하고, 또 증자의 제자들이 이어받아 서술해 그 취지를 밝혔다. 그래서 앞뒤가 서로 연결되고, 체계가 모두 갖추어져 있다. 『대학』을 깊이 새겨 옛사람들이 학문을 하면서 추구했던 방향을 알고 나서 『논어』와 『맹자』를 읽으면 이해하기 쉽다.
『논어』	사서의 하나. 공자의 제자들이 공자가 죽은 후 스승의 평소 행동과 말을 정리하여 기록한 언행록.	어짊을 구하고 사람의 선한 본성을 갈고닦는 공부에 관해 하나하나 골똘하게 생각하고 깊이 체득할 수 있다.
『맹자』	사서의 하나. 맹자가 자신의 주장과 행동을 기술한 언행록. 주로 맹자가 제후(諸侯) 혹은 제자들과 대화하며 유가 사상을 펼친 내용으로 구성.	『맹자』를 읽어서 의로움과 이로움을 분명하게 가릴 줄 알고, 인간의 욕심을 막고 선한 본성을 보존하는 이론들에 관해 하나하나 밝혀서 살피고 확충해야 한다.
『중용』	사서의 하나. '중(中)'이란 어느 한쪽으로 치우치거나 기울지 않으며 지나치거나 모자람이 없는 것을, '용(庸)'이란 항상 존재하는 이치로 결코 바뀌지 않는 도리를 의미. '온 세상의 올바른 도리와 정해진 이치'를 밝혀 놓은 책.	『중용』을 읽어서 옛사람의 미묘한 뜻을 탐구해야 한다. 이렇게 힘써 쌓으면 자신도 알지 못하는 사이에 어느 한쪽으로 치우치지도 혹은 지나치거나 모자라지도 않은 상태에서 세상의 정해진 이치를 따라 다스림을 펼칠 수 있는 진정한 리더의 본령(本領)을 터득할 수 있다.
『시경』	오경(五經) 중 하나. 공자가 엮은 중국 고대의 시가집(詩歌集). 공자는 이 책에 수록되어 있는 시를 자신의 주장과 심정을 드러내는 의사소통 수단으로 삼음.	『시경』을 읽어서 사람이 본래 타고난 성정(性情)의 올바른 것과 그릇된 것, 선악의 높이 기려야 할 것과 경계해야 할 것에 관해 하나하나 꼼꼼하게 풀어서 때로는 감동을 불러일으키고 때로는 경계해야 한다.

『예경』 (『예기』)	왕조 사회의 정치·사회·문화는 물론 일상생활까지 규제하고 지배한 '예(禮)'에 관한 경전이자 고대 유가들의 사상과 학설을 집대성해 놓은 백과사전.	『예경』을 읽어서 하늘의 이치에 따라 밝힌 예절의 문장과 의례 및 규칙이 만들어진 차례에 관해 하나하나 탐구하고 연구해서 스스로 확립하는 것이 있어야 한다.
『서경』	일종의 '정치학 교과서'. 요임금과 순임금, 하나라의 우왕, 은나라의 탕왕, 주나라의 문왕과 무왕이 나라와 백성을 다스린 법도와 요체에 관한 글과 문장을 공자가 엮어 편찬한 책.	『서경』을 읽어서 천하를 다스리는 큰 경륜과 큰 법칙에 관해 하나하나 요령을 터득하고 또한 다스리는 도리의 근본을 거슬러 올라가 찾아야 한다.
『역경』 (『주역』)	예측하기 힘든 인간사와 세상사의 앞날을 예언하는 점술서이면서, 천문(天文)·지리(地理)·인사(人事) 등 만물이 작동하는 근본 원리와 지혜가 담긴 책.	『역경』을 읽어서 인간사와 세상사의 길함과 흉함, 보존과 멸망, 나아감과 물러남, 몰락과 번영의 기틀에 관해 하나하나 살피며 그 뜻을 음미하고 깊이 있게 연마해야 한다.
『춘추』	공자가 자신의 고향인 노나라의 역사를 기록한 책.	『춘추』를 읽어서 선함을 높여 칭찬하고 악함을 징계해 벌하는 억양조종(抑揚操縱)의 은미(隱微)한 말과 깊은 의미에 관해 하나하나 정확하고 치밀하게 연구해 확실하게 깨달아야 한다.

보다 깊이 있는 독서로 나아가라

이렇듯 기본 도서를 숙독해 자신이 뜻을 둔 학문을 대강 이해했다면 그 다음에는 무엇을 해야 하는가? 보다 전문적인 지식과 깊이 있는 정보를 얻을 수 있는 독서를 해야 한다. 이 단계의 독서 목록은 '심화 독서 목록'

이라고 이름을 붙여두자. 율곡은 이 심화 독서 목록에 모두 여섯 종의 책을 올려놓았다. 물론 구체적으로 언급한 여섯 종의 서적 이외에도 성리학에 관한 여러 전문 서적을 찾아 읽어야 한다는 단서도 빼놓지 않았다. 그러나 심화 독서 단계에서는 필독해야 할 독서 목록과 보충해서 읽어야 할 서적을 잘 분별해야 한다. 앞선 기본 독서 단계에서 얻은 지식과 정보 때문에 과도한 자신감이나 우쭐한 기분에 휩싸여 자칫 마음 내키는 대로 책을 읽다 보면 '선무당이 사람 잡는 꼴'이나 혹은 '용두사미(龍頭蛇尾)'로 그치고 말 수도 있기 때문이다. 어하튼 율곡이 심화 독서 단계에서 필독을 권면한 여섯 종의 서적은 『근사록(近思錄)』, 『가례(家禮)』, 『심경(心經)』, 『이정전서(二程全書)』, 『주자대전(朱子大全)』, 『주자어류(朱子語類)』다.

〈율곡의 심화 독서 목록〉

도서명	내용	선정 이유
『근사록』	성리학의 바이블. 주자가 활동하기 이전 성리학의 근간을 이룬 대학자인 주돈이(周敦頤), 정명도와 정이천 형제, 장재(張載)의 어록과 문집 혹은 저서에서 핵심을 추려 뽑았다.	성리학에 관한 전문적인 지식과 깊이 있는 정보를 얻기 위해 가장 먼저 반드시 읽어야 할 책이다.
『가례』	국가와 백성을 다스리는 '치국(治國)의 예법'에 대비하여 관혼상제 등 가정의 일상생활을 다스리는 '제가(齊家)의 예법'을 정리했다.	가깝게는 가정생활에서부터 멀게는 나랏일에 이르기까지 성리학의 이념과 질서를 철저하게 도입하기 위해 읽어야 할 책이다.
『심경』	송나라 때 주자학파의 대학자였던 진덕수(眞德秀)가 '마음'을 논한 옛 성현의 말을 뽑고 거기에 여러 학자들의 주요 논의를 배치시켜 주석으로 삼았다.	성리학적 사색의 길잡이가 되는 책으로 사람의 심성을 바로잡기 위해 필요한 책이다.

『이정전서』	성리학을 하나의 철학 체계로 발전 시킨 북송의 형제 학자인 정자, 곧 정명도와 정이천의 문집과 저서를 모아 편찬했다.	주자 이전에 성리학의 철학적 토대를 실질적으로 닦았던 정자의 글을 통해 성리학의 기초를 더 깊이 이해할 수 있다.
『주자대전』	주자가 평생 동안 저술한 모든 이론과 학설을 주요 내용으로 해서 여러 학자들과 질의하고 답변한 편지, 각종 시문들을 함께 모은 개인 문집이다.	성리학의 여러 이론과 학설에 대해 잘 해설되어 있어 깨달음의 깊이를 더 깊게 해준다.
『주자어류』	주자가 제자들과 대화하거나 토론한 내용을 엮어서 편찬했다.	주자의 철학 체계를 이해할 수 있는 가장 귀중한 자료다.

　율곡의 기본 독서 목록에 수록된 책은 오늘날에도 『손자병법(孫子兵法)』이나 『노자(老子)』, 『장자(莊子)』 등과 더불어 인문 교양과 지식을 쌓기 위해 읽는 고전으로 손색이 없다. 그러나 심화독서 목록은 사실 성리학에 대한 각별한 관심이나 전문적인 연구를 전제하지 않고서는 읽기가 쉽지 않다. 다만 여기에서 각각의 독서 목록을 자세히 소개한 까닭은 율곡의 독서 자세, 곧 독서의 목표와 방향을 정했다면 비록 그 과정이 길고 험난하더라도 결코 서두르지 말고 하나하나 순서와 절차를 밟아 정복해나가는 정신을 보여 주기 위해서다.

　율곡이 『격몽요결』과 『성학집요』의 독서 목록에 담은 뜻과 정신이 후대에 제대로 전달되었을까? 정조가 왕세손 시절 독서한 책의 목록과 순서를 살펴보면 '매우 그랬다'는 긍정적인 답변을 내놓을 수 있다. 정조는 4세 때부터 7세까지 『효경(孝經)』 『소학초략(小學抄略)』 『동몽선습(童蒙先習)』 등을 읽은 다음, 『소학』(7~9세)→『대학』(9세)→『논어』(9~10세)→『사략』(10~13세)→『맹자』(11~12세)→『중용』(12~13세)→『서경』(13~14세)→

『시경』(14~17세) 등을 읽었기 때문이다.*

　이러한 율곡의 독서 방법이 현대인들에게 전하는 가장 중요한 메시지는 무엇일까? 그것은 아무 책이나 닥치는 대로 읽는 난독(亂讀)을 하지 말라는 것이다. 그렇다면 율곡의 독서 방법을 제대로 배울 수 있는 가장 바람직한 길은 무엇인가? 먼저 관심 있는 분야를 정한 다음 '기본 독서'와 '심화 독서' 그리고 '보충 독서' 목록을 단계별로 짠 후 그 순서에 따라 책을 읽는 것이다. 이렇게 독서가 일정한 수준과 경지에 도달한 다음에야 비로소 학문의 경계와 순서를 임의로 넘나들 수 있다. 그 단계에서는 나름의 논리와 지식 체계가 형성되므로 방향을 잃고 헤매거나 혹은 무언가에 정신없이 빠져드는 일 없이 자신의 독서 목표에 맞춰 책 속의 지식과 정보를 스스로 조절하면서 읽을 수 있기 때문이다.

역사서는 꼭 읽어라

율곡은 '심화 독서 목록'을 읽는 동안에도 틈나는 대로 '보충 독서 목록'을 작성해 읽을 것을 권했다. 특히 이때는 "역사책을 읽어서 과거와 현재의 일이 변화하는 양상을 꿰뚫어야 한다"고 지적했다. 조선의 선비들이 유학의 경전이나 성리학 서적 못지않게 역사책을 매우 중요하게 여겨 필독했다는 사실은 그다지 알려져 있지 않다. 하지만 조선의 군주와 선비 중에는 역사책의 가치를 알고 즐겨 읽은 이들이 많았다. 율곡 역시 '심화 독서 목록'을 숙독하는 와중에 남는 시간이 있다면 역사책을 읽으라고 권면하

---

* 　신명호, 『조선 왕실의 자녀교육법』, 시공사, 2005.

며 역사를 잘 살펴 이해하는 것이 중요하다고 강조했다.

역사책의 가치를 일찍부터 깨달은 사람으로는 조선사 최고의 학자 군주 세종이 있다. 이는 세종이 평생에 걸쳐 가장 즐겨 읽은 서책 중 하나가 송나라 사마광이 저술한 『자치통감(資治通鑑)』임을 보아도 알 수 있다. 『자치통감』은 기원전 403년부터 960년까지 무려 1,362년간의 역사를 1년 단위로 엮어서 편찬한 총 294권에 이르는 방대한 역사책이다. 중국에서 춘추시대가 끝나고 전국시대가 시작된 때부터 당나라가 멸망하고 송나라가 개국하기 이전 흥망을 거듭한 오대십국 시대의 후주(後周)까지를 다루고 있다. 세종은 이 서책을 나라와 백성을 다스리는 생생한 정치적 경험과 여러 국가 정책과 제도의 성공과 실패 사례를 들여다볼 수 있는 역사 참고서로 십분 활용했다. 역사서에 대한 이러한 각별한 관심과 애정은 세종으로 하여금 『자치통감』에 주석과 해설을 다는 『자치통감훈의(資治通鑑訓義)』 편찬 작업과 우리나라 역사서인 『고려사(高麗史)』 개수(改修) 작업까지 주도하도록 만들었다. 역사를 정확하게 알고 올바르게 해석하는 것이야말로 현재와 미래를 위한 초석이 된다고 확신했기 때문이다.

정약용(丁若鏞) 역시 어느 누구보다도 역사책 읽기의 중요성을 강조했다. 그가 유배지에서 두 아들에게 보낸 편지를 살펴보면 이러한 생각이 고스란히 나타나 있다. 정약용은 두 아들에게 사마천의 『사기(史記)』는 익숙해질 때까지 읽고 다시 읽을 것을 당부했고, 또한 『고려사』 공부를 왜 하지 않느냐고 재촉하기도 했다. 특히 그는 우리나라의 사적(史籍)은 내팽개쳐둔 채 걸핏하면 중국의 역사를 인용하는 동시대 지식인들의 행위를 '비루한 품격'이라고 비판하면서, 『삼국사기(三國史記)』, 『고려사(高麗史)』 『국조보감(國朝寶鑑)』, 『여지승람(輿地勝覽)』, 『징비록(懲毖錄)』, 『연려실기술』 등을 읽어 역사적 사례를 취하고 그 경험을 활용할 줄 알아야 한다고 했다.

　율곡이 유학의 경전이나 성리학 서적과 더불어 역사책 읽기를 적극 권면한 까닭도 크게 다르지 않다. 역사서를 읽으면 세상사와 인간사의 다스려짐과 혼란스러움, 편안함과 위태로움, 흥성과 쇠락, 존속과 멸망의 선례를 알 수 있다는 것이다. 경전이나 성리학 서적을 통해서 인간사와 세상사를 관통하는 이치와 법칙을 논리적으로 혹은 사변적으로 이해했다면, 역사서를 통해서는 인간사와 세상사의 이치와 법칙을 생생한 경험과 살아 있는 증거로 깨달을 수 있다. 율곡은 정자와 여조겸(呂祖謙)의 말을 인용해 역사책을 필독해야 하는 이유를 이렇게 밝혔다.

　정자가 말했다. "역사서를 읽을 때는 사건의 자취만 기억해서는 안 된다. 다스려짐과 어지러움, 편안함과 위태로움, 흥함과 쇠퇴함, 존속과 멸망의 이치를 알아야 한다. 예를 들어보자. 반고(班固)가 『한서(漢書)』에서 한나라를 세운 고조 유방의 사적(史蹟)을 다룬 〈고제기(高帝記)〉를 읽을 때는 한나라가 4백 년간 어떻게 일어나서 다스려지고 어지러워지고 멸망했는가를 알아야 하는 것과 같다. 이것 또한 배우는 것이다.

『성학집요』〈수기 상〉

　동래(東萊) 여씨(呂氏)가 말했다. "사람들은 대개 역사책을 볼 때 잘 다스려진 사례를 보면 잘 다스렸다고 말하고, 어지러운 사례를 보면 혼란스럽다고 생각하는 식이다. 이렇듯 한 가지 일만 보고 한 가지 일만 아는 데서 멈춘다면 역사서를 읽는다고 해도 무엇을 얻겠는가? 반드시 자신이 그 역사 속 사건과 일의 한가운데 있는 것처럼 여겨서 사태의 이로운 측면과 해로운 측면, 시대의 재앙과 혼란을 볼 줄 알아야 한다. 그래서 반드시 책을 덮고 나서 스스로 내가 그러한 일을 당한다면 마땅히 무엇을 해야 할 것인가를 생각해야만 한다. 이런 방법으로 역사책을 본다면 학문도 진보하고 지식도 향상되어서 비로소 유익하게 될 것이다."

『성학집요』〈수기 상〉

역사서만큼 인간사를 잘 보여 주는 책은 없다. 역사서에 쓰어 있는 성공과 실패의 사례 속에는 성공과 실패를 둘러싼 사람들의 판단과 결정 혹은 과정과 결과가 모두 드러나 있기 때문이다. 또한 성공한 자라고 해서 늘 옳은 것만은 아니며 실패한 자에게서도 배울 점은 얼마든지 있다는 사실도 알려 준다. 이때 중요한 것은 역사적 사실을 미루어 생각하여 앞날을 대비하는 자세다.

역사란 진보하기도 하지만 또한 순환하는 것이다. 따라서 역사 속 사건을 현재의 일에 적용해 볼 수도 있고, 현재의 일을 역사와 비교하여 판단할 수도 있다. 마찬가지로 역사를 통해 미래의 일을 예견할 수도 있다. 수천 년 전 역사를 담은 역사책과 고전들이 오늘날까지도 그 생명력을 잃지 않고 읽혀지는 까닭은 바로 역사가 어떤 측면과 범위에서는 순환하기 때문이다. 다른 한편으로 인간사와 세상사에는 시간과 공간을 초월해 관통하는 일정한 이치와 법칙이 있다. 역사서와 고전을 읽다 보면 수천 년 전에 인간과 사회가 고민하고 고통 받은 문제가 오늘날에도 비슷하게 일어나고 있음을 발견할 수 있다.

따라서 율곡에게 역사서란 가깝게는 개인의 행동을 결정하고, 멀게는 나라의 정책과 제도를 시행할 때 그 과정과 절차를 들여다볼 수 있는 창이요, 성공과 실패 여부를 예측해 볼 수 있는 참고자료라고 할 수 있다. 개인이든 사회든 혹은 국가든 상관없이 역사를 알지 못하면 현재를 알 수 없고, 현재를 알지 못하고는 미래를 내다보기 어렵다. 또한 현재를 제대로 알려면 역사를 드러내야 하고, 과거와 현재의 궤적을 알아야 미래에 대한 보다 정확한 예측이 가능하다. 따라서 과거를 안다는 것은 곧 과거뿐만 아니라 현재, 더 나아가서는 미래를 아는 일이기도 하다. 율곡이 당시 누구도 예측하지 못한 대혼란(임진왜란)의 징후를 감지하고 방비책을 서둘러 강구한 바탕에는 역사서 읽기를 통한 현실 진단과 미래 예측이 있었다는 사실을 기억하자.

박람심론
博覽深論

【 널리 읽고 깊게 토론하라 】

신이 생각하건대 성현의 학문은 자신을 닦고 남을 다스리는 것에 지나지
않습니다.

『성학집요』〈통설(統說)〉

평생 독서와 평생 공부는 절대 권력자인 임금이라고 해도 결코 비켜 갈
수 없었다. 아니 오히려 임금이었기 때문에 더욱 엄격한 잣대를 적용한
나라가 조선이었다. 조선 사회는 임금과 왕세자의 평생 독서와 공부를 국
가 차원에서 제도적으로 강제했는데, 그 시스템이 바로 경연(經筵)과 서
연(書筵)이다. 더욱이 최고 법전 역할을 한 『경국대전(經國大典)』에 경연과
세자시강원(世子侍講院) 설치를 명시함으로써 법제화하기까지 했다.

[경연] 경서를 강독하고 논평하고 연구하는 사무를 관장한다. 다른 관사의 관원으로 겸임하되 모두 문관을 임용한다. 영사(領事) 및 좌참관은 문관이 아니라도 또한 겸임한다.

[세자시강원] 왕세자에게 경서와 사적(史籍)을 강의하여 올리며 도리와 의리를 올바르게 계도하는 일을 관장한다. 모두 문관을 임용한다. 부빈객(副賓客) 이상은 다른 관사의 관원으로 겸임한다.

『경국대전』〈이전(吏典)〉

나라의 생사존망(生死存亡)과 백성의 풍요롭고 평안한 삶이 모두 임금에게 달려 있었기 때문에 임금의 자리에 오른, 혹은 오를 사람은 배우고, 익히고, 헤아리고, 살피는 일을 단 한시도 게을리해서는 안 된다는 것이 경연과 서연의 근본정신이다.

따라서 조선의 임금은 태어나서 죽을 때까지 평생 동안 독서와 공부를 해야 했다. 먼저 왕세자가 되면 서연에 나아가 세자시강원의 서연관(書筵官)들로부터 가르침을 받는다. 세자의 스승이라고 할 수 있는 서연관은 『경국대전』에 따라 모두 12명이 임명되었는데, 크게 겸임직(7명)과 전임직(5명) 두 종류로 나뉜다. 겸임 서연관은 조정의 최고위직 관료들이 맡고, 전임 서연관은 문과에 급제한 최고의 실력자들로 구성되었다.

서연관들은 지위의 높고 낮음을 떠나 모두 왕세자의 스승으로 순서를 정해 번갈아 가면서 수업을 진행했다. 서연은 왕세자에게 조선이 국시(國是)로 삼은 유학의 이념과 제왕학을 가르치는 교육의 장이었기 때문에 당연히 강학의 주요 내용은 유학의 경전, 즉 사서삼경이었다. 이와 더불어 비록 기본적인 수준에서나마 여러 성리학서와 역사서를 왕세자에게 읽히고 교육했다. 물론 왕세자로 지낸 기간에 따라 서연에서 독서하고 가르침을 받은 강학 교재의 내용과 수준은 달라질 수밖에 없었다. 예를 들어 왕세자 시절이 7년에 불과했던 숙종(肅宗)은 『논어』도 미처 떼지 못한 반면 그 기간이 무려 30년에 달했던 경종은 사서삼경을 반복해서 강론한 데다가 『근사록』이나 『심경』 같은 수준 높은 성리학서 역시 읽고 교육을 받았다.

여하튼 서연은 왕세자에게 성군(聖君)의 자질과 능력을 함양하기 위한 '킹 메이킹 프로젝트'였기 때문에 혹독한 수업과 엄격한 규칙 아래 진행되었다. 서연에서 왕세자가 지켜야 할 규칙은 일찍이 태종(太宗) 때 확립된 이후 관례화되었다.

서연관들이 왕세자의 강학에 관한 규칙을 아뢰었다.
1. 매일 해가 뜰 때 세자가 자리에 앉으면 서연관들이 차례로 돌아가면서 수업한다. 경전과 역사서를 세 장씩 혹은 두 장씩 강의하여 열 차례에 이르도록 반복해서 읽게 한다. 또한 오후에도 열 차례 혹은 다섯 차례에 이르도록 되풀이해서 읽게 한다. 배운 내용을 익히기를 신시(申時, 오후 3시~5시)까지 하다가 끝마친다.
1. 매일 세자가 수업에 나오면 입직(入直)한 사람들이 서연과 경승부(敬承府)에 보고해야 한다. 만약 보고하지 않으면 대간(臺諫)이 임금에게 처벌을 요청한다.

『태종실록(太宗實錄)』 태종 13년(1453) 9월 9일

나이 어린 왕세자가 감당하기 벅찬 수업 시간과 분량이다. 그마저도 서연을 임의로 거르지 못하도록 감시와 처벌 시스템까지 만들어 놓았다. 임

금의 자리에 오르더라도 상황은 달라지지 않았다. 왕세자 시절 서연의 연장선상에서 임금이 된 후에는 매일 같이 경연에 나와야 했기 때문이다. 임금이 경연, 즉 평생 독서와 공부를 최우선 과제 중의 하나로 여겨야 하는 까닭을 조선의 개국 공신 중 한 사람인 권근(權近)은 이렇게 밝혔다.

> (제왕은) 경연에 부지런해야 합니다. 제왕의 도리는 학문으로 밝아지고, 제왕의 정치는 학문으로 넓어집니다. 임금이 반드시 경연을 베풀어 공부에 힘쓰고 성학을 강구하는 까닭이 진실로 여기에 있습니다.
>
> 『태종실록』 태종 1년(1401) 1월 14일

경연의 목적이 제왕의 덕성과 자질을 밝게 하고 통치 능력과 정책을 다루는 안목을 넓게 하는 것이었음을 알 수 있는 대목이다.

경연은 크게 규칙적인 강론과 불규칙적인 강론으로 나누어 진행되었다. 규칙적인 강론은 조강(朝講), 주강(晝講), 석강(夕講)으로 매일 세 차례씩 이루어졌다. 통상 조강은 새로운 교육 내용을 강론하고, 주강과 석강은 주로 전날 혹은 조강 때 배운 내용을 복습했다. 불규칙적인 강론은 소대(召對)와 야대(夜對)로 특별한 시간이나 횟수를 정하지 않고 열렸다. 특히 불규칙적인 강론은 아침, 오후, 저녁 때 행해지는 정규 경연 이외에 임금이 필요에 따라 불시에 진행했는데, 대개 정치 혹은 정책 토론의 장으로 기능했다. 물론 경연의 기능과 역할은 그것을 대하는 임금의 태도에 따라 천차만별이었다. 예를 들어 신권을 제압하기 위해 경연을 무시하거나 아예 무력화시킨 태종이나 연산군(燕山君) 같은 임금도 있었고, 경연을 공부와 강론의 공간으로 뿐만 아니라 활발한 정치나 정책 토론의 장으로 적극 활용한 세종이나 영조(英祖) 같은 임금도 있었다.

임금이 경연에서 독서하고 공부한 내용은 왕세자 때처럼 유학의 경전(사서오경)과 성리학서 그리고 역사서였다. 대개 경전은 왕세자 때 배운 내용을 2차, 3차에 걸쳐 보다 깊이 있게 반복해 강론했고, 성리학서나 역사서는 왕세자 때 배운 기초 지식을 넘어서 더 광범위하고 전문적으로 교육했다. 특히 역대 제왕들의 통치와 정책 운용 사례나 성공 혹은 실패의 결과를 보여 주는 역사서는 아주 광범위한 영역에 걸쳐 강론 교재로 사용되기도 했다.

이와 같이 제왕을 교육하는 역할은 경연관들이 담당했는데, 모두 40여 명에 가까운 적지 않은 인원이 투입되었다. 그렇다면 경연은 실제 어떤 효과가 있었을까? 경연의 최고 모범생이었던 세종은 즉위한 지 20년이 되는 1438년 경연에 나아가 『춘추좌전(春秋左傳)』을 강독하면서 이렇게 말했다.

내가 경서와 사서는 보지 않은 것이 없지만 이제 늙어서 능히 기억하지 못한다. 그러나 지금도 책 읽는 것을 멈추지 않는 까닭은 다만 글을 읽는 동안에는 새로운 생각이 떠올라 여러 가지로 정사에 도움 되는 것이 많기 때문이다. 이렇게 본다면 책 읽는 것이 어찌 유익하지 않겠는가.

『세종실록(世宗實錄)』 세종 20년(1438) 3월 19일

끊임없는 책 읽기와 쉼 없는 공부야말로 새로운 정보와 지식을 습득하고 새로운 사고와 아이디어가 샘솟는 진원지라는 이야기다. 율곡이 이러한 경연의 정신을 얼마나 중요하게 여겼는지는 그가 보고 듣고 혹은 참여한 경연을 일기 형식을 빌려서 직접 저술한 『경연일기』를 통해 엿볼 수 있다. 율곡이 볼 때 경연이야말로 '나랏일이 아니면 독서하고, 독서하지 않

으면 나랏일을 하는 삶'이 가장 완벽하게 일치하는 장이요, 자신이 평생 품은 뜻을 조정에 나와서 유일하게 마음껏 펼칠 수 있는 기회의 공간이었다. 임금과 신하가 스승과 제자로 만나 유학의 경전이나 성리학서 혹은 역사서를 함께 독서하고 강론하거나 또는 나랏일을 놓고서 정치 토론을 벌이는 곳이 바로 경연이기 때문이다.

특히 율곡은 임금이 모름지기 세상을 제대로 다스리고자 하는 뜻을 품었다면 반드시 먼저 독서에 힘을 쏟고, 또한 평생 그 뜻을 성실하게 행하고, 마음을 바로 세우는 공부를 게을리해서는 안 된다고 주장했다. 그는 선조에게 경연에 나설 때 임금이 지녀야 할 마음가짐을 이렇게 일깨워 주었다.

경연에서의 강의가 끝난 후에 이이가 다시 나아가 아뢰었다. "임금이 세상을 잘 다스리려고 하지 않는다면 모르지만 그렇지 않다면 반드시 먼저 학문에 힘을 쏟아야 합니다. 이때 학문이라 함은 경연에 부지런히 나아가 옛 서적들을 많이 읽는 것뿐만 아니라 반드시 격물치지와 뜻을 성실하게 하고 마음을 바르게 하는 공부를 게을리하지 않는 것을 말합니다. 이렇게 해서 실효가 있도록 한 다음에야 학문이라고 할 수 있습니다.

『경연일기』 선조 2년(1569) 8월

율곡은 자신의 주장이 제대로 받아들여지지 않아 선조와 끝없이 갈등을 일으키면서도 열심히 경연에 나갔다. 임금의 평생 독서와 공부를 도와서 잘못을 깨우치고 성군으로 거듭나게 할 수 있는 가장 유익하고 효율적인 공간이 바로 경연이었기 때문이다. 율곡은 이 자리에서 놓치지 않고 선조에게 항상 배우고 실천하는 성군이 될 것을 강력하게 요구했다.

경전이 생겨난 이래 선비라면 누구나 글을 읽겠지만 참 유학자가 뜻을 이룬 것은 드물었고, 임금이라면 누구나 글을 읽었겠지만 훌륭한 정치가 일어나는 것은 드물었는데 그 까닭은 무엇입니까? 읽은 글이 귀로 듣고 입으로 말하는 자료가 되었을 뿐 유용한 도구가 되지 못했기 때문입니다. [중략] 임금이라면 이미 지극히 높고 부귀하기 때문에 진리를 탐구하고 마음을 바로잡는 데만 힘쓰고 나라의 명운이 영원히 이어지기를 추구할 뿐 다른 소망이 없어야 합니다. 그런데 오히려 잡다하게 널리 알려고만 하고 겉을 화려하게 꾸미는 데만 힘쓸 뿐 절실하게 해야 할 일을 실천하지 않는 것은 깊이 생각하지 않기 때문이 아니겠습니까? 엎드려 바라건대 이런 폐단을 깊이 경계하시고 성리학을 연구하는 데 힘쓰십시오. 그리고 몸소 실천해서 경전에서 배운 것을 빈말이 되지 않게 하신다면 나라에 매우 다행한 일이 될 것입니다.

『성학집요』〈수기 상〉

리더라면 경연과 서연의 사례에서 보듯 널리 읽고 깊게 토론해서 끊임없이 자질과 능력을 갈고닦아야 한다. 리더의 자리란 적게는 한 조직 크게는 한 나라의 생사와 성패를 좌지우지하기 때문이다. 리더의 평생 공부와 평생 독서를 아무리 강조해도 지나치지 않은 이유가 바로 거기에 있다.

함께하는 공부의 필요성

홀로 공부할 때는 함께할 때보다 훨씬 더 유혹이 많다. 또한 한 사람의 머리로 이해하기 때문에 공부의 성과도 그만큼 적을 확률이 높다. 이때 공부하겠다는 뜻과 의지를 가진 사람들이 모여 함께 공부하면 서로 의지도 되고 공부 효과도 높일 수 있다. 모임에 속한 개개인의 성향이 모두 게으르고 유혹에 약하지만 않다면 대개 이런 모임은 오래 유지되고 효과도 좋아 권장할 만하다.

조선 시대만큼 이런 독서 모임과 강연이 일상화된 사회는 없었다. 조선의 선비들은 관직에 나가면 경연을 통해서 또 관직에서 물러나면 자택이나 향촌에 묻혀서 서재나 강학을 통해서 평생 이러한 독서 모임과 강연을 가졌다. 어떤 면에서는 국가보다 민간 차원에서 훨씬 더 발달한 독서 인프라와 시스템을 갖추고 있었다고 볼 수 있다. 이러한 문화를 구축하고 주도한 세력이 바로 율곡과 같은 사람이다.

율곡은 43세(1578) 되던 해 해주 석담에 은병정사를 지어서 독서와 강학 그리고 제자 양성 공간으로 삼았다. 특히 율곡은 이곳을 주자학이 태동한 중국 무이산에 버금가는 조선 성리학의 독서 공간이자 연구 기지로 만들려는 큰 포부를 품었다. 주자가 거처한 무이산의 대은병(大隱屏, 산봉우리 이름)에서 '은병'을 취하고, 주자의 무이구곡가(武夷九曲歌)에 빗대 고산구곡가(高山九曲歌)를 지은 것은 모두 그러한 뜻을 실현하고자 한 율곡의 강력한 의지 때문이었다.

무이구곡가는 무이산 구곡의 아름다움에 빠진 주자가 지은 시다. 무이산은 주자가 정치에서 물러난 후 무이정사(武夷精舍)를 만들어 후학 양성의 활동무대로 삼은 곳이다. 그래서 '동주에서 공자가 나왔고 남송에는 주자가 있으니, 중국의 옛 문화는 태산과 무이'라는 말이 있을 정도다. 이는 공자가 태산에서 유학을 창시하고 주자는 무이산에서 주자학을 이루었음을 뜻하는 말이다. 조선 시대 선비들은 무이구곡가를 암송하며 주자를 흠모했다. 율곡 역시 같은 마음으로 무이산 대은병에서 이름을 따와 은병정사를 짓고, 무이구곡가를 본따 고산구곡가를 지어 우리의 산천을 노래했다.

이처럼 율곡은 정계에서 은퇴한 후 해주 석담에 몸을 묻고서 여생을 독서인(학자)으로 마감하려 했다. 실제 율곡은 은병정사를 지은 후 몇 년 동안 자신이 평생 꿈꾼 독서인의 삶을 살 수 있었다. 더욱이 율곡이 향촌에 몸을 두었다는 소식을 접한 수많은 학자와 선비들이 멀고 가깝고를 떠나 너나없이 찾아들어와 바야흐로 해주 석담은 배움과 공부의 열기에 휩싸였다. 율곡은 이렇듯 자신을 찾아온 사람들에게 자신의 소신, 즉 '평생 동안 배우고 독서하는 큰 뜻'만을 가르쳤다. 따라서 과거시험에 뜻을 두고 찾아온 사람들은 끝내 받아주지 않았다. 또한 학규와 약속을 만들어서 학문에 뜻을 둔 사람이라면 양반사대부나 일반 백성 혹은 서얼의 출신을 따지지 않고 받아들였다.

- 은병정사에 들어오는 규칙은 사족(士族, 양반사대부)이나 서류(庶類, 서민 혹은 서얼)를 따지지 않고 다만 학문에 뜻이 있는 사람은 모두 허락한다.
- 독서를 할 때는 반드시 단정하게 손을 마주 잡고 반듯하게 앉아서 오로지 배움의 뜻을 이루겠다는 마음을 품고 궁리하고 탐구하는 데 힘을 쏟을 뿐 서로 돌아보며 잡담해서는 안 된다.
- 책상, 책, 붓, 벼루와 같은 물품은 모두 제자리에 정돈해 두고 행여나 여기저기 어질러 놓아서는 안 된다.
- 성현의 글이나 성리의 학설이 아니면 은병정사 안에서 읽을 수 없으나, 역사서만은 읽어도 좋다. 만약 과거시험을 치르려고 한다면 다른 곳

에 가서 익혀라.

- 새벽에 일어나서 밤에 잠들 때까지 하루 동안 반드시 하는 일이 있어야 한다. 혹은 글을 읽고 사색하거나, 혹은 벗들과 어울려 강론하거나, 혹은 고요히 앉아 본심을 간직하는 공부를 하거나, 혹은 일에 따라 선함에 힘쓰는 등 잠시라도 마음을 제멋대로 풀어놓아서는 안 된다.
- 매월 첫날은 정사에 모두 모여서 그동안 배운 것을 강론한다. 비록 첫날이 아닌 날도 자주 와서 더욱 자세하게 가르침을 받으려고 청해야 한다. 세월을 헛되이 보내서는 안 되고 만약 정사에 이름만 걸어 놓고 오지도 가지도 않으며 몸가짐이 향리의 백성들과 다를 바 없다면, 이것은 스스로 제 마음을 속이고 스승과 벗들의 기대를 깊이 저버리는 일이다. 이러한 사람은 용납하지 않는다. 또한 정사에 있을 때만 삼가고 경계하는 척하다가 집에 돌아가서는 태만한 사람이 있다면 벗들이 서로 살펴서 바로잡아 주되, 그래도 고치지 않으면 스승에게 고해서 경계하고, 그래도 고치지 않으면 즉시 내쫓는다.

율곡이 이토록 엄격한 규칙과 약속을 지어서 은병정사를 출입하는 선비들과 제자들을 단속한 까닭은 과거시험이나 정치적 출세를 위한 일시 방편의 배움이 아닌 평생 동안 독서와 배움에 뜻을 두는 사람들이 모이는 공간으로 은병정사를 가꾸려고 했기 때문이다. 이는 사람의 의지에 달린 문제이므로 강한 규율이 없으면 언제든 무너질 수 있는 지식인 집단의 한계를 극복하기 위한 율곡의 강력한 의지의 표현이기도 했다.

하지만 율곡의 마지막 꿈은 오래가지 못했다. 거듭된 사양에도 불구하고 끊임없이 자신을 부르는 선조의 간곡한 요청을 차마 뿌리치지 못하고 45세가 되던 1580년(선조 13년) 12월 다시 관직에 나갔기 때문이다. 그러나 은병정사만은 폐쇄하지 않고 제자들이 운영할 수 있도록 도왔고, 비록 나랏일이 바빠 돌보지 못하더라도 편지를 보내 제자들을 계속 지도했다.

평생 공부와 독서를 향한 율곡의 열정과 의지는 은병정사를 드나든 제자들에게 고스란히 전해졌다. 그래서 일종의 '율곡 아카데미'라 할 수 있는 은병정사는 율곡 사후에도 기호 사림을 형성해 조선의 성리학을 주도한 수많은 대학자들을 배출했다. 특히 율곡의 수제자인 사계 김장생(金長生)은 율곡의 뜻을 좇아 평생 벼슬길에 나가지 않은 채 독서인의 삶을 살며 성리학설, 특히 그중에서도 예학(禮學) 연구에 몰두해 이 분야의 대학자가 되었다.

모르는 것이 있으면 물어라

사람들은 책을 읽는 것이 공부라고 말한다. 공부는 독서를 하지 않으면 얻을 수 없으므로 틀린 말은 아니다. 그러나 독서는 공부를 하는 한 가지 방법에 불과하다. 살아가는 데 필요한, 옛사람들이 학문이라 명명했던 진정한 공부는 독서만으로는 이룰 수 없다.

사람이 공부를 할 때 반드시 해야 할 것은 독서 외에도 2가지가 더 있다. 이는 세상을 두루 살펴 견문을 넓히는 것과 엄격한 스승과 좋은 벗을 만나 매일 가르침을 듣는 것이다. 책을 읽는 것은 물론 공부의 기본이다. 하지만 책을 다 믿는다면 오히려 책이 이 세상에 없는 것만 못하다. 글도 말처럼 교묘하게 꾸며 본래 뜻을 왜곡시킬 수 있기 때문에 한 번쯤 돌려 생각해 볼 필요가 있다. 이때 생각하는 힘이 되는 것이 바로 이 두 가지 방법으로 체득한 깊이 있는 지식이다.

요즘에는 과학 기술이 발달해서 책이나 다큐멘터리를 통해서도 어느 정도 견문의 효과를 누릴 수 있다. 하지만 가르침을 받을 수 있는 훌륭한 스승과 좋은 벗을 만나는 일은 예나 지금이나 쉽지 않다. 이는 일면 가르침을 받을 스승과 벗의 범위를 너무 협소하게 바라보기 때문에 생기는 폐단이기도 하다. 옛말에 '길 가는 사람 셋만 있어도 그중에 반드시 스승이 있다'고 했다. 어떤 사람이든 배울 점이 있고 어떤 부분에서는 나보다 나은 지식을 갖고 있다고 생각한다면 스승과 벗을 찾는 일이 그다지 어렵게 느껴지지만은 않을 것이다.

공부에는 다른 방법이 없다. 모르는 것이 있으면 길 가는 사람을 붙잡아서라도 물어보는 것이 올바른 공부 방법이다. 비록 어리고 직책이 낮은 사람이라 해도 나보다 조금이라도 많이 알고 있다면 부끄러움을 무릅쓰고 배워야 한다. 만약 지식이 부족함을 부끄러워하여 나보다 더 많이 알고 있는 사람에게 물어보지 않는다면 평생 학문의 참맛을 알지 못한 채 우물 안 개구리처럼 살게 된다.

태평성대를 누린 대표적인 임금인 순임금은 농사지으며 질그릇을 굽고 물고기 잡는 일을 하다가 왕의 자리에 올랐다. 그는 자만하지 않고 필요할 때마다 다른 사람들에게 묻고 배우는 일을 멈추지 않았다. 공자 역시 일찍 부모를 여의고 몹시 가난하게 자랐기 때문에 일찍부터 농사를 짓고 그릇을 굽고 물고기를 잡았다. 이처럼 순임금이나 공자는 성인이면서도 생업에 필요한 기술을 갖추고 있었다. 하지만 한 사람이 모든 지식을 가지고 있을 수는 없다. 그래서 그들은 스스로 생업에 종사할 때조차도 자신보다 많이 아는 사람에게 묻기를 좋아하고 배우기를 마다하지 않았다. 율곡과 같은 조선의 선비들이 순임금이나 공자와 같은 사람이 성인(聖人)의 경지에 오를 수 있었던 까닭을 '학여불급(學如不及)'과 '불치하문(不恥下問)'에서 찾았던 이유 역시 여기에 있었다. '학여불급'이란 "배울 때에는 미치지 못하는 것과 같이 한다"는 뜻이고, '불치하문'이란 "모르는 것이 있을 때에는 비록 아랫사람에게라도 묻는 것을 부끄럽게 생각하지 않는다"는 뜻이다. 그들이 성인이 될 수 있었던 것은 이렇듯 학문과 지식 앞에 겸손했기 때문이라는 얘기다.

율곡 역시 생계를 위해 생업에 종사한 적이 있다. 41세가 되던 해인 1576년, 동인과 서인의 대립이 심화되고 자신의 개혁안을 선조가 받아들이지 않자 율곡은 아예 정계를 은퇴할 결심을 굳히고 해주 석담으로 들어갔다. 그리고 다음 해(1577) 정월부터 서모를 비롯한 형제들을 불러 모아 그곳에서 함께 살았다. 그는 백여 명이 넘는 대식구가 의좋게 살도록 〈동거계사(同居戒辭)〉라는 가정 규칙을 만들어 대가족 생활의 모범을 보였다.

하지만 파주에 있던 약간의 땅만으로는 대식구를 먹여 살리기 어려웠다. 그래서 손수 대장장이 일을 시작했다. 그는 대학자이면서도 실사구시를 중시한 선비였기 때문에 실속 없는 선비의 체면을 따져 생업을 멀리할 이유가 없었다. 하지만 그에게는 대장장이 기술이 없었다. 이를 위해 율곡은 당연히 대장장이에게서 손수 일을 배워야 했다. 주변 사람들의 놀라움과 폄하의 소리도 율곡에게는 문제가 되지 않았다. 묻고 배우는 일에는 귀천이 없으며, 다만 절실히 원하는 것을 구하고 얻으면 될 뿐이라는 신념 때문이었다.

모르는 사람은 자신의 무지 자체를 모르기 때문에 질문을 할 수 없다. 조금 아는 사람은 자신의 무지를 알지만 부끄러움 때문에 질문을 할 수 없다. 오직 많이 아는 사람만이 자신의 무지를 솔직히 밝히고 물어 학문의 깊이를 더할 수 있다. 공자가 제자인 자로에게 안다고 하는 것이 무엇인가를 가르치면서 "아는 것을 안다고 하는 것. 모르는 것을 모른다고 하는 것. 이것이 진정으로 아는 것이다"고 한 말뜻을 깊이 되새겨 볼 일이다.

주변에 독서를 권장하라

공부하는 사람은 자신뿐 아니라 주위 사람들에게까지도 권학(勸學)을 게을리해서는 안 되는 것처럼 리더 역시 자신의 공부뿐 아니라 아랫사람들의 공부에도 관심을 가져야 한다. 리더가 아무리 공부를 열심히 해 높은 단계에 도달한다고 해도 아랫사람들이 이를 이해하고 받아들이지 못하면 하는 일마다 실패로 끝날 확률이 높기 때문이다.

조선 시대에는 이미 국가 차원에서 임금이 신하들의 독서와 공부를 적극 권면하고 제도적으로 보장해 주는 시스템이 존재했다. 그 역사적인 사례가 바로 사가독서제(賜暇讀書制)이다. 이것은 젊고 유능한 문신 관료들을 선발해 오로지 독서와 학문 연구에만 몰두할 수 있도록 휴가를 주는 제도였다.

사가독서제를 최초로 실시한 임금은 세종이었다. 세종은 당시 집현전 대제학 변계량(卞季良)의 청을 받아들여서 집현전 학사들 중 권채(權採), 신석견(辛石堅), 남수문(南秀文) 등 세 사람을 뽑아서 독서 휴가를 주었다. 처음에는 집과 산사(山寺)를 자유롭게 오고가면서 독서했지만, 차츰 산속 절에서 숙식을 하면서 독서하는 방식이 자리를 잡아나갔다. 그러다가 1442년(세종 24) 이후부터는 현재 서울시 종로구 세검정초등학교 부근에 위치한 장의사(藏義寺)라는 절에서 사가독서하는 것이 관례화되었다. 집현전 최고의 학자였던 성삼문(成三問)과 신숙주(申叔舟)가 젊었을 적에 사가독서한 곳도 장의사다. 그러나 사가독서제는 조카 단종(端宗)을 폐위하고 임금이 된 세조(世祖) 시대로 들어서면서 큰 위기를 맞았다. 임금이 되는 과정에서 집현전 학사들의 목숨을 건 저항에 부딪혔던 세조가 집현전을 폐지하면서 아예 사가독서제까지 없애버린 것이다. 그러다가 예종(睿宗)을 거쳐 성종(成宗)이 즉위하면서 사가독서제는 다시 부활했다. 더욱이 성종 23년(1492)부터는 용산의 빈 절을 대폭 수리해 임금이 친히 '독서당(讀書堂)'이라는 편액까지 내렸다. 당시 독서당은 시원한 대청마루와 스무 칸 규모의 따뜻한 온돌방까지 갖추어 여름은 물론 겨울에도 독서에 전념할 수 있었다.

이렇듯 용산에 비로소 터를 잡은 독서당은 다시 연산군 시대에 들어서면서 재차 수난을 겪게 된다. 사림과 신하들의 직간(直諫)을 몹시 혐오한 연산군이 갑자사화 이후 사가독서제와 독서당을 다시 폐지해 버렸기 때문이다. 그 후 중종반정으로 연산군이 쫓겨나고 중종 시대가 열리자 사가독서제는 부활했지만 용산의 독서당은 제 기능을 찾지 못했다. 그러다가 1517년(중종 12) 중종이 두모포(豆毛浦, 서울시 성동구 옥수동)에 다시 독서당을 지어서 사가독서에 뽑힌 문신들에게 독서 휴가를 주었다. 이후 용산에 자리한 독서당은 '남호독서당(南湖讀書堂)'이라고 하고, 두모포에 자리한 독서당은 '동호독서당(東湖讀書堂)'이라고 불렀다.

독서 휴가라고 해서 책을 보며 한가롭게 쉴 수 있었던 것만은 아니다. 독서 휴가의 혜택을 입은 벼슬아치에게는 월과(月課), 즉 매월 과제를 제출하도록 하여 이 제도가 실질적인 성과를 올릴 수 있도록 강제했다.

율곡 역시 나이 34세 때(1569) 사가독서의 혜택을 입었다. 율곡이 독서 휴가를 보낸 곳은 동호독서당이었다. 이때 율곡이 월과로 제출한 것이 바로 그 유명한 〈동호문답〉이다. 여기에서 율곡은 임금의 자리에 오른 지 이제 만 2년여 밖에 되지 않은 18세 어린 임금 선조에게 정치 개혁을 향한 자신의 당당한 포부를 펼쳐 보였다.

사가독서제와 독서당이 제대로 기능을 발휘할 때에는 그 권위와 학문적 영향력이 대단했다. 실제로 독서당은 조선의 관제(官制)에서 고위 관료에 오르기 위해서는 반드시 몸을 담아야 했던 홍문관 못지않은 엘리트 양성 코스가 되기도 했다. 그래서 아주 엄격한 선발과정을 거쳐서 한 번에 여섯 명 가량의 적은 인원만을 선발했다. 심지어 당대 최고의 문장가로 인정받아야 오를 수 있었던 대제학에 반드시 사가독서를 거친 사람만이 등용되도록 제도화할 정도였다.

율곡이 사가독서 기간 동안 자신의 개혁사상을 더욱 정교하고 치밀하게 다듬어 〈동호문답〉을 제출한 것만 보아도, 사가독서제처럼 국가 차원에서 독서와 공부를 적극 권면하고 제도적으로 보장하는 시스템이 관료 사회와 지식인 집단 내부에 얼마나 적극적이고 긍정적인 분위기를 조성하는가를 어렵지 않게 짐작할 수 있다.

제 6 장

진성

盡 誠

궁구시무
窮究時務

【 시대가 필요로 하는 일을 찾아라 】

모든 시대에는 그 시대를 살아가는 사람들이 이루어야 할 역사적 사명 또는 시대적 소명이 있다. 그것이 이루어지면 그 시대는 더욱 부흥할 것이고, 그렇지 못하면 마침내 어렵고 힘든 시기를 맞게 된다. 율곡은 연산군의 폭정 그리고 명종 때 척신과 간신들의 권력 전횡으로 쇠퇴한 국력을 되살리는 길은 오직 개혁뿐이라고 확신하고, 조정에 출사한 자신의 역사적 사명 혹은 시대적 소명을 거기에서 찾았다.

신이 생각하건대, 지혜로운 사람은 모르는 것이 없지만 마땅히 힘써야 할 것을 먼저 해야 하니, 여러 사람의 계책이 모였다 하더라도 반드시 시급한 일에 절실함을 먼저 두어야 합니다.

『성학집요』〈위정 하〉

이 때문에 훗날 성호 이익은 율곡을 두고서 "조선이 개국한 이후 지금까지 그 시대가 해결해야 할 급선무가 무엇인가를 가장 잘 알았던 분(職務之最)"이라고 극찬했다.

특히 율곡은 이러한 시무(時務), 곧 시대의 긴급한 과제는 한결같지 않아서 각각의 시대마다 마땅히 힘써 해야 할 일이 따로 있다고 주장했다. 그리고 시무의 큰 요체를 간추리면 창업(創業)의 과제, 수성(守成)의 과제, 경장(更張)의 과제 3가지가 있을 뿐이라고 했다.

먼저 창업의 과제는 세상이 혼란하고 백성이 도탄에 빠져 천하의 주인이 뒤바뀔 시대에 처해 천명에 호응하고 민심에 따르는 것을 말한다. 때문에 율곡은 자신의 시대에는 별반 논의할 만한 가치가 없는 문제라고 여겼다. 예를 들면 창업의 과제는 고려 왕조를 전복하고 새로이 조선을 개국한 태조 이성계(李成桂)와 삼봉 정도전(三峯 鄭道傳) 시대의 선비들이 지녀야 할 시무인 것이다.

수성의 과제는 성군과 현신(賢臣)이 나라의 제도를 만들고 법령을 제정하고 예악을 성대하게 펼쳐서 후대의 제왕과 신하들이 그것을 살펴 준수하게 하는 것이다. 예를 들면 나라의 기틀을 짜서 반석 위에 올려놓고 후대의 나침반으로 삼게 한 세종과 황희(黃喜) 시대의 선비들이 지녀야 할 시무라고 하겠다.

그런데 역사상 존재한 모든 나라와 왕조는 창업과 수성의 전성기가 지나면 쇠퇴하고, 제도와 법령은 오래되고 낡아서 폐단이 생겨났다. 제왕과 신하들은 무사안일에 젖어 낡고 오래된 관습을 그대로 따르기만 해 온갖 제도와 법령이 현실과 어긋나게 되고, 고인 물이 썩듯 부정부패가 생겨나 백성들의 삶은 나날이 피폐해져 갔다. 이러한 시대에 이르러 가장 시급한 과제는 바로 경장이다.

율곡이 평생을 보낸 16세기(중종-명종-선조) 조선은 훈구파 공신과 외척 세력의 부정부패로 정치가 혼란스러웠고 민생은 피폐해졌다. 백성들은 권세가들에게 땅을 빼앗기고 삶의 터전을 잃은 채 유랑민이 되거나 지방 관리들의 가렴주구에 시달리다 못해 도적이 되기까지 했다. 대표적인 사례가 임꺽정이다. 그는 1559년(명종 14년) 3월부터 1562년(명종 17년) 1월까지 3년 이상 황해도 일대를 주름잡은 대규모 도적 무리의 우두머리로 활동했다. 임꺽정이 비록 짧은 기간이었지만 온 나라를 뒤흔들어 놓았던 까닭은 임금과 조정의 입장에서는 도적떼에 불과했지만, 백성의 입장에서는 임금과 조정에 대한 자신들의 불만을 대변해 주고 권세가와 지방 관리들의 가렴주구를 징벌하는 의적(義賊)이었기 때문이다.

율곡은 한 나라가 이러한 시기에 이르게 되면 반드시 현명한 임금과 명철한 신하가 일어나 흐트러진 법도와 기강을 바로 세우고, 어리석고 게으른 의식을 일깨우고, 낡은 풍속과 케케묵은 관습을 깨끗하게 씻고, 묵은 폐단을 바로잡고 고쳐서 국가 체제와 사회 구조를 크게 일신(一新)해야 한다고 주장했다. 그리고 바로 자신의 시대를 임금과 신하들이 일어나 나라와 사회를 크게 혁신해야 하는 '경장의 시대'로 보았다.

율곡은 〈동호문답〉과 〈옥당진시폐소〉를 시작으로 죽음을 목전에 두고 동생 이우(李瑀)에게 받아 적게 한 〈시무육조(時務六條)〉에 이르기까지 무려 15년 동안이나 줄기차게 정치, 경제, 사회, 문화 전반에 걸쳐 조선의 전면적인 개혁을 부르짖었다. 따라서 율곡을 경세가이자 개혁가라고 불러도 틀리지 않다. 조정에 있을 때 율곡은 자신의 정체성과 존재 가치를 오로지 낡은 집을 보수하고 고치는 목수처럼 낡은 조선을 수리하고 혁신하는 개혁가에서 찾았기 때문이다.

율곡은 창업이나 수성보다 훨씬 어려운 것이 경장이라고 여겼다. 창업은 이미 기운을 다하고 쓰러져 가는 낡은 왕조를 무너뜨리는 일일 뿐이고, 수성은 왕조가 한창 번성할 때 이루어져서 비록 평범한 임금과 간신히 벼슬자리나 채우는 신하일지라도 크게 실패하는 일은 없기 때문이다. 그러나 경장은 옛 풍속과 관습을 편안하게 여겨 새로운 것에 두려움을 느끼는 백성들, 예전의 제도와 법령에 푹 빠져 이로움과 영화로움을 취하느라 어떤 변화도 거부하는 지배층들, 무사안일에 빠져서 재앙이 눈앞에 닥치기 전에는 무엇 하나 고치려고 하지 않는 벼슬아치 등 온갖 세력의 반발과 저항을 넘어서야 하는 것이다. 따라서 율곡은 높은 식견과 뛰어난 실력을 가진 사람이 아니면 개혁을 성사시키기 어렵다고 했다.

시대의 과제, 즉 조선을 부국안민의 나라로 만들기 위해 개혁과 혁신을 15년에 걸쳐 주장한 율곡의 지극한 정성과 성심의 궤적을 따라가 보자.

시대의 흐름을 살펴라

선조가 즉위한 지 8년째 되는 1574년 정월 초하룻날, 『조선왕조실록』의 기사는 이렇게 시작한다.

재변(災變)으로 인해 임금께서 정전(正殿)을 피하고, 고기반찬을 물리치고, 음악을 듣지 않았다.

『선조수정실록(宣祖修正實錄)』 선조 7년(1574) 1월 1일

날이 가물고, 큰 바람이 불고, 흙비가 내리는가 하면 흰 무지개가 해

를 꿰뚫고 지진이 일어나는 등 잇따른 자연재해와 변고에 선조는 불안과 두려움을 감추지 못했다. 하지만 선조는 두려운 마음만 가질 뿐 이변으로 인해 나라와 백성이 입는 해로움을 풀 방책을 강구하지는 않았다. 이에 다시 한 번 임금에게 자신의 시무책을 적극 주장할 좋은 기회라고 여긴 율곡은 주변 사람들에게 "재변이 혹심한데 임금이 마음으로 두려워하면서도 그것을 해결할 방책은 알지 못하고 계시오. 그래서 의혹만이 과장되어 마음이 혼란스럽지 않은 사람이 없게 되었소. 내가 상소하여 시대의 폐단을 극진하게 말씀드리고, 그러한 폐단을 구제할 계책을 써서 나라와 백성을 안정시키려고 하오"라고 말했다. 그런데 좌의정 박순이 이 말을 듣고 와서는 "임금의 위엄을 침범해 더욱 불안하게 할까 두렵소"라면서 율곡을 적극 만류했다. 그러자 율곡은 "대신은 만백성의 희망인데 자기도 말을 다 하지 않으면서 다른 사람까지 말을 못하게 하는 까닭이 무엇이란 말인가?"라며 크게 탄식했다. 율곡은 나라와 백성을 위하는 마음으로 임금에게 지극하게 간언하는 것이 선비의 참된 도리이자 녹봉을 받는 관료의 태도라는 사실조차 망각한 신하들의 보신주의가 너무나 안타까웠다.

그런데 사흘이 지난 1월 4일 선조가 신하들에게 어려운 시국을 타개할 계책을 구한다는 교지를 내렸다. 이에 율곡은 주저하지 않고 1만 1천 6백여 자에 이르는 장문의 글을 써서 선조에게 올렸다. 이 글이 '1만 자로 이루어진 상소문'이라는 뜻을 담은 〈만언봉사〉다. 이때 율곡은 나이 39세로 승정원 우부승지였다.

율곡의 시무책이 드러나 있는 글 가운데 〈만언봉사〉가 특별히 중요한 까닭은 그가 추구한 개혁의 두 가지 핵심어가 가장 잘 드러나 있기 때문이다. 그 하나가 시의(時宜), 즉 '시기에 알맞은 것'이고, 다른 하나는 실공(實功), 곧 '실질적인 공적을 얻는 것'이다. 율곡은 〈만언봉사〉를 통해 '적당한 시기'와 '실질적인 효과' 이 두 가지야말로 개혁을 성공시키는 핵심임을 밝혔다.

> 신이 생각하건대, 다스림은 시기를 아는 것이 소중하고, 일에 있어서는 실제에 힘쓰는 것이 중요합니다. 다스림을 펼 때 시기가 적절한가(時宜)를 헤아릴 줄 모르거나 일을 할 때 실질적인 효과(實功)에 힘쓰지 않는다면 비록 어진 임금과 현명한 신하가 서로 잘 만나더라도 다스림의 결과를 이루기 힘들 것입니다.
>
> 『율곡전서』〈만언봉사〉

다스림에는 시기가 적절해야 한다는 것은 무슨 뜻인가? 이것은 시기에 따라 융통성 있게 일을 잘 처리하고 제때에 법과 제도를 개혁해 백성을 구제하는 것을 말한다. 따라서 법과 제도는 마땅히 시대에 따라 만들고 또한 시대가 바뀌면 법과 제도 역시 반드시 바꿔야 한다. 시의적절한 변법 개혁은 지속가능한 발전을 보장하지만 변법의 시기를 놓친 나라는 쇠퇴와 몰락의 길을 걷는다. 특히 율곡은 구체적인 사례를 열거하면서, 태조 이성계가 나라를 연 이후 제9대 임금인 성종 때에 이르기까지 조선은 시의 적절하게 법과 제도를 바꾸어 왔음을 증명했다.

우리 왕조에 이르러 태조께서 국운을 여시고, 세종께서 왕조의 기틀을 마련하여서 처음으로 『경제육전(經濟六典)』을 사용하셨고, 성종에 이르러서는 『경국대전』을 간행하셨습니다. 그 이후에도 때에 따라 법을 고치고 만들어서 『속록(續錄, 경국대전속록)』이라고 불렀습니다. 어진 임금에서 어진 임금으로 이어져서 마땅히 바뀔 것이 없어야 할 것인데도 때로는 『경제육전』을 사용하다가 때로는『경국대전』을 사용하고, 거기에 덧붙여『속록』까지 만든 것은 다만 시의 적절하게 법과 제도를 바꾼 것일 뿐입니다. 그러한 때에는 새로운 법과 제도를 만들어도 사람들이 괴이하게 여기지 않았고, 법과 제도를 시행할 때에도 지체되거나 막힘이 없어서 백성들이 살아가는 데 어려움이 없었습니다.

『율곡전서』〈만언봉사〉

율곡은 이렇듯 태조 때부터 성종 때까지 창업과 수성의 시대적 과제를 잘 수행해 온 조선 왕조가 연산군 시대에 들어와 커다란 위기를 맞게 되었다고 보았다. 연산군은 탐욕에 젖어 선왕의 법과 제도를 고치고 백성들의 토지와 재물을 빼앗아 자신과 간신배들의 배를 채우는 폭정을 일삼았다. 비록 중종이 반정을 일으켜 연산군을 쫓아냈지만 초년에 나랏일을 맡은 자들은 모두 반정에 공이 큰 무식한 신하들뿐이었고, 이후 사림의 어진 선비들이 일어나 시대적 소명을 다하려 했지만 기묘사화(1519)의 참변을 당했다. 더욱이 명종 때 일어난 을사사화(1545)는 기묘사화 때보다 더욱 참혹해서 이후 사림은 목숨이 붙어 있는 것만도 다행이라고 여겨 말과 행동을 조심하며 감히 나랏일에 나서지 못했다. 결국 조정은 척신과 간신의 무리로 가득 찼고, 이들은 나라의 법과 제도를 사사로운 이익을 챙기는 일에 제멋대로 이용했다. 이때부터 잘못된 법과 제도로 말미암은 폐단이 더욱 커져서 권신들의 창고는 가득 차도 나라의 창고는 텅 비고, 권신들의 배가 부르면 부를수록 백성들은 초근목피(草根木皮)의 신세를 면치 못하게 되었다는 것이 율곡의 시국관이었다.

우리 조선의 선왕들께서 법과 제도를 만든 초기에는 진실로 시기에 합당하고 공정했습니다. 그러나 이제 거의 2백여 년의 세월이 흘러서 시대가 변하고 상황이 바뀌어서 폐단이 없지 않게 되었습니다. 따라서 마땅히 그에 맞게 대처하고 변통해야 합니다. 또한 뒷날 만들어진 잘못된 관습과 법률을 시급히 개혁해서 불에 타거나 물에 빠져 애타게 구명(求命)을 원하는 사람을 구해내듯 힘써야 하지 않겠습니까? 옛말에 궁즉변 변즉통(窮則變 變則通)이라고 했습니다. 이 말처럼 궁하면 고치고, 고치면 길이 열리는 법입니다. 전하께서는 왜 시기와 상황에 맞게 변법 개혁을 해야 하는가를 항상 마음에 새기십시오.

『율곡전서』〈만언봉사〉

그런데 선조의 시대에도 기묘사화와 을사사화 이후 굳어진 잘못된 관습과 법 제도는 크게 고쳐지지 않았다. 그 까닭을 율곡은 선조가 일을 그르칠까 우려해서 개혁할 뜻과 생각을 적게 갖고, 신하들은 행여 기묘년과 을사년의 참변을 당하지나 않을까 두려워하여 감히 개혁의 뜻을 꺼내지 못하기 때문이라고 생각했다. 또한 율곡은 선조의 시대에 연산군 이후 조정과 조선 사회 구석구석에 자리를 잡은 낡은 관습과 잘못된 법 제도를 개혁하지 못한다면 때를 놓친 조선은 쇠락과 멸망의 길을 걷게 될 것이라고 여겼다. 율곡은 당대를 조선이 새롭게 거듭나 도약의 시대를 열 것인지 아니면 폐법(弊法)의 굴레에 갇혀 쇠락과 몰락의 길을 걸을 것인지를 판가름 짓는 시기로 보고, 지금이야말로 변법 개혁을 행해야 할 가장 시의적절한 때라고 주장한 것이다.

실질적인 결과를 목표로 하라

일을 추진할 때는 명분과 계획이 중요하다. 명분이 명확하고 떳떳하지 않거나 계획이 충실하게 짜여 있지 않으면 온갖 의혹과 반대로 인해 헛된 말이나 탁상공론에 싸여 제대로 일을 추진하기조차 어렵기 때문이다. 하지만 명분과 계획은 일을 시작할 때 중요한 요소일 뿐이다. 일의 결과를 놓고 보면 명분보다는 실질적인 효과와 노력이 더 중요하다. 아무리 좋은 명분과 훌륭한 계획을 세워도 일을 추진하다 보면 계획은 조금씩 변할 수밖에 없다. 그런데 그 모든 상황은 접어 두고 애초의 계획을 두고 갑론을박만 하고 있으면 이루어지는 것은 없고 처음의 명분과 계획도 모두 낡고 쓸모없는 것이 되어 버리고 만다. 따라서 바른 명분과 큰 계획이 세워지면 실질적인 효과와 결과를 노려 그때그때 유연하게 대처해야 한다.

대개 뜻과 의지가 있더라도 다스림의 효과가 나타나지 못하는 까닭은 이처럼 실질적인 공적과 결과에 힘을 쏟지 않기 때문이다. 율곡은 다스림에 있어서 실제 효과와 결과가 나타나지 못하는 대표적인 이유를 일곱 가지로 나누어서 살폈다.

첫째, 임금과 신하가 서로 믿지 못하기 때문이다. 따라서 임금은 진언(進言)하는 신하를 뿌리쳐서는 안 되고, 신하들이 임금의 말로 인해 재앙을 만날 수도 있다는 두려움을 갖지 않도록 배려해야 한다. 임금과 신하가 서로 마음을 터놓고 진심을 말할 수 있는 관계가 되어야 변법 개혁이 지속될 수 있다.

둘째, 신하가 직무에 대한 책임을 다하지 않기 때문이다. 위로는 조정 관료와 아래로는 지방 관청의 서리(胥吏)에 이르기까지 그 직분에 따른 책임을 엄격하게 따져서 기강을 바로잡아야 한다. 만약 조정 관리와 지방 서리들의 부정부패와 비리를 방치하면 아무리 법과 제도를 고치더라도, 이들의 권력 남용으로 말미암아 백성들의 삶은 나날이 곤궁해져서 끝내는 혼란과 쇠망을 피할 수 없을 것이다.

셋째, 임금과 신하가 경연에서 헛된 말이나 탁상공론을 일삼기 때문이다. 경연은 글이나 읽고 경전의 장구(章句)에 따라 뜻이나 풀이하는 공간이 아니다. 경연은 나라와 백성을 다스릴 때 어지럽고 혼란스러운 것을 해결하고 또 올바른 정치와 정책을 밝히는 것을 주요한 목적으로 삼아야 한다.

넷째, 어질고 현명한 인재를 받아들이지 않기 때문이다. 인재를 구하기 위해서는 과거의 제도에 구애받지 않아야 한다. 또한 단지 벼슬을 임명하는 것에 그쳐서는 안 된다. 그 사람에 대한 백성들의 여론을 귀담아 듣고, 깊은 대화를 나누어 그의 덕성과 능력을 살피고, 일을 맡겨 처리하는 것을 시험해 본 다음에 과연 어질고 현명하다는 판단이 서면 마땅히 존경하는 마음을 갖춰 그의 계책을 쓰고 더불어 도리를 행해야 한다.

다섯째, 천재지변이나 재앙에 대비해 실질적이고 근본적인 대책을 세우지 않기 때문이다. 천재지변이나 재앙은 하늘이 임금의 다스림에 잘못이 있음을 알리는 경고이다. 따라서 임금은 지난날의 잘못을 고치고 정치의 폐단을 바로잡아서 하늘의 분노를 제자리에 되돌려 놓아야 한다. 단지 임금이 스스로 반성한다는 명목으로 정전(政殿)을 피하고, 고기반찬을 물리치고, 음악을 듣지 않는 것은 재앙을 경계하는 형식적인 행동일 뿐이다. 반드시 정사(政事)와 민생의 폐단과 해로움을 고쳐 바로잡는 실질적이고 근본적인 대책을 취해야 한다.

여섯째, 나라의 정책이 백성의 삶과 현실을 제대로 반영하지 못했기 때문이다. 명목 없는 조세를 없애는 정책을 시행해도 탐관오리의 농간으로 인해 백성들의 삶은 더욱 궁핍해진다. 그것은 민생 현장의 현실을 무시한 채 법 제도와 명령을 반포하기 때문이다. 법과 제도가 오래되어서 폐단이 생기면 그 폐해가 곧바로 백성들에게 돌아간다. 그러므로 폐단을 개혁하는 것은 백성의 삶을 이롭게 하는 것이다.

일곱째, 백성의 마음이 선하지 않기 때문이다. 백성들이 사사로운 욕심에 따라 흩어지고, 윤리와 도덕이 무너져 내리면 서로 제 살길만 찾느라 부모 형제조차 돌아보지 않게 된다. 백성들이 이렇게 탐욕에 눈이 멀면 제아무리 좋은 개혁 정책도 민생을 구제하기 어려울 것이다. 따라서 백성의 마음속에 오래도록 자리 잡은 잘못된 습속을 개혁하고 또한 선한 마음을 갈고닦을 수 있도록 교육해야 한다.

어느 시대나 실질적인 효과와 결과가 나오려면 율곡의 가르침대로 다양한 방법으로 뛰어난 인재를 찾아 등용하고, 윗사람과 아랫사람 사이에 깊은 신뢰를 쌓되 그 책임은 명확하게 해야 한다. 토론하는 자리에서는 탁상공론으로 시간을 허비하지 말고 실질적인 내용으로 의견을 나누되 뒤탈이 두려워 말 못하는 이가 없도록 하는 것이 중요하다. 또한 언로(言路)를 열고 다양한 의견을 수렴하여 부패하고 오래된 것들은 곧바로 개혁해야 한다. 그렇게 할 때만이 일의 실질적인 효과와 결과를 이룰 수 있다.

진성위지
盡誠爲之

【 정성을 다해 실천하라 】

성심과 정성을 다하는 것도 습관이다. 현재 자신의 일을 단순히 생계 수
단으로만 여기면서 다른 일에 기웃거리는 사람은 큰일을 맡아도 집중할
수 없다. 또한 큰일에만 집중하고 사소한 질서는 무시하는 사회는 근본이
약해질 수밖에 없다. 따라서 이유를 불문하고 현재 내가 선택한 모든 일
에 대해서는 성심과 정성을 다해야 한다.

주자는 이렇게 말했습니다. "성실하게 뜻을 펼치고 올바르게 마음을 갖
는 노력이 쉬지 않고 오랫동안 지속되면 사람들이 깊이 감화되고 널리
녹아들어서 저절로 그만둘 수 없게 된다. 이런 경지는 개인의 지혜만으로
미칠 수 있는 것이 아니다." 오직 뜻이 성실하지 않고 마음이 바르지 않기
때문에 집안을 바로잡을 수 없고, 집안이 바르지 않기 때문에 나라를 다

스리는 데까지 나아갈 수 없는 것입니다. 만일 뜻이 성실하고 마음이 올바르다면 집안과 나라는 이 마음과 뜻을 들어서 적용하기만 하면 다스려질 것입니다.

『성학집요』〈정가(正家)〉

작게는 내 몸에서, 집안, 그리고 나라를 다스리는 일까지도 성실한 마음으로 정성을 다할 때만이 제대로 굴러갈 수 있다는 것이다. 이렇게 매사를 성심과 정성으로 대하는 것을 진성(盡誠, 정성을 다하는 것)이라고 하며, 이 두 글자는 일과 시대적 과제를 대하는 율곡의 근본정신이기도 하다.

재물과 영화로움을 이롭게 여기는 마음은 비록 그 생각을 쓸어 없애버릴 수 있다고 하더라도, 만약 일을 처리할 때 조금이나마 편리하게 하고자 하는 마음이 있다면 이 또한 이로움을 탐하는 마음이다. 더욱 살펴야 할 것이다. 무릇 일이 내 앞에 왔을 때 만약 해야 할 일이라면 정성을 다해서 하고 싫어하거나 게으름을 피워서는 안 된다. 만약 해서는 안 될 일이라면 일체 끊어 버려서 내 속에서 옳으니 그르니 하는 마음이 서로 다투어서는 안 된다.

『율곡전서』〈자경문〉

율곡에게 일이란 반드시 해야 할 것을 의미했다. 그렇지 않다면 그는 차라리 그만두는 편을 택했다. 그리고 일단 무엇을 할 것인가를 결심했다면 조금이라도 편리하게 처리하려는 마음이나 하기 싫어하거나 게으름을 피울 생각은 일체 끊어 버리고 오로지 성심과 정성을 다해 나아가야 한다고 생각했다. 게으르고 편하고자 하는 마음은 정심공부에 반할 뿐 아니라 성인이 되겠다는 목표를 스스로 망가뜨리는 것이기 때문이다. 또한 정심을 가지고 일을 대하는 것만이 선비가 추구해야 할 참된 삶이자 자신이 스스로 조정에 몸담은 유일한 이유이기도 했다.

율곡은 비록 조정에서 자신의 뜻이 제대로 관철된 적도 없고 나라의 사정도 자신이 바라는 것과는 반대로 흘러가도, 평생 동안 기회가 될 때마다 정성을 다해 자신의 뜻을 전하고자 노력했다. 한 번에 성사되지 않으면 두 번, 두 번에 성사되지 않으면 세 번, 세 번에 성사되지 않으면 네 번, 그래도 성사되지 않으면 다섯 번, 여섯 번, 일곱 번, 아니 천 번을 주장하더라도 오로지 진성, 두 글자가 존재할 뿐이었다.

마땅히 해야 할 일에는 성심을 다하라

시대를 잘못 만난 탓인지 아니면 임금을 잘못 만난 탓인지 율곡은 평생토록 온 힘을 쏟고도 큰 뜻을 이루지 못했다. 선조는 율곡의 자질과 능력을 높이 사 곁에 두고 싶어 하면서도 개혁을 향한 율곡의 간절한 뜻은 받아들이지 않았다. 만약 보통 사람이라면 임금을 원망하거나 혹은 시대를 잘못 만난 자신의 신세를 한탄하면서 더러운 세상을 멀리한 채 고고한 기상을 지키는 처사의 삶을 선택했을 것이다. 퇴계 이황이나 남명 조식의 삶역시 여기에서 크게 벗어나지 않았다.

퇴계는 잘 알다시피 나라를 다스리고 천하를 평정하기보다는 자기 자신을 살피고 진리와 이치를 탐구하는 데 더 마음을 두었고, 남명 조식은 임금의 간곡한 부름에도 위급한 시대를 구제하라는 뜻을 담은 '구급(救急)' 두 글자로 자신의 출사(出仕)를 대신할 뿐이었다.

신은 '구급'이라는 두 글자를 올리니, 전하께서는 이것으로 나라를 일으키는 말로 삼으십시오. 이 두 글자로써 하잘것없는 제 몸뚱이를 세상에 드러내는 일에 대신하고자 합니다.

조식, 『남명집(南冥集)』 〈정묘년 사직하면서 승정원에 올린 상소문(丁卯辭職呈承政院狀)〉

율곡은 이들과 다른 길을 선택했다. 그는 임금이 자신의 뜻을 받아들이지 않아도 혹은 주변 사람들이 자신의 주장에 귀를 기울이지 않아도 자신이 걸어가야 할 길은 오로지 그 시대가 요구하는 긴급한 과제인 경장에 온 마음을 쏟아 실천하는 것일 뿐이라고 여겼다. 거듭된 선조의 무사안일과 무성의에도 불구하고 1582년(47세) 12월 병조판서에 임명되자 즉시 황해도와 평안도 지역의 폐정(弊政) 개혁을 요청한 것이나, 그 다음 해(48세) 2월 또다시 〈시무육조(時務六條)〉를 올려 군정 개혁을 호소한 것 역시 모두 이러한 맥락에서 이해할 수 있다.

율곡이 10만 군사를 양성해 불의의 변란에 대비할 것을 주장했다는 이른바 '10만 양병설'이 등장하는 시기 역시 이 무렵(1583년 4월), 즉 그가 병조판서로 재임할 때다. 병조의 수장이 된 율곡은 불시에 닥칠 외적의 침략에 대비하여 군사력과 군사 물자를 철저히 준비하는 등 오로지 군정 개혁에 온 힘을 쏟았다. 그러나 그러한 율곡의 노력은 1583년 6월 여진족이 2만의 군사를 이끌고 종성(鍾城, 함경북도 종성군)을 포위해 위협하는 사건이 발생하면서 수포로 돌아가고 말았다.

여진족이 종성을 포위하자 율곡은 신속하게 위기 상황에 대처했다. 먼저 때에 맞춰 도성 안의 군사 1만여 명을 가려 뽑아서 싸움터로 보냈다. 이때 군자감(軍資監)에 있던 무명으로 병사들의 옷감을 해결해 주고 조정 관리들의 녹봉을 덜어서 병사들의 처자식을 구제해 줄 것을 요청해 군의 사기를 진작시켰다. 특히 싸움터로 보낼 말을 갑작스럽게 마련하기 힘든 상황에 처하자 병사들 중 3등 이하의 사수가 말을 바치면 전장으로 나가는 임무를 면제해 주는 대책을 세웠다. 이는 을묘왜변(乙卯倭變) 때 싸움터로 나가던 병사들이 지방 고을에서 말을 약탈해 발생한 혼란 같은 상황을 미연에 방지하기 위해서였다.

율곡은 전장의 상황이 다급한지라 임금의 승낙이 떨어지기 전에 먼저 시험 삼아 이 대책을 시행해보았다. 그러자 말을 바치려는 자들이 구름떼처럼 모여들었다. 그 말을 병사들에게 나누어 주어서 신속하게 싸움터로 내보내는 한편 임금에게 그 상황을 보고했다. 전장의 다급한 사정에 맞춰서 선행후계(先行後啓)한 것이다.

그러던 중 하루는 변방에서 날아든 보고를 접한 선조가 다급하게 율곡을 불렀다. 임금이 찾는다는 전갈을 받은 율곡은 대궐로 가다가 미처 승정원에 다다르기 전에 갑자기 쓰러져서 다시 병조로 들어가 눕게 되었다. 원래 병이 있는 몸인 데다가 외적의 침입으로 밤낮을 가리지 않고 군무를 처리하느라 쇠약해진 몸이 그날 더욱 악화된 것이다. 율곡이 쓰러졌다는 소식을 들은 선조는 친히 내의(內醫)를 보내 병을 간호하게 했다.

그런데 이 두 가지 사태가 삼사에서 율곡을 탄핵하는 빌미가 되었다. 율곡이 권력을 제멋대로 휘둘렀고, 교만하게 임금을 업신여겼다는 죄목을 씌워 율곡을 병조판서에서 해임시켜야 한다고 주장한 것이다. 여기에서 권력을 제멋대로 휘둘렀다는 것은 군마를 징발해 전장으로 보낼 때 급하게 명령을 내린 사건을 말하고, 교만하게 임금을 업신여겼다는 것은 임금의 하명에도 불구하고 도중에 쓰러져 승정원에 도착하지 못한 행동을 이른다. 누가 보더라도 한눈에 율곡을 정치적으로 쓰러뜨리기 위해 꾸민 비난이요, 모함이라는 사실을 알 수 있다. 당시 삼사의 탄핵안을 주도한 사람은 송응개(宋應漑), 박근원(朴謹元), 허봉(許篈) 등이었다. 즉 동인에 속하거나 혹은 그에 가까운 선비들이었다.

어쨌든 선조의 입장에서는 두 가지 사건 모두 자신이 익히 알아서 처리한 일이었기 때문에 탄핵안을 받아들일 마음이 전혀 없었다. 그러나 율곡은 이미 몸과 마음이 지쳐서 쇠약해진 탓인지 아니면 자신으로 말미암아 또다시 조정이 분열해 싸우는 모습을 보고 싶지 않았던 때문인지 스스로 죄를 인정하고 병조판서 직에서 물러날 것을 청했다. 처음 선조는 율곡의 사직을 받아들이지 않았지만, 율곡의 거취를 두고 조정의 여론이 나뉘어 갑론을박을 일삼고 율곡이 거듭 물러나기를 청하자 결국 이를 받아들였다. 이때 율곡은 곧바로 양화진(서울 마포구 당인리 근처)으로 나가 배를 타고 파주 율곡으로 향했다. 당시 그가 남긴 시 구절이 외롭고 쓸쓸한 지사(志士)의 뒷모습을 떠올리게 한다.

孤臣一掬淚　　외로운 신하가 흘리는 한 움큼의 눈물
灑向漢陽城　　한양 도성을 향해 뿌리누나

하지만 이런 시간도 잠시 선조의 계속되는 부름에 응해 율곡은 4개월 만에 조정으로 되돌아가게 된다. 선조와 평생 갈등과 애증의 관계를 지속하고 동인과 서인들 사이에서 모함을 당하면서도 율곡은 올바른 정치에 대한 의지를 버리지 못했던 것이다.

다시 조정으로 돌아온 율곡은 예전에 자신을 탄핵하는 데 앞장선 세 사람에게 은전(恩典)을 베풀 것을 청하는 한편 참언(讒言)과 이간질로 찢겨진 사람을 하나로 융합시키는 데 온 힘을 쏟았다. 율곡은 동인과 서인이 양쪽으로 갈려서 서로 배척하는데 유독 자신만이 입이 닳도록 화합을 부르짖으며 동서 분당을 타파하려는 까닭은, 진실로 사림이 화합하지 못하면 조정이 바로 서지 못하고 나라를 올바르게 다스릴 수 없기 때문이라고 말했다.

그러나 폐정을 개혁하고 붕당을 타파해 위기에 처한 나라와 고통받는 백성을 구제하려 한 율곡의 큰 뜻은 끝내 하늘의 부름 앞에 꺾이고 만다. 1584년 새해의 감흥과 각오가 채 가시기도 전인 1월 16일 악화된 병세를 끝내 이기지 못하고 겨우 49세의 나이로 세상을 뜨고 말았기 때문이다.

그런데 그보다 이틀 전인 14일 율곡은 사경을 헤매는 병환 속에서도 북방 지역으로 군사 및 민정(民政) 시찰의 임무를 띠고 떠나는 서익(徐益)에게 방책을 일러 주고자 했다. 주변 사람들이 병환이 심하니 정신을 쓰지 말라고 간곡하게 만류했지만, 율곡은 "이것은 국가의 큰일이니, 이 기회를 그냥 놓쳐서는 안 된다"며 즉시 부축을 받고 앉아서 동생 이우를 시켜 자신의 말을 받아 적게 했다. 이것이 평생 동안 성심과 정성을 바쳐 개혁에 힘쓴 율곡이 세상에 마지막으로 남긴 시무책이었다. 이때 율곡이 유언이나 다름없이 남긴 〈시무육조〉의 내용은 다음과 같다.

1. 임금의 어짊과 덕성을 드러내어서 밝힐 것
2. 변방의 장수와 병사들을 위로하고 사기를 진작할 것
3. 임금의 위엄을 넓게 펼칠 것
4. 조선을 배반한 오랑캐 세력을 제압할 것
5. 사신들의 비용을 줄여서 백성들의 고통을 덜어줄 것
6. 장수들의 재능과 방략을 미리 살펴서 불의에 닥칠 위급한 일에 대비할 것

「율곡전서」〈연보〉

율곡이 죽음을 목전에 둔 순간까지 개혁을 향한 소망을 버리지 못한 까닭은 도대체 무엇이었을까? 오직 성심과 정성을 다해 보통 사람의 수준을 뛰어넘어 위대한 인간의 경지에 도달한 이들은 대개 큰 뜻과 소명의식을 갖고 있기 마련이다. 그것이 이념적이지 않고 실제적이면 더욱 그렇다. 율곡은 스스로 학문을 하고 벼슬살이하는 자신의 뜻을 오직 풍요롭고 안정된 민생이 떠받치고 있는 부강한 나라 조선을 만드는 것에서 찾았다. 그것이 하늘이 자신에게 부여한 소명이라고 여겼다. 그러나 채 쉰의 나이를 넘기지도 못하고 낡고 썩어서 무너지기 일보 직전에 놓인 조선의 운명과 난세를 만나 굶주리고 핍박받는 백성의 삶을 뒤로 한 채 세상을 떠났다. 목숨이 다하는 마지막 순간까지 촌각을 아껴 시무책을 올린 율곡의 심중에는 미처 이루지 못한 큰 뜻과 소명을 향한 최후의 열정과 함께 무수한 회한이 뒤범벅되어 있었을 것이다.

그러한 율곡이 애처로웠던지 아니면 학자의 삶을 내팽개치고 벼슬길에 나선 율곡이 못마땅했던지, 율곡의 가장 절친한 벗 우계 성혼이 한번은 율곡에게 다음과 같은 충고를 한 적이 있다.

선비는 마땅히 임금의 마음을 바로잡는 일을 급선무로 삼아야 하네. 그러나 만약 임금의 마음을 돌릴 수 없다면 속히 몸을 이끌고 벼슬에서 물러나야 하네. 임금의 마음을 얻지 못한 채 먼저 일의 공적에 힘쓰는 것은 선비가 할 일이 아니네.

율곡은 이 충고에 대해 어떻게 반응했을까? 율곡은 진성, 즉 '정성을 다하는 것'의 정반대 표현인 천박지성(淺薄之誠), 곧 '천박한 정성'이라는 말까지 써가면서까지 성혼의 충고가 올바르지 않다는 사실을 일깨워 주었다.

그 말은 옳네. 그러나 임금의 마음이 어찌 하루아침에 달라질 수 있겠나. 서서히 두고두고 정성을 다해 감동하고 깨닫기를 바라야 하네. 만약 천박한 정성으로 열흘이나 한 달 이내에 효과가 있기를 기대하다가 자신의 뜻과 같지 않으면 곧 몸을 이끌고 물러가는 것은 또한 신하의 도리가 아니네.

율곡에게는 임금이 자신의 뜻을 받아들이느냐 혹은 그렇지 않느냐는 부차적인 문제였을 뿐이다. 정작 중요한 문제는 그 시대가 자신에게 요구하는 것이 무엇이고 또한 자신이 마땅히 해야 할 일이 무엇인가를 찾아 지극하게 간언하고 성심껏 실천하는 것이었다. 그것이야말로 율곡 자신이 스스로 떠안은 시대적 사명이자 역사적 소임이었기 때문이다. 그래서 율곡은 "임금이 싫어하는 얼굴빛을 해도 거리낌 없이 자신의 생각을 간하는 일은 있을 수 있지만 마음속에 숨기는 일이 있어서는 안 된다"고 말했다. 비록 임금에게 미움을 받고 주변 사람들에게 배척을 당하는 한이 있더라도, 부국안민을 위한 개혁의 뜻과 주장을 결코 굽히거나 접어 두어서는 안 된다는 말이다. 임금이 자신의 뜻과 주장을 받아들일지 여부를 따져 스스로 정성과 성심을 조절하는 것, 그것이야말로 율곡이 가장 경계하고 혐오한 천박지성이기 때문이다.

할 수 없는 일은 솔직하게 거절하라

일을 하다 보면 해서는 안 되거나 할 수 없는 일이 생긴다. 이런 일이 생겼을 때 어떻게든 책임지지 않아도 되는 선에서 처리하겠다거나, 그 일이 쉬워 보인다고 해서 대충 처리할 생각이라면 차라리 거절하는 것이 낫다. 해서는 안 되는 일이라면 명령을 내린 사람이 윗사람이라고 해도 올바른 길을 제시해 설득해야 한다. 또 할 수 없는 일이라면 솔직하게 어려움을 이야기하고 양해를 구해야 한다. 이러한 자세는 높은 자리에 올라갈수록 더욱 필요하다. 권한이 큰 만큼 그로 인한 파장도 클 것이기 때문이다. 만약 그럴 수 없다면, 차라리 자리를 내놓고 물러나 자신의 뜻과 마음을 지키는 것이 낫다.

> 지위가 높은 자는 올바른 도를 행하기에 중점을 둘 것이요, 이 도를 행할 수 없으면 물러나야 한다. 만약 집이 가난해 벼슬을 해야 먹고살 수 있으면 내직은 사양하고 외직으로 나가며, 높은 벼슬을 사양하고 낮은 자리에 거하여 굶주림과 추위만을 면한다. 벼슬을 할 때는 마땅히 청렴하고 부지런하게 자기의 직무를 다해야 하며, 아무 일도 않고 봉급만 타먹고 살아서는 안 된다.
>
> 『격몽요결』〈처세〉

권력의 유혹과 보신에 대한 욕구는 강한 법이다. 더구나 임금과 같이 막강한 권한을 가진 사람의 제안이나 명령이라면 거절하기가 쉽지 않다. 하지만 율곡은 이것조차도 성장하기 위해 반드시 끊어 내야 할 욕심으로 보았다. 욕심 때문에 감당하지도 못할 권력을 움켜쥐는 것은 제 몸에 맞지 않는 옷을 억지로 걸치고 있는 것과 같다. 이 얼마나 우스꽝스럽고 구차하며 망신스러운 모습인가. 결국에는 그 욕심이 몸과 정신을 망칠 뿐이다.

일뿐만 아니라 인간관계에 있어서도 거절해야 할 사람이 있다. 기본적으로는 되도록 모든 사람들을 설득해 올바른 길로 인도하는 것이 옳지만 현실적으로 설득이 힘든 사람들이 있다. 율곡은 친구는 물론 때에 따라서는 부모와 임금도 거절할 수 있다고 보았다. 사사로운 정이나 권력에 사로잡혀 해서는 안 될 일이나, 할 수 없는 일에 뛰어드는 것은 사람의 도리가 아니라는 것이다. 친구든 부모든 혹은 임금이라도 도리가 아닌 일에 대해서는 잘못을 일깨우고, 혹여 그렇게 하기 힘든 상황이라면 차라리 피하는 것이 낫다.

군자는 인륜에 관해서는 크게는 세속과 같지만 그 가운데 다른 점이 있습니다. 어버이를 사랑하는 점에서는 같지만 부모가 도리와 이치를 깨닫도록 설득하고 명령을 따르는 것만을 효도로 여기지 않는 것이 세속과 다릅니다. 임금을 공경하는 점에서는 같지만 임금을 도리와 이치에 맞도록 이끌고 의견이 맞지 않으면 떠나간다는 것이 세속과 다릅니다. 아내에게 본보기가 된다는 점에서는 같지만 서로 손님처럼 공경하고 정욕에 빠지지 않는 것이 세속과 다른 점입니다. 형에게 순종한다는 점에서는 같지만 즐거운 마음으로 서로 권유하고 타일러 학문과 행실을 닦도록 한다는 것이 다릅니다. 벗과 사귀는 점에서는 같지만 시간이 지나도 공경하고 서로 살펴 선을 행하는 것이 다릅니다. [중략] 세속에서 행실이 바른 사람일지라도 군자의 도를 몰라서 한갓 먹고 입고 자는 것만 봉양하며 부모의 허물을 방관하면서 오히려 군자가 부모의 말을 따르지 않는 것을 두고 불효라고 의심합니다. 임금에게 신임을 얻지 못하면 초조하여 나아가기만 하면서 군자가 나아가기를 어려워하고 물러나기를 쉽게 여기는 것을 불경하다고 의심합니다. 정욕으로 예를 무너뜨릴 정도로 친하기만 하면서 군자가 낮에 내실에 들어오지 않음을 두고 비정하다고 의심합니다.

형제가 서로 모여 술과 음식을 나누며 잔치나 즐기면서 군자가 학문에 힘쓰는 것을 우애를 해치는 일이라고 의심합니다. 친구들과 서로 어깨를 치고 소매를 당기며 희롱하고 놀리면서 군자가 위엄을 지키는 것을 두고 도리어 친밀하지 못한 우정이라 의심합니다. 만약 윗자리에 있는 사람이 먼저 도리를 알아 안목을 갖추지 않으면 세속과 다른 것을 그르다고 여기는 사람이 많을 것입니다. 군자가 세속과 다른 까닭은 풍속이 옛 도를 회복하지 못했기 때문입니다. 만약 교화가 행해지고 풍속이 아름다워져서 우리 학문의 도가 크고 밝게 널리 퍼지면 세속 사람들이 모두 군자가 될 터이니 홀로 특별하고자 하여도 그렇게 될 수 있겠습니까?

『성학집요』 〈위정 상〉

늘 모범이 되는 모습으로 사람들을 예(禮)로 인도하고자 했던 율곡조차도 피해야 할 사람의 경우를 밝히고 이들을 피하는 것이 오히려 군자의 길임을 인정했다. 흥미로운 것은 율곡이 사람을 피하는 사소한 기술까지도 전하고자 했다는 사실이다. 이는 당시의 현실적인 고민과 그의 실용주의를 엿볼 수 있는 대목이다.

사람들 중에 착한 자가 있으면 반드시 친근하게 정을 통하며 지내야 한다. 사람들 중에서 착하지 못한 자가 있어도 그 사람의 잘못된 행동을 드러내고 말하지 말아야 한다. 다만 그런 사람은 그저 평범하게 대접해 주고 서로 왕래하지 않는다. 그가 혹 전에 알던 사람일 때는 서로 만나더라도 인사만 하고 다른 말은 나누지 않는다. 이렇게 하면 점점 멀어질 뿐이요 원망하거나 노여워하지는 않을 것이다.

『격몽요결』 〈접인〉

옳지 않거나 내게 맞지 않는 일과 사람을 거절하는 것, 이것 역시 올바른 일을 행하고 사람에게 정성을 다할 수 있는 한 가지 방법이다. 모든 사람들에게 정성을 쏟는 것은 현실적으로 어렵다. 그럴 가치가 있는 사람을 찾고, 또 그들에게 집중하는 것이 사람답게 행동하기 위한 올바른 길이다.

전력어인
全力於人

【 사람을 정성껏 대하라 】

세상 모든 것에는 보편적으로 작용하는 법칙이 있다. 인간에게 있어서는 부모와 자식, 부부, 어른과 아이, 친구 간에 이루어지는 인간관계가 그것이다. 각 관계에 따라 그에 맞는 법칙이 작용하는 것이 이치이고, 이는 아무리 시간이 흘러도 변하지 않는다. 율곡은 이렇듯 이치에 맞는 인간관계야말로 사람이 사람답기 위해 지켜야 할 보편적 윤리라고 여겼다.

앞에서 말했듯이 율곡은 정치뿐 아니라 생활면에서도 실용주의를 취했던 사람이다. 그래서 아이들을 위한 책인 『격몽요결』을 비롯해 임금을 위한 『성학집요』에까지 이 보편적인 윤리를 풀어 사람을 대하는 '처세'라는 주제로 구체적으로 정리해 두었다.

선생이나 어른을 모시는 자는 마땅히 알기 어려운 의리를 물어 배워야 한다. 고향의 어른을 모실 때는 마땅히 조심하고 공손히 삼가서 함부로 아무 말이나 하지 말아야 한다. 만일 어른이 물으면 공손히 사실대로 대답한다. 친구와 함께 있을 때는 마땅히 도의를 가지고 서로 강론해 익힐 뿐이다. 세속의 잡스럽거나 저속한 말과 세상 정치의 잘잘못, 그리고 수령들의 어질고 어질지 않은 것과 다른 사람의 과실 등은 일체 입에 담지 말아야 한다. 마을사람과 함께 거처할 때는 묻는 데 대답하되 저속하고 쓸데없는 말은 하지 않는다. 내 몸이 아무리 씩씩하고 기운차도 절대 잘난 체 뽐내는 기색을 해서는 안 된다. 오직 착한 말로 인도하고 도와주어 반드시 학문을 향해 나가도록 한다. 어린 사람과 같이 있을 때는 마땅히 부모에게 효도하고 형제간에 우애하며 임금에게 충성하고 친구 간에 신뢰하는 일을 친절하게 말해 주어 그들이 스스로 착한 마음을 일으키게 해야 한다.

『격몽요결』〈접인〉

어찌 보면 식상한 잔소리로 들릴 수도 있겠다. 하지만 그것은 글자만 읽기 때문에 생기는 오해이다. 이 글의 핵심은 사람을 대하는 마음가짐이다. 사람은 아무리 속이려고 해도 행동을 통해 속마음이 고스란히 드러나게 되어 있다. 다른 사람을 대할 때도 마찬가지이다. 아무리 예의바르게 행동해도 마음속에 교만함이 있다면 얼마 가지 않아 곧 겉으로 드러난다. 사람의 마음은 어떻게 해도 완전히 감출 수 없다. 그러므로 사람에 대한 예의는 곧 진실 된 마음과 같다. 먼저 사람을 공경하고, 예의와 정성으로 대하려는 마음을 품는다면 율곡의 당부를 머리에만 남겨 두는 데 그치지 않고 자연스러운 행동으로 실천할 수 있을 것이다.

진심으로 친구를 대하라

만장이 물었다.

"감히 벗을 사귀는 도리에 대해 여쭙겠습니다."

맹자가 말했다.

"나이가 많은 것을 자랑하지 말고, 지위가 높은 것을 뽐내지 말고, 형제들의 힘을 자랑하지 말고 벗을 사귀어야 한다. 벗이란 것은 그 사람의 덕을 사귀는 것이니, 자랑하거나 뽐내면서 사귀어서는 안 된다."

『맹자』〈만장 상〉

진정한 친구는 일면 부모와 같이 의지할 수 있고 형제와 같이 고민을 나눌 수 있으며 스승과 같이 배울 점이 있는 사람이다. 진정한 친구가 되려면 자기 자신부터 그런 사람이 되어야 한다. 이런 역할을 하는 사람의 마음에는 '사람다움의 도리'가 있지 않을 수 없다. 만약 상대가 자신이 원하는 것을 가지고 있어서 친구가 되려고 하거나, 원하는 것을 얻기 위해 의지하려고 해서는 안 된다. 이것은 친구로 사귀는 것이 아니라 자신의 욕심을 채우기 위해 그 사람을 이용하는 것에 지나지 않는다. 마찬가지로 그런 사사로운 욕심을 가지고 자신에게 다가오는 사람을 진정한 친구로 받아들여서는 안 된다.

앞서도 이야기했지만 율곡에게 친구는 우계 성혼이 거의 유일했다. 단 한 명뿐인 친구지만 율곡은 항상 성혼과 더불어 정도(正道)를 지키려고 노력했고, 인품의 높고 낮음과 학문의 깊고 얕음에 대해서는 오직 자신만이 성혼을 알고 또 성혼만이 자신을 알 수 있다고 여겼다. 이렇게 보면 율곡은 "자기보다 못한 자를 벗하지 말고, 자기의 허물이 있으면 항상 고치기를 꺼리지 말라(無友不如己者 過則勿憚改)"는 공자의 말을 몸소 실천했다고 볼 수 있다. 도리와 의로움으로 맺어진 율곡과 성혼의 평생 교제는 후대에게까지 매우 긍정적인 영향을 미쳤다. 많은 선비들이 두 사람의 교우 관계를 추앙해 본받고자 했으니 말이다.

(우계 선생과) 율곡 선생은 약관 시절에 도의지교를 맺어서 성현의 올바른 가르침으로 스스로를 다스렸다. 경전을 토론하고 의로움과 이치를 힘써 배우고 닦으며 붕우(朋友) 간에 도움을 주고받음이 참으로 많았다. 선생은 언제나 말씀하기를 "율곡은 나의 벗이 아니고 바로 나의 스승이다"라고 하셨다. 그리고 율곡 선생의 제사일이 오면 반드시 그분을 위해 소식(素食)을 하곤 했다. [중략] 근세에는 친구를 사귀는 도리가 처음부터 끝까지 변하지 않는 사람이 매우 드물다. 율곡 선생은 어렸을 때부터 신동 소리를 들었고, 장성해서는 학문과 문장으로 세상에 크게 이름을 떨쳤다. 그러나 세상사람 중에 뜻이 합치되는 자가 드물었다. 오직 우계 선생의 덕행과 출처(出處)가 자신보다 낫다고 여겨서 마침내 조정에 강력히 천거했고 평생토록 우정의 뜻이 변하지 않았다.

성혼, 「우계집」 〈연보보유 덕행(年譜補遺 德行)〉

이렇듯 덕을 나누는 것이 친구이기에 신분이나 빈부는 중요하지 않다. 성혼처럼 마음까지 깊이 이해하는 관계는 아니었지만 학문을 나누는 친구로 율곡은 송익필과도 교류했다. 송익필은 학문이 뛰어나 기호학파 중 김장생, 김집(金集), 송시열 등이 모두 그에게 배움을 받았을 정도로 인정받는 당대의 문장가였다. 하지만 아버지가 본디 천한 종에서 면제를 받고 관직에 오른 인물인 관계로 평생을 서얼로서 한스러운 삶을 살아야 했다.

그럼에도 율곡은 "그의 학문이 깊고 경서에 밝았으며 언행이 바르고 곧아 제 아비의 허물을 덮기에 충분하다"고 여겼다. 그래서 신분에 아랑곳하지 않고 성리학에 관한 의견을 나누었는데, 송익필의 학문이 깊어 주고받은 편지가 성혼과 교류한 것보다 더 많았다.

한편 율곡은 배움이 적고 잘못된 길을 가고 있는 사람과는 결코 친구로 지내지 않았다. 친구란 어진 일로 서로 돕는 존재이다. 따라서 친구가 잘못된 길을 간다면 최선을 다해 바른길로 인도해야 하지만, 친구가 바른길로 돌아오지 않는다고 해서 끝까지 그 곁을 서성여서는 안 된다는 것이 그의 신조였다. 어차피 그 친구는 이미 다른 길로 가버려서 더 이상 벗하여 사귈 수 없는 것이다.

사실 '닮은 사람끼리 무리를 이룬다'는 옛말처럼 같은 뜻과 성품을 지닌 사람들은 자연스레 만나고 어울리게 된다. 따라서 그 속에서 진정한 친구가 될 수 있는 사람을 찾아 사귀는 것이 자연스럽다. 하지만 율곡은 그런 사람들 속에서도 경계해야 할 사람이 있으니 잘 살피라고 충고한다.

소리가 같은 사람끼리는 서로 호응하는 법이고 기운이 같은 사람끼리는 서로 찾게 마련이다. 만약 내가 학문에 뜻을 둔다면 반드시 학문하는 선비를 찾을 것이다. 마찬가지로 학문하는 선비도 역시 나를 찾을 것이다. 겉으로는 학문을 한다고 하면서도 문 앞에는 잡된 손님들이 많이 출입하고 떠들썩하게 세월을 보내는 사람은 실제로 그가 즐기는 것이 학문에 있지 않기 때문이다.

『격몽요결』〈접인〉

배울 것이 있고 뜻을 나눌 수 있으며 서로에게 긍정적인 영향을 줄 수 있는 사람과 평생을 두고 의롭고 성실하게 벗하는 것은 백만금보다 더 귀중한 자산일 것이다.

부모를 공경하라

너무 가까운 사이기에 사람들은 항상 부모의 은혜를 잊고 산다. 때로 고달픈 삶에 지쳐서 '왜 나를 낳았나'라는 어리석은 생각까지 한다. 율곡의 글을 보면 그런 생각이 얼마나 편협하고 아둔한 생각인지 깨닫게 된다.

> 천하의 모든 물건 중에서 내 몸보다 소중한 것은 없다. 그런데 이 몸은 부모가 준 것이다. 만약 남에게 재물을 받았다면 그 많고 적음이나 소중하고 하찮은 정도에 따라 그 사람에게 감사하는 마음도 다를 것이다. 그런데 부모는 나에게 이 몸을 주셨으니 천하에 있는 모든 물건을 다 준다 해도 이 몸과 바꿀 수는 없다. 이와 같은 부모의 은혜를 어찌하리오. 어찌 내가 독립된 몸뚱이를 가졌다 해서 부모에게 효성을 다하지 않겠는가.
>
> 『격몽요결』〈사친(事親)〉

술이나 밥 한 끼를 얻어먹어도 고마운 마음을 갖는 것이 사람이다. 하물며 돈을 수십 억을 준다고 해도 바꿀 수 없는 생명을 준 부모에 대한 고마움이야 어찌 말로 다하겠는가. 그러니 부모에게 정성과 사랑을 다하는 것은 당연한 처사다.

소위 부모답지 않은 부모를 두었다고 불평하거나 그로 인한 반항심으로 잘못된 행동을 하는 경우도 있다. 예를 모르는 부모를 둔 자식이 사는 동안 어려움을 겪는 것은 당연하지만 그렇다고 해서 부모와 같이 잘못된 길로 나아가는 것은 어리석은 짓이다. 그런 부모를 둔 사람일수록 더욱 정성이 필요하다.

> 부모의 뜻이 만일 의리에 어긋나지 않으면 마땅히 먼저 그 뜻을 이어받아 순순히 행하고 어기지 말아야 한다. 만약 그 뜻이 의리에 맞지 않으면 화평한 기운과 즐거운 안색, 부드러운 목소리로 부모에게 간해서 여러 가지 사유를 말씀드려 부모가 이를 듣도록 설득해야 한다.
>
> 『격몽요결』 〈사친〉

율곡은 이 말을 실천한 사람이기도 하다. "자녀가 일곱 남매나 되니 재가하지 말라"는 사임당의 유언에도 불구하고 율곡의 아버지는 비록 정식 후처로 삼지는 않았지만 새 부인을 맞이했다.

하지만 율곡에게 새 어머니를 섬기는 길은 쉽지 않았다. 서모 권씨는 성정이 괴팍하고 덕이 없는 사람으로 기록되어 있다. 특히 서모와 큰형의 사이가 나빴는데 율곡이 아무리 설득해도 관계는 좋아지지 않았다. 갈등이 너무 깊어 금강산으로 떠나던 율곡이 아버지와 서모, 큰형에게 "끝내 화합하지 못하면 차라리 죽는 것이 낫다"는 절실한 마음을 편지로 남겼을 정도였다. 이로 인해 율곡의 금강산행이 서모로 인한 가정불화 때문이라는 주장도 있다.

서모와의 갈등은 아버지 이원수가 세상을 떠난 후에도 계속되었다. 이원수는 사임당 사후 10년 만에 세상을 떠났기 때문에 후처와 오래 살지 않았지만 율곡은 서모에게 끝까지 자식으로서의 효를 다했다. 하지만 그 길이 쉽지는 않았다. 율곡의 잡서(雜書)를 보면 그 어려움을 알 수 있는 대목이 나온다.

서모는 평소에 조금만 비위에 거슬리면 빈 독에 머리를 처박고 소리 내어 울어서 이웃사람들까지 놀라게 했다. 또 걸핏하면 목을 매는 시늉을 해 집안사람들이 모두 놀라 달려와서 자신을 구하도록 유도했다. 한번은 율곡이 선물로 들어온 홍시를 무척 시장해 보이는 손님에게 한 개를 주고 자기가 또 한 개를 집고서는 남은 감을 쟁반 채로 권씨에게 들여보냈다. 이를 본 권씨가 자기에게 말도 없이 홍시 두 개를 가져갔다며 불같이 화를 냈다. 율곡이 곧 그 홍시 두 개를 곱게 담아 그녀에게 가서 "제가 실수했습니다. 화를 푸시고 잡수시기 바랍니다"라고 용서를 빌어 겨우 노기를 풀어주었다. 또 어떤 날은 마음에 들지 않는 일이 있다며 방문을 닫고 아침 내 자리에서 일어나지 않으므로, 율곡이 관을 쓰고 띠를 두르고는 방문 밖에 정중히 앉아서 두 번 세 번 머리를 숙여 사죄하여 겨우 달래기도 했다.*

서모의 이런 행위에 지친 가족들은 나중에는 그녀가 무슨 일을 하든지 상관도 안 하는 지경에 이르렀다. 하지만 율곡은 술을 좋아하는 그녀를 위해 매일 새벽 일찍 일어나 몸소 술잔을 들고 몇 잔 따라드리며 봉양하는 예를 다했다. 아버지가 별세한 뒤부터는 모든 집안일에서 서모의 권한을 인정했을 뿐만 아니라, 조석으로 문안드리는 것도 게을리하지 않았다. 더구나 높은 벼슬에 오른 뒤에는 한층 더 겸손한 몸가짐으로 서모 앞에서 마치 나이 어린 소년처럼 굴었으며, 황해도 해주 석담에 가 있을 때도 서

---

* 이런 내용은 율곡의 효성을 과대 포장하기 위해 어느 정도 조작된 것이라는 주장도 있다. 불교가 엄격히 금지되던 사회에서 사찰에 머물던 율곡이 아무 제재 없이 벼슬길에 나아갈 수 있었던 것이나 그를 천거하고 보호한 세력들이 대개 서모 권씨 집안의 사람들이었기 때문이다. 정식 첩이나 부인으로 인정받지 못한 권씨가 그에 대한 자격지심으로 어느 정도는 예민하고 난폭한 모습을 보였을 수도 있지만, 율곡의 정치 활동에 힘을 실어 준 점은 인정해야 한다.

모를 극진히 대접했다. 그 때문에 서모 권씨도 마침내 감화되어 어진 부인이 되었다고 한다. 심지어 율곡이 별세한 뒤에는 율곡의 덕을 사모하여 몸소 3년 동안 소복을 입기까지 했다고 한다.

율곡의 이런 효행은 모두 마음에서 우러나지 않으면 지속하기 힘든 일이다. 단순한 의무감이나 체면 때문이라면 다른 사람들처럼 모시기는 하되 결국에는 점점 방관하는 모습으로 바뀌었을 것이다.

율곡은 부모가 생존해 있을 때뿐 아니라 돌아가신 후에도 마음을 다해 효를 행하라고 가르쳤다.

> 증자는 말했다. "사람이 누구나 정성을 다했다고 스스로 말하는 자가 없으니, 이는 반드시 그 부모가 죽었을 때의 일이다." 과연 부모가 죽어서 장사 지내는 일은 진실로 부모를 섬기는 큰 예절이다. 이때 정성을 다하지 않으면 어디에 그 정성을 쓰겠는가?
>
> 『격몽요결』〈상제(喪制)〉

> 초상을 치를 때도 정성과 효성이 남보다 뛰어나고 조금이라도 억지로 애쓰지 않는 사람이라면 비록 예가 지나쳐도 좋다. 그러나 정성과 효성이 지극하지 못하면서 억지로 예에 따르려고 하면 이는 자신은 물론 부모를 속이는 일이니 마땅히 경계해야 한다.
>
> 『격몽요결』〈상제〉

율곡은 이에 대해서도 모범을 보였다. 부모님이 돌아가셨을 때 삼년상을 치른 것은 물론이고, 그 슬픔이 다른 사람이 보기에도 남달랐다고 한다. 1561년(명종 16년) 율곡이 26세 되던 해 5월에 아버지 이원수가 세상을 떠났다.

그는 부친이 죽은 뒤에도 사람들이 보기에 지나칠 정도로 슬퍼했고 3년 동안 죽을 먹으며 제사에 바칠 음식을 손수 준비했다.

『명종실록(明宗實錄)』 명종 20년(1565) 11월 18일

공자는 "제 부모를 사랑하지 않고 남을 사랑하는 자를 덕을 거스른다 하고, 제 부모를 공경하지 않고 남을 공경하는 자를 예를 거스른다고 한 다"고 말했다. 부모를 섬기는 데 있어 집에 거처할 때는 극진히 공경하고, 봉양할 때는 즐겁게 하고, 병이 있을 때는 사랑하는 마음으로 보살피고, 초상이 나면 슬픈 마음으로 상을 치르고, 제사 지낼 때는 엄숙한 태도를 취할 수 있다면 효를 통해 진정한 '사람의 도리'를 이루었다고 할 수 있을 것이다.

득인충신
得人忠信

【 신뢰 받는 사람이 되어라 】

율곡은 임금과 백성은 피를 나눈 가족과 같다고 보았다. 따라서 임금은 백성을 사랑하고 백성은 임금을 믿고 따르는 것이 마땅하다. 서로 사랑하고 믿고 의지하지 못하는 가정은 평화롭지 못하고 결국 깨지고 마는데, 나라 역시 마찬가지라는 것이다.

신이 생각건대 하늘과 땅은 세상 만물의 부모이고 임금이 백성의 부모라는 것은 매우 합당한 말입니다. 〈서명(西銘)〉에 "하늘의 기운은 아버지요, 땅의 기운은 어머니라 한다. 나는 조그마한 몸으로 아버지와 어머니 사이에 있다. 따라서 하늘과 땅을 가득 채운 기운은 내 몸이 되고, 하늘과 땅을 거느리는 것은 내 본성이 되었다. 백성은 내 동포요 만물은 내 친구다. 임금은 내 부모의 맏아들이고 신하는 맏아들의 집사다. 나이 많은 사람을 존경하는 것은 집안의 어른을 어른답게 공경하는 것이고, 외롭고 약한 사람을 사랑하는 것은 내 아이를 아이답게 사랑하는 것이다. [중략] 부유하고 존귀하며 복록과 은택을 누리는 것은 내 삶을 여유롭게 만들 것이다. 가난하고 비천하며 근심되고 슬픈 일들은 옥을 다듬듯이 너를 완성시켜 줄 것이다"라고 했습니다.

『성학집요』〈위정 상〉

결국 인간은 모두 자연이 낳은 자식들이며, 임금은 나를 만든 부모의 장자와 같으므로 온전히 믿고 따라야 한다는 말이다. 반면 이는 임금이 마땅히 어짊과 덕성 그리고 교화를 통해 백성을 가족처럼 다스려야 한다는 의미이기도 하다. 하지만 이런 충성과 믿음의 관계는 임금의 의지와 행동에 따라 크게 좌우된다. 아무리 하늘이 내린 임금이라고 해도 크고 선한 뜻을 보여 백성의 마음을 얻고 바른 길로 이끌어야만 백성도 임금을 진심으로 신뢰할 것이기 때문이다.

임금은 하늘을 아버지로 섬기고 땅을 어머니로 섬기며 백성을 형제로 삼고 만물을 친구로 삼아 어진 마음을 가득 채운 다음에야 자기 직분을 다할 수 있습니다. 이는 임금에게 더욱 절실합니다. 저 하늘과 땅은 만물을 낳기는 하지만 의도적으로 무언가를 만들어 내지는 않습니다. 백성과 만물은 하늘의 명을 받았으나 홀로 설 수는 없기 때문에 위로는 하늘의 일을 대신하고 아래로는 만물을 다스려 하늘과 땅이 제자리를 잡게 하고 만물이 마땅히 있어야 할 곳을 얻게 하는 것이 임금에게 달려 있지 않겠습니까?

『성학집요』〈위정 상〉

특히 임금의 행동은 조정 벼슬아치들의 행동과 통하게 되어 있다. 임금이 청렴하고 곧은 의지를 가지고 있으면 당연히 충신이 모일 것이요, 그렇지 않다면 간신이나 척신이 힘을 쓸 것이기 때문이다. 결국 백성들이 주시하는 것은 구중궁궐에 있는 임금의 말 한마디나 행동이 아니라 당장 눈에 보이는 벼슬아치들의 처신이다. 그래서 율곡은 "임금의 간사함과 올바름의 징험은 가장 먼저 집안사람에게 드러나고 다음으로 임금을 가까이에서 모시는 신하에게 드러난다"고 했다. 만약 임금이 간사하면 외척이 권세를 얻고 간신이 늘어나 온 백성이 임금의 진실을 알게 되는 것이다.

임금은 나라를 경제적으로 풍요롭게 이끄는 것이 중요하다. 백성들은 우선 먹고사는 걱정 없이 안심하고 생업에 종사할 수 있으면 임금의 능력을 의심하지 않고 신뢰하기 때문이다. 하지만 그것만으로는 부족하다. 임금은 자신을 가족과 같이 신뢰하고, 충성된 마음으로 따르도록 백성을 이끌어야 한다. 만약 임금으로서 정치적 신뢰를 받지 못한다면 백성들은 언제든지 돌아설 수 있다. 그래서 율곡은 죽더라도 결코 지도자로서의 신뢰를 잃어서는 안 된다고 그토록 강조한 것이다.

방위와 생계 대책이 여유로워진 다음에야 백성이 느끼는 임금에 대한 신뢰가 깊고 두터워질 것이다. 그러나 신뢰란 본래 인간관계의 근본을 이루는 것이므로 방위와 생계 대책이 이보다 우선할 수는 없다. 신뢰가 없으면 비록 살아 있더라도 스스로 존립할 수 없다. 때문에 정치가는 죽는 한이 있어도 백성에게 신뢰를 잃어서는 안 된다. 마찬가지로 백성으로 하여금 위급한 상황에 닥쳐서 차라리 죽을지언정 지도자에 대한 신뢰를 잃지 않도록 믿음을 주어야 한다.

『성학집요』〈위정 하〉

물질적인 혜택을 주기에 앞서 먼저 진정한 신뢰를 주지 못한다면 한 나라를 이끌 수 있는 힘을 가진 리더라고 볼 수 없을 것이다.

리더가 지켜야 할 아홉 가지 다스림의 원칙

공자는 온 세상 모든 나라의 근본은 임금에게 있다고 보았다. 나라의 질서를 만들고 유지하는 권력이 임금에게 있기 때문이다. 그래서 임금이 권력을 제대로 사용해 나라를 잘 다스리기 위해서는 아홉 가지 원칙을 지켜야 한다고 보았는데 그것이 바로 9경(九經)이다.

> 공자가 말했다. "일반적으로 세상을 다스리는 데에는 아홉 가지 보편적인 원칙(九經)이 있습니다. 자신을 수양하고(修身) 어진 이를 존경하고(尊賢) 친족을 아끼고(親親) 대신을 공경하고(敬大臣) 신하를 내 몸과 같이 여기고(體群臣) 백성을 자식처럼 사랑하고(子庶民) 온갖 장인들이 모여들게 하고(來百工) 먼 데서 온 이를 편안히 해주고(柔遠人) 제후를 회유하는(懷諸侯) 것입니다.
>
> 『성학집요』〈위정 상〉

이 아홉 가지 보편적인 원칙에도 지켜야 할 순서가 있다. 우선 '자신을 수양하는 것'은 아홉 가지 보편적인 원칙의 근본이 된다. 자신의 뜻과 마음을 바로 세우지 않고서는 어떤 것도 제대로 이뤄낼 수 없는 까닭이다. 또한 반드시 스승을 가까이하고 벗을 사귄 뒤에야 몸을 닦는 도가 발전할 수 있으므로 '현명한 이를 존경하는 것'이 그 다음에 이어진다. 도는 집안에서 보다 우선하는 것이 없으므로 '친족을 사랑하는 것'이 그 다음이다. 집안에서 시작된 도는 조정에까지 이르는 법이다. 때문에 '대신을 공경하는 것'과 '신하를 내 몸 같이 여기는 것'이 그 다음에 이어진다. 이렇게 조정에까지 이른 도는 정치를 통해 나라에 미치므로 '백성을 자식처럼 사랑하는 것'과 '온갖 장인을 모으는 것'이 그 다음이다. 나라에서 행하는 도는 온 세상에 퍼져나가므로 '온 사람을 편안히 해주고 제후를 회유하는 외교 활동'이 그 다음이다.

9경을 지켜 성실히 행하면 어떤 효과가 있을까?

먼저 자신을 수양하면 도가 확립되어 만백성의 모범이 되고, 현명한 이를 존경하면 올바른 이치에 의혹을 품는 사람이 없어 사특한 이론이나 풍문이 돌지 않으며, 친족을 친애하면 형제가 원망하는 일이 없고, 대신을 공경하면 이간질하는 자가 없어 일을 대할 때 사사로운 감정에 현혹되지 않고, 신하를 내 몸과 같이 여기면 선비들이 정중한 예와 충성으로 보답하고, 백성을 자식처럼 사랑해 세금을 낮추고 생활을 보살피면 백성이 임금을 신뢰하여 생업에 충실하고, 온갖 기술자들을 불러 모으면 경제가 발전하고, 먼 데서 온 사람을 편안하게 해주면 사람들이 즐겨 그 나라를 찾아 사방에서 귀의하고, 제후를 회유하면 그 세력이 커져 온 세상이 두려워하게 된다. 안으로 사회 질서가 안정되고 경제는 부강해지며 외교적으로도 세를 떨치게 되므로 강대국이 되는 원칙은 예나 지금이나 마찬가지라 하겠다.

여기에 더해 율곡은 온 세상을 다스리기 위해서는 이 9가지 보편적인 원칙을 지켜야 하지만 그것을 시행하는 원리는 하나라고 강조했다. 그것은 바로 성실이다. 성실하지 않은 것이 하나라도 있으면 이 9가지가 모두 빈말이 되고 만다.

리더가 성실하기 위해서는 먼저 중도(中道)를 택해 바른 뜻을 세우는 것이 중요하다. 리더의 뜻과 기준이 명확하고 확고하게 서 있지 않으면 성실도 오래 지속하기 어렵다. 더구나 중심이 서지 않으면 의지가 있다 해도 의미 없는 일에 공력을 낭비하기 쉬우므로 경계해야 한다. 리더는 아랫사람에게 미래에 대한 큰 그림을 보여 주고 그것을 향해 나아가는 모습을 성실하고 일관되게 보여 주어야 한다. 이런 역할은 제대로 하지 못하고 일찍 일어나고 늦게 자는 것처럼 소소한 것만을 성실히 한다면 이를 리더의 성실이라 하기 어려울 것이다.

솔선수범하는 모습을 보여라

율곡은 29세 때 관직 생활을 시작해 정승(영의정·좌의정·우의정)을 제외한 조정 내 핵심 기구의 수장 직을 두루 거쳤다. 정승에 오르지 못한 까닭은 오로지 정치가로서는 젊은 나이인 40대였기 때문이다. 그러나 그는 높은 관직보다는 오히려 덕망을 갖춘 지사(志士)로 더욱 높은 명성을 쌓았다. 그래서 박순과 같은 정승조차도 "율곡 같은 사람은 유림의 종장(宗匠)이 될 만한 인물"이라면서 존경했다. 그러나 선조와의 관계를 통해 본다면 율곡의 관직 생활은 결코 순탄하지도 행복하지도 않았다.

조선 시대를 통틀어 율곡만큼 실용적인 개혁안을 많이 제시하고 임금에게 실천을 강하게 주장한 인물은 없을 것이다. 임금이 선한 마음과 올바른 뜻을 세워 백성의 신뢰를 얻는 것만큼 중요한 것이, 그 마음과 뜻을 담은 정치를 행함으로써 신뢰를 유지하는 것이기 때문이었다. 그래서 율곡이 사망한 뒤 백여 년 후에 태어난 실학의 대부 성호 이익은 "조선이 개국한 이후로 시무(時務)를 안 사람은 아무리 손꼽아 봐도 율곡 이이와 반계 유형원 두 사람"뿐이라고 했다. 하지만 율곡의 불행은 마치 벽을 보고 이야기하듯 어떤 이야기도 귀담아듣지 않는 임금에게 평생을 두고 최선을 다해 간언해야 했다는 점이다.

선조는 계속되는 율곡의 간언을 받아들이지도 않고 그렇다고 해서 율곡이 향촌으로 물러나 처사(處士)의 삶을 사는 것을 허락하지도 않았다. 율곡의 거듭된 사양과 사직에도 불구하고 선조는 끊임없이 벼슬을 내려 율곡을 자기 곁으로 불러들였다. 47세에 접어든 1582년(선조 15년) 정월 율곡이 성혼에게 보낸 시 한 편에는 율곡의 고단한 심경이 잘 드러나 있다.

盛際千年會	천년 만에 융성한 시대를 만났건만
憂時一病身	시무를 걱정하다 이 한 몸 병들었네.
願回巖穴老	원하건대 깊은 산속의 늙은이를 나오게 해서
終作匪躬臣	끝내 자신만 돌보지 않는 신하로 만들고 싶네.

『율곡전서』〈연보〉

마치 2년 후 다가올 자신의 죽음을 예감이라도 한 듯 병든 처지를 한탄하면서도, 자신을 대신해 성심과 정성을 다 쏟아 폐정(弊政)을 개혁하고 민생을 구제할 현인이 나타나기를 바라는 율곡의 복잡 미묘한 심정을 느낄 수 있다

여하튼 그해(1582) 정월 이조판서에 임명된 율곡은 8월에는 형조판서에, 그리고 9월에는 다시 의정부 우참찬에 이어서 의정부 우찬성에 승진 임명되었다. 율곡은 세 번이나 그 자리를 사양했으나 선조가 끝내 허락하

지 않자, 다시 한 번 이 기회를 빌려서 시대의 폐단을 개혁할 것을 주청한 〈만언소(萬言疏)〉를 올렸다. 이 상소문에서 율곡은 마치 작정이라도 한 듯 선조의 무사안일과 무성의를 강하게 질타했다.

> 전하께서는 지금 전복(顚覆)당할 운세요, 위태로워 망할 상태에 빠져 있음이 불을 보듯 뻔합니다. 세상은 낡은 관습으로 인해 더럽혀지고, 공적은 뜻을 행하지 않아서 무너지고, 다스림은 헛된 의론으로 인해 어지러워지고, 백성들은 오래 묵은 폐단으로 말미암아 곤욕을 당하고 있습니다. 이 네 가지가 전하께서 전복의 운세와 몹시 위태로워 망할 상태에 빠져 있다는 증거들입니다.
>
> 『율곡전서』 〈연보〉

그러면서 이러한 국가의 위기를 타개하기 위해서는 먼저 임금이 솔선수범하여 성의와 정심의 기준을 세우고, 어질고 현명한 사람들로 조정을 가득 채워야 한다고 역설했다. 또한 율곡은 나라의 재정을 튼튼히 하고 백성의 고통을 덜려면 공안(貢案) 개혁과 지방 관원의 축소 그리고 감사(監司)의 임기 연장을 즉시 시행하라고 촉구했다.

어느 때보다 지극하고 간곡한 심정을 담은 상소문을 접한 선조는 친히 율곡에게 술을 내리면서 "내가 분발하여 시행해보고 싶지만, 이 몸이 부족하고 어리석고 재주와 식견이 미치지 못해 오늘날에 이르렀소. 이에 일과 뜻이 서로 어그러졌으니 나 역시 한탄스럽소. 다시 더욱 경계하고 반성해 유념하겠소"라고 답했다. 그러나 얼마 뒤 여러 신하들과 마주한 자리에서는 "우찬성(율곡)이 예전부터 항상 경장을 요청했는데, 나는 중대하고 어려운 일이라고 생각한다. 그대들의 생각은 어떠한가?"라고 물으면서 또다시 한 발을 빼는 언행을 보였다. 이에 사헌부 장령(掌令) 홍가신(洪可臣)이 앞으로 나서서 율곡의 시무책이 긴급한 과제임을 역설하자, 그 자리에서는 다시 자신의 뜻이 개혁에 있음을 내비쳤다. 그러나 다음 날 조정 일각에서 경장의 그릇됨을 지적하는 상소가 올라오자, 선조는 마치 기다렸다는 듯이 아무런 일도 없었던 것처럼 개혁 논의를 덮어 버렸다. 율곡의 지극한 정성을 대하는 선조의 무사안일이 이와 같았다.

배우기만 하고 생각하지 않으면 실제로 얻는 것이 없다. 또한 생각만 하고 배우지 않으면 위태로움을 면할 길이 없는 법이다. 리더가 입으로는 변화와 개혁을 외치면서도 아무것도 하지 않는다면 누구도 그의 말을 믿지 않으며, 나라의 미래도 순탄치만은 않을 것이다.

제 7 장

정의

正 義

근의원사
近義遠邪

【 의로움을 가까이하라 】

정의지심(正義之心)은 율곡의 삶과 철학을 읽을 수 있는 또 하나의 키워드다. 율곡은 자신의 삶에서 이 네 글자가 지니는 의미가 얼마나 크고 무거운가에 대해 일찍이 〈자경문〉에서 이렇게 표현했다.

> 항상 한 가지의 불의를 행하고, 한 사람의 무고한 사람을 죽여서 천하를 얻을 수 있다고 하더라도 그러한 일은 하지 않는다는 생각을 가슴속에 담고 있어야 한다.
>
> 『율곡전서』 〈자경문〉

정치적으로 의로운 길을 걸었던 율곡의 삶은 재물과 관련해서도 똑같이 나타났다. 율곡은 높은 관직에 올랐지만 항상 청렴결백한 생활을 했기 때문에 모아 놓은 재산이 거의 없었다. 남겨 놓은 재산이 없어서 그가 죽은 뒤 친구들이 돈을 모아 장례를 치러야 할 정도였다. 더욱이 서울에 있을 때에도 항상 다른 사람의 집을 세내어 살았기 때문에 그가 세상을 떠나자 남은 가족들은 머물 곳이 없었다. 그래서 율곡의 제자들과 친구들이 조금씩 돈을 거두어 가족들의 거처를 마련해 주었다.

이렇듯 평생 청빈을 벗 삼아 산 율곡이었기에 정계 은퇴를 결심하고 생활한 5년여(1576~1580) 동안은 당장에 끼니를 걱정할 정도로 가난한 삶을 살아야 했다. 율곡의 나이 41세부터 45세에 이르는 시기이다. 이러한 와중에도 율곡은 평소 소망하던 한 가지 일을 추진했다. 서모와 형제들을 불러 모아 함께 살기로 한 것이다. 훗날 송시열이 편찬한 〈율곡연보〉에는 율곡이 9세 때 중종 시대 김안국(金安國)과 조신(曺伸)이 지은『이륜행실(二倫行實)』을 보다가 당나라 사람 장공예(張公藝)가 한 집에서 구족과 동거했다는 대목에 이르러 "구족을 한 집에서 살게 하는 것은 아마 형편상 어려움이 있을 것이다. 그러나 형제간에 흩어져서 살 수는 없는 일이다"라고 하면서 즉시 형제가 부모를 받들고 함께 모여 사는 그림을 손수 그려놓고 감상했다는 이야기가 나온다. 9세밖에 안 된 어린아이의 행동으로 보기에는 조금 과장이 섞여 있다고 하더라도, 율곡이 항상 부모 형제가 한 집에 모여 사는 꿈을 지니고 있었음을 짐작해 볼 수 있는 대목이다.

율곡은 우선 서모와 죽은 맏형 이선의 가족들을 데려와 맏형수 곽씨가 집안 살림을 주관하도록 했다. 그리고 어느 정도 자리가 잡히자 동생 이우를 비롯한 직계 형제들을 석담으로 불러들였다. 그런데 점점 가까운 친척들 중 의지할 곳이 없거나 가난해서 도움이 필요한 사람들까지 모여들어서 그 수가 자그마치 백여 명에 이르게 되었다. 이렇게 식솔이 늘어나니 그렇지 않아도 넉넉하지 않은 살림이 더욱 궁색해질 수밖에 없었다.

함께 모여 살기로 한 이상 누구 하나 굶주리는 사람이 나오지 않도록 먹고사는 문제를 해결해야 했지만, 율곡에게는 31세 때 선대로부터 물려받은 파주 율곡 땅의 소출이 수입의 전부였을 뿐이다. 이것만으로는 백여 명에 이르는 대가족의 생계를 이어 나갈 수 없었다. 율곡이 보통 사람이었다면 높은 벼슬에 있었던 자신의 권위와 두터운 인맥의 힘을 빌려서 서울 혹은 향촌의 권세가와 결탁해 어렵지 않게 생계 문제를 해결했을 것이다. 그러나 율곡은 당대의 양반 사대부들이 감히 시도할 수 없는 아니 상상조차 할 수 없는 방법으로 생계를 해결했다. 앞 장에서 언급했듯이 대장간을 차려서 농기구를 만들고 이를 팔아서 생계비를 충당한 것이다. "큰 인물은 그릇이 크고 넓어서 어떤 일이나 주변의 시선에 구애받지 않는다"는 옛말이 율곡의 경우처럼 들어맞기도 쉽지 않을 것이다. 율곡이 대장간을 차리고 대장장이 기술을 배워 농기구를 만들어 팔아 생계를 영위했다는 사실은 율곡과 거의 동시대 인물이라고 할 수 있는 백사 이항복(白沙 李恒福)의 증언을 통해 확인할 수 있다. 이항복은 최유해(崔有海)에게 보낸 편지에서 이렇게 말하고 있다.

근래에 모재 김안국(慕齋 金安國) 선생이 여주에 물러나서 살 때에 친히 들에 나가 곡식을 거두러 다니며 한 톨의 쌀이라도 타작마당에 흘리지 못하게 하면서 '이 곡식은 모두 하늘이 주신 것'이라고 하였다. 또한 율곡 선생은 해주에서 살 때에 대장간을 일으키고 호미를 만들어서 내다 팔아 스스로 생계로 삼으셨다.

이항복, 『백사집(白沙集)』 〈최유해에게 보낸 글(與崔有海書)〉

당시 재령군수로 있던 최립(崔岦)은 친구인 율곡이 석담에서 대장간을 차려 놓고 농기구를 팔아 생계를 유지한다는 소식을 접하자 가만히 있을 수가 없어서 쌀가마니를 보냈다. 하루하루 끼니를 걱정해야 하는 식솔들의 입장에서는 참으로 요긴한 식량이었다. 그러나 율곡은 그 쌀가마니를 그대로 돌려보냈다. 그리고 식구들이 그 까닭을 묻자 이렇게 대답했다.

"친구가 사사로이 옛정을 잊지 않고 보냈다면 받지 못할 까닭이 없다. 그러나 관아의 곡식을 덜어서 보낸 것 같아 도저히 받을 수가 없었다."

율곡은 아무리 가난하고 굶주림에 허덕일지라도 의롭지 않은 방법으로 재물을 취해 이로움을 얻지 않는다는 신념을 갖고 있었다. 생계가 어렵다고 해서 가장이 옳지 않은 방법으로 재물을 취한다면, 비록 가족들의 몸은 배고픔을 면할지 몰라도 정신은 정의를 잃을 수밖에 없다는 것이다.

율곡이 백여 명에 달하는 대식구를 거뜬히 다스릴 수 있었던 이유 역시 이런 정의지심으로 이해할 수 있다. 율곡은 대가족이 더불어 살려면 무엇보다 사사로운 욕심과 이해관계를 앞세우지 않는 것이 중요하다고 보았다. 욕심과 이해관계가 앞서다 보면 대립과 갈등은 피할 수 없는 법이다. 특히 '공경을 다하는 것'과 함께 '더불어 살며 욕심을 적게 하는 것'이 핵심이 되어야 한다.

율곡은 이러한 자신의 생각을 〈동거계사〉 곧 '함께 살아감에 있어서 경계하는 말'에 담아 모든 가족 구성원이 반드시 지키도록 했다. 그래서 매월 초하루와 그믐에는 온 가족을 한자리에 불러 모아 놓고 〈동거계사〉를 읽혔다. 특히 〈동거계사〉를 한글로 옮겨서 부녀자들과 아랫사람들도 읽게 한 다음 그 규율에 따라 행동할 것을 당부했다. 간략하게나마 〈동거계사〉의 일부 내용을 살펴보면 이렇다.

- 기뻐할 일이나 싫어하는 일이 있더라도 치우치는 마음을 가져서는 안

된다. 항상 부드러운 얼굴과 온순한 말로 대해야 한다. 타이르거나 꾸짖을 일이 있을 때에는 절대로 성내는 마음을 품어서는 안 된다. 밖에서는 결코 헐뜯거나 이러쿵저러쿵 하지 말고, 참소하는 말을 믿어서는 안 된다. 혹시 이간질하는 자가 있으면 노복(奴僕)은 매를 때려서 경계하도록 하고, 첩은 엄하게 주의를 준다. 그래도 고쳐지지 않으면 즉시 내보낼 것이다.

- 함께 사는 사람들은 개인 재산을 두어서는 안 된다. 부득이하게 사사로이 재물을 쓸 곳이 있으면 이 역시 집안을 주관하는 사람이 나누어 줄 것이다. 그러나 스스로 많은 욕심을 내어 가지려고 해서는 안 되고 사용할 만큼만 가져갈 뿐이니, 장구(長久)한 계책을 도모함이 옳다.

- 한집안 사람들은 서로 화목에 힘써야 한다. 마음이 부드럽고 온화하면 집안에 좋은 일만 가득 모일 것이나, 만약 서로 어긋나고 뒤틀리면 불길한 기운이 생겨날 것이니, 어찌 두렵지 않겠는가. 우리들은 서로 모여 아버지는 자식을 사랑하고, 자식은 부모에게 효도하고, 남편은 아내에게 모범이 되고, 아내는 남편을 공경하고, 형은 아우를 사랑하고, 아우는 형에게 순종하며, 처는 첩을 아껴주고, 첩은 처에게 공순하고, 젊은이는 정성을 다해 어른을 섬기고, 어른은 정성으로 젊은이를 아껴야 한다. 비록 아직 미치지 못하더라도 조용히 타이르거나 가르치고 성내지 말아야 하고, 선한 행동은 서로 다투어 본받고, 불평할 일은 서로 참아야 한다. 가장은 노복에게 자애롭고, 노복은 가장을 공경하여 결코 불평스러운 말과 얼굴을 드러내지 않고, 온 집안에 항상 온화하고 선한 기운이 돈다면 어찌 즐겁지 않겠는가. 항상 각자 이 뜻을 알아서 스스로 노력해야 할 것이다.

『율곡전서』〈동거계사〉

이렇게 '더불어 살고, 욕심을 적게 한다'는 율곡의 삶과 철학은 이미 그가 성리학의 이념과 질서에 따라 향촌의 공동체를 이루기 위해 지은 여러 '향약(鄕約)'에 등장하는 개념이다. 특히 율곡이 해주 석담에 거처하던 1577년(42세) 고을 사람들과 의논해 만든 '해주 향약'에는 빈민을 구제하는 대책이 담긴 사창계 약속(社倉契約束)까지 덧붙여서, 지위의 높고 낮음과 신분의 귀하고 천함을 떠나 온 고을 사람들에게 더불어 살고, 욕심을 적게 하는 삶을 권면했다.

이처럼 가정에서도 〈동거계사〉와 함께 스스로 모범을 보인 율곡의 다스림 덕분에 백여 명의 식솔들은 큰 문제없이 더불어 살 수 있었다. 말이 백명이지 이 정도 규모라면 작은 마을에 속하는 정도다. 어찌 보면 율곡이 정치를 통해 평생 실천하고자 한 정의지심이 가정에서도 더불어 살고, 욕심을 적게 하는 질서를 만들어 낸 것이라고 할 수 있다. 그 대상이 나라이든 가정이든 율곡은 '사람다움의 도리'에 근거한 질서를 실현하고자 하는 자신의 뜻을 평생 지켜 갔다.

사사로운 욕심을 절제하라

본능적으로 몸의 욕구는 모든 생물에게 다 있는 것이다. 먹고 자고 배변하는 등의 욕구 자체가 사람에게 없을 수는 없다. 다만 이러한 욕구가 과해서 절제하지 못하면 바로 개인적인 욕심이 된다. 이렇게 발전된 개인적인 욕심은 몸의 민감한 오감과 연관되어 있기 때문에 그 경계가 모호하고 다스리기도 쉽지 않다. 문제는 욕심에 휘둘리다 보면 결국 몸을 망치게 된다는 것이다.

양심을 해치는 것은 오감(五感)의 욕망이고 참 기운을 해치는 것도 이 욕망에서 벗어나지 않습니다. 귀가 듣기 좋은 음악을 좋아하고 눈이 미인을 좋아하는 것은 본래 마음에 해로운 것입니다. 음란한 소리와 미인은 뼈를 깎는 도끼와 톱이라 하겠습니다. 입과 몸이 좋아하는 것은 진실로 마음에 해로우며, 또한 입을 즐겁게 하는 맛은 반드시 오장을 상하게 하고, 안락하고 편안한 것은 힘줄과 맥을 늘어지게 하여 마침내 행동과 휴식이 법도에 어긋나게 됩니다.

『성학집요』 〈수기 중〉

여러 가지 욕구 중에서 지극히 일상적이면서도 큰 결과를 가져오는 것이 바로 말과 음식이다. 대개 말과 음식을 잘 다스리지 못하는 것은 욕심이 작용하기 때문이다. 누구나 인정받거나 더 많은 것을 취하고 싶을 때 말을 부풀리게 되고 과식을 하게 된다. 그런데 이로써 오히려 인심을 잃고 건강을 잃게 되니 결국 욕심으로 인해 스스로를 망치는 꼴이다.

무엇보다 개인적인 욕심이 크면 덕과 의리가 드물고 적어진다. 내가 더 갖고 싶은 마음이, 남의 것을 탐하게 하고 더 인정받고 싶은 마음이 남을 시기하게 만들기 때문이다. 이렇게 덕과 의리를 잃으면 가까이 있던 사람은 근심하며 떠나가고 멀리 있던 사람도 삼가며 가까이 오려 하지 않는다. 더 많이 갖고자 하는 욕심이 올바른 길을 막아 오히려 더 많은 것을 잃게 만드는 꼴이다. 말을 조심할 때 덕을 기를 수 있고, 먹고 마시는 것을 절제할 때 몸을 세울 수 있는 법이다. 이 때문에 옛 성인들은 항상 검소하고 마음속의 사특한 욕심을 없애는 것이 중요하다고 한 것이다.

검소한 것은 공손한 덕이지만 사치는 커다란 악입니다. 검소하면 마음이 제멋대로 흐트러지지 않아 상황에 따라 스스로 적절하게 처신할 수 있지만 사치하면 늘 마음이 밖으로 내달려서 함부로 굴며 만족하지 않습니다.

「성학집요」〈정가〉

이렇듯 사람이 악한 일을 하는 것은 욕심이 유혹하기 때문이다. 문제는 욕심에 사로잡힌 사람들이 자신의 상태를 잘 알지 못한다는 것이다. 모든 기준을 자기 자신에게 두고 바르지 못한 행동도 스스로 정당화시키면서 이를 따르지 않는 사람에게 서운함과 미움을 갖는다. 결국 이런 사람은 정의를 잃고도 돌이킬 줄을 모른다.

그러면 무엇으로 욕심을 막을 수 있는가? 율곡은 욕심을 막을 수 있는 열쇠는 오직 '생각'뿐이라고 보았다. 여기서 생각이란 바로 배움을 통해 얻은 깨달음이다. 기본적인 욕구는 인정하지만 그것이 올바른 길로 나아가는 데 방해가 되지 않도록 경계하고 단속하는 법을 배워 알고, 이를 강한 의지로 반드시 지켜냄으로써 몸과 마음의 정의를 이룩하는 것이다.

율곡은 "못의 형상을 보고 구렁을 메우듯 욕심을 막는다"는 주자의 말을 인용하며 욕심의 달콤한 유혹을 떨치고 고요한 마음의 상태를 유지해야 하며, 욕심이 더 난동을 부리지 못하도록 온전히 막아 의로움을 좇아야 한다고 말했다. 이 가르침은 마치 수많은 유혹 속에서 살아가는 요즘 사람들에게 욕심으로 가득 찬 질주를 멈추고 잠시 자신의 마음을 돌아보라고 권하는 말처럼 들린다.

친분을 떠나 정의와 함께 하라

예나 지금이나 사람들이 살아가면서 흔하게 부딪치는 곤란한 문제 중 하나가 자신의 뜻이나 의지와는 상관없이 친분 관계나 파당 혹은 파벌에 휩쓸려 행동할 수밖에 없는 상황을 만나게 되는 것이다. 이 경우 대부분의 사람들은 자신이 속한 집단이나 조직으로부터 배척당하고 싶지 않은 마음 때문에 일의 옳고 그름보다는 친분 관계나 파벌의 요구와 이해관계에 따라 행동하기 쉽다. 그런데 이러한 상황이 별다른 문제의식 없이 오랫동안 지속되다 보면 스스로 자신을 정당화하는 내적 기제와 논리가 생겨나 오히려 나중에는 친분 관계나 파벌의 이익을 정의로 착각하게 된다. 또 여기서 더 심해지면 이에 배치되는 모든 것을 배척하고 심지어 적으로 여겨서 도리에 어긋나는 일까지 예사로 저지르기도 한다.

율곡은 붕당의 폐해가 이와 같다고 생각했다. 무엇이 옳고 무엇이 그른가보다는 사사로운 이익을 먼저 따지고, 아무런 마음의 가책 없이 불의를 저지르는 것, 이것이 율곡이 생각한 붕당의 가장 큰 폐해였다. 율곡이 동인과 서인의 어느 쪽도 편들지 않고 또 어느 쪽도 배척하지 않은 채 '제3의 길'을 걷고자 한 진정한 의도가 바로 거기에 있었다. 율곡은 오로지 무엇이 옳고 무엇이 그른가가 모든 행동의 기준이 되어야 한다고 여겼다.

동인과 서인을 근거지로 구분하면 영남 사림은 동인, 기호 사림은 서인에, 그리고 소장(少壯)으로 구분하면 젊은 사류들은 동인, 선배 사류들은 서인에 가까웠다. 친분 혹은 사제 관계나 근거지를 중심으로 보자면 율곡은 단연 서인에 속했다. 실제로 일찍부터 율곡과 도의지교를 맺은 성혼, 송익필, 정철 모두 서인으로 분류할 수 있다. 특히 정철은 김효원을 매우 미워했고, 김효원과 뜻을 함께하는 동인을 신랄하게 비난하고 배척하는 서인의 선봉장이나 다름없었다. 그래서 그는 율곡에게도 수차에 걸쳐 김효원을 배척하라면서 서인의 편에 설 것을 권했다. 율곡이 이러한 정철의 요청을 단호하게 거절하고, 오히려 그의 편벽된 생각을 고쳐 바로잡아 주려 했다는 사실은 앞서 이미 살펴본 바 있다.

그러나 율곡의 의지와는 다르게 동인과 서인의 대립과 갈등이 격화될수록 양측 모두 율곡을 자신들의 편으로 끌어들여서 기세의 우위를 차지하려고 애쓸 뿐이었다. 서인 쪽에서는 평소 친분 관계나 지역적 연고로 볼 때 당연히 율곡이 자신들을 도울 것이라고 여겼고, 반대로 동인 쪽에서는 율곡의 학식과 덕망을 믿고 반드시 자신들을 지지해 줄 것이라고 생각했다. 그러나 율곡은 시류를 좇지 않고 홀로 우뚝 서서 김효원과 심의겸의 행실이 모두 문제가 있다는 양비론을 제기하고, 또 동인과 서인이 서로 화합하지 못하면 장차 조정과 사림 더 나아가서는 온 나라에 큰 불행이 닥칠 것이라고 경계했다. 이 때문에 율곡은 동인과 서인 양쪽 모두로부터 정치적 공격을 당했다. 특히 율곡의 행보를 두고서 흑백의 시비를 분명하게 가리지 않는 기회주의자라는 비난까지 가세했다.

어떤 사람 : "세상에 둘 다 옳거나 둘 다 그른 경우는 없소. 그런데 요즈음 공의 처사는 시비를 분별치 못하고 둘 다 온전하게 하려 하오. 사람들은 이것을 불만스럽게 여기고 있소."

율곡 : "세상에는 진실로 둘 다 옳거나 둘 다 그른 경우가 있소. 옛날 중국에서 백이·숙제(伯夷叔齊)*가 서로 임금 자리를 사양한 것이나 주나라를 세운 무왕(武王)과 백이·숙제가 서로 화합하지 아니한 것은 양쪽 모두 옳았다고 할 수 있소. 최근에 심의겸과 김효원의 일은 서로 배척하여 조정

---

* 중국 주나라의 전설적인 형제 성인이다. 주나라 무왕이 은나라의 주왕(紂王)을 토벌하여 주 왕조를 세우자, 두 사람은 무왕의 행위가 인의에 위배되는 것이라 여겼다. 따라서 주나라의 곡식을 거부하고 수양산(首陽山)에 들어가 몸을 숨기고 고사리를 캐어먹고 지내다가 굶어죽었다. 유가(儒家)에서는 이들을 청절지사(淸節之士)로 크게 높였다.

이 어지러워질 지경에 이르렀으니, 이것은 참으로 둘 다 그른 것이오. 비록 둘 다 그른 경우가 아니라고 할지라도 양쪽이 모두 사류이니 융화시키는 것이 옳소. 이쪽은 옳고 다른 쪽은 그르다고 하면 서로 배척하는 형세와 그로 인한 혼란이 어느 때나 그칠 수 있겠소?"

『경연일기』 선조 9년(1576) 2월

율곡은 만약 친분 관계나 파당에 휩쓸려 무엇이 나라와 백성을 위해 올바르고 잘못되었는지의 표준을 세우지 못한다면, 그것은 자기 자신과 무리의 이로움을 위해 불의와 무도한 짓을 행하는 것이라고 생각했다. 비록 젊은 시절부터 사귄 친구를 잃고 자신을 따르는 사류들로부터 배척당한다고 할지라도, 그 말과 행동이 정당하지 않고 도리에 맞지 않다면 결코 함께할 수 없는 것이다.

1572년(선조 5년)에 율곡이 붕당 정치에 관해 논한 〈논붕당소(論朋黨疏)〉 역시 이러한 맥락에서 이해할 수 있다. 여기에서 율곡은 올바른 도리에 따라 행동하는 '군자의 붕당'은 많으면 많을수록 좋지만 사사로운 욕심과 이로움에 따라 행동하는 '소인의 붕당'은 단 한 사람이라도 결코 용납해서는 안 된다고 주장했다.

붕당의 이론이야 어느 시대인들 없겠습니까. 오직 그들이 군자의 붕당인가 아니면 소인의 붕당인가를 살피는 것이 중요할 따름입니다. 진실로 군자라면 백 명이든 천 명이든 붕당을 이룬다고 해도 많을수록 좋겠습니다만, 참으로 소인이라면 단지 한 사람이라고 하더라도 용납해서는 안 될 것입니다. 만약 사악한지 올바른지를 헤아려 살피지 않고 항상 붕당에 관해 의심하고 반드시 깨뜨리려고만 한다면, 곧 동한(東漢) 때 당고(黨錮)의 재앙*과 백마역에서처럼 청류(淸流)들의 참화**가 일어나지 않는다고 할 수 없을 것입니다.

『율곡전서』〈논붕당소〉

율곡은 자신의 이로움은 물론 친분 관계나 파당의 이해를 뛰어넘어서 반드시 정의지심을 지켜야 한다고 믿었다. 또한 정의지심은 나라의 앞날과 백성의 운명을 쥐고 있는 리더와 선비가 결코 잊지 말아야 할 절대 가치이자 덕목이기도 했다. 정의와 함께하지 않는 재주와 능력은 세상과 백성을 구제하기는커녕 오히려 고통과 혼란을 가져올 뿐이기 때문이다.

자신을 갈고 닦는 '수기(修己)'와 다른 사람을 가르치는 '교인(敎人)'과 나라를 다스리는 '치국(治國)'과 온 세상을 태평하게 하는 '평천하(平天下)'에 큰 뜻을 두고 있는 사람이라면, '반드시 정의와 함께하라'는 율곡의 경계를 마음 깊은 곳에 새겨두어야 한다. 만약 그렇게 하지 않는다면 단지 자신을 망가뜨리고, 다른 사람에게 고통을 주고, 나라를 부패하게 만들고, 온 세상을 어지럽게 할 뿐이다.

---

* 동한 말기 환제(桓帝) 때 권력을 장악한 환관들이 자신들에게 대항한 2백여 명의 관료들을 체포해 종신 금고에 처한 사건이다.
** 당나라를 멸망시키고 후량을 세워 오대십국 시대를 연 주전충(朱全忠)이 당나라 소선제(昭宣帝) 때인 서기 905년 6월 당시 벼슬하던 선비 30여 명을 백마역에서 죽인 사건이다. 이때 주전충은 벼슬하는 선비들을 크게 증오한 이진(李振)의 "이 사람들은 스스로 청류라고 말했으니, 마땅히 황하에 던져 탁류가 되도록 할 것이다"라는 무고를 빌미삼아 30여 명의 선비들을 강에 던져 버리는 잔악한 짓을 저질렀다.

무구변개
毋懼變改

【 변화를 두려워하지 마라 】

역사적으로 볼 때 한 나라가 지속적으로 성장·발전하기 위해서는 스스로 개혁하고 변화해야 한다는 것을 알 수 있다. 하지만 개혁과 변화가 어느 정도 성공하면 다시 정착하려는 마음이 커진다. 새 방식에 어느 정도 익숙해졌기 때문이다. 또한 성공적으로 변화하기 위해 겪은 피로감도 아직 이곳저곳에 남아 있다. 당연히 이런 어려움을 다시 겪고 싶지 않을 것이다. 하지만 한 나라가 계속해서 살아남으려면 크고 작은 변화를 지속해서 일으켜야 한다. 다만 개혁과 변화에 성공한 나라가 다시 개혁하고 변화하기 위해서는 처음보다 더 강한 의지와 끊임없는 설득이 필요하다.

창건과 발전의 시기를 거친 조선은 외척과 붕당 정치 그리고 부패한 관료 조직으로 인해 큰 개혁과 변화를 시도해야 하는 때에 이르렀다. 그리고 그 변화를 주도하고자 하는 사람들의 선봉에 율곡이 있었다.

벼슬에 나선 지 5년째 되는 해(34세) 동호독서당에서 한 달 동안의 독서 휴가를 끝마친 율곡은 다시 홍문관 교리 직에 복귀했다. 그리고 곧바로 홍문관의 동료들과 뜻을 합쳐서 선조에게 현 시대의 낡은 관습과 악법을 고치는 개혁에 나설 것을 주문하는 상소문 〈옥당진시폐소(玉堂陳時弊疏)〉를 올렸다. 〈동호문답〉이 율곡이 개인적인 차원에서 임금에게 개혁을 건의한 글이라면, 〈옥당진시폐소〉는 조정의 공식 기구인 홍문관을 통해 정식으로 임금에게 개혁에 나설 것을 요구한 글이다. 전자가 개인적인 행동이라면 후자는 조직적인 행동이라는 점에서 차이가 있다. 따라서 〈옥당진시폐소〉에 이르러서 율곡은 비로소 자신의 개혁안을 개인적인 차원을 넘어서 공론의 장인 조정으로 끌고 나온 것이다. 개혁을 향한 율곡의 성심과 정성은 〈동호문답〉과 함께 〈옥당진시폐소〉를 선조에게 올린 1569년 9월에 그 거대한 첫걸음을 내딛었다고 해도 과언이 아니다.

이 상소문에서 율곡은 당시 조선의 형세를 서서히 허물어져 가는 만 칸의 큰 집에 비유하면서 개혁의 긴급성을 호소했다.

지금 나라의 형세는 비유하자면 마치 만 칸의 큰 집을 여러 해 동안 손질하지 않는 바람에 옆으로 기울고, 위로는 빗물이 새고, 대들보와 서까래는 좀이 먹어 썩어 가고, 단청은 모두 벗겨졌는데 임시방편으로 손을 보아 간신히 아침저녁을 넘기고 있는 신세와 같습니다. 만약 크게 떨쳐 일어나 여러 기술자와 재목을 모아서 새롭게 고치지 않는다면 대들보가 부러지고 마침내 집이 무너지는 모습을 날을 꼽아 기다리는 것일 뿐입니다. [중략] 비록 태평성세라고 할지라도 습성에 물들어 편안함과 안일함만 좇다보면 쇠퇴하게 마련입니다. 하물며 우리나라는 권세 있는 간신이 세상을 흐리고 어지럽게 만들어서 고질이 된 지 20여 년이나 되었습니다.

이에 나라의 법도는 무너지고 근본은 피폐해졌으니, 만약 옛 관습만 좇고 눈앞의 편안함에 급급해 세월을 흘려보낸다면 나랏일은 크게 어긋나서 장차 어떻게 할 도리가 없게 될 것입니다.

『율곡전서』 〈옥당진시폐소〉

개혁과 변화를 앞둔 나라는 마치 오래되어 고치지 않으면 안 될 집처럼 위험에 노출되어 있다. 하지만 나랏일은 그 특성상 변화의 필요성을 깨닫는 것이 쉽지 않다. 다만 여기저기에서 나타나는 징후들을 살펴 짐작할 수밖에 없는데, 그 징후는 다름 아닌 벼슬아치들이 실무를 담당하는 민생 현장에서 발생한다. 하지만 변화를 성공적으로 이끌기 위해서는 위로부터의 변화 의지가 중요하다. 변화는 그 자체로 비용과 손실을 가져올 수 있지만 위에서 변화를 주도한다면 가장 적은 비용으로 큰 효과를 낼 수 있다. 만약 변화의 때가 지났는데도 변화하려는 의지를 보이지 않는다면 그때는 아래에서 변화를 촉구하기 시작한다. 이쯤 되면 조정에서는 인재가 빠져나가고 나라에서는 난이 일어난다. 이는 경우에 따라 나라의 존폐를 결정할 정도로 큰 영향을 미치는 만큼, 리더라면 이러한 변화의 조짐을 항상 잘 살펴야 한다.

바꾼다는 말은 마땅히 바꾸어야 한다는 뜻이다. 만약 마땅히 바꾸어야 한다는 말을 세 차례 자세하게 살펴보아 모두 상황에 적합하면 믿을 수 있다. 이때 마땅히 바꾸어야 할 일을 두려워하며 바꾸지 않으면 그때를 놓쳐서 해롭다. 오직 끝까지 신중하되 자신의 굳세고 밝음을 믿지 말고 공론을 자세히 헤아려 세 차례 살핀 뒤에 바꾸면 허물이 없을 것이다.

『성학집요』 〈위정 하〉

개혁을 위한 아홉 가지 과제

〈옥당진시폐소〉와 함께 율곡은 임금에게 조선이 긴급하게 개혁에 나서야할 아홉 가지 개혁 과제를 건의했는데, 이것이 바로 〈시무구사(時務九事)〉다. 그 내용을 간추려 보면 이렇다.

1. 임금의 뜻을 안정시켜서 실질적인 효과를 추구할 것
2. 성리학을 높이고 받들어서 사람의 마음을 바로잡을 것
3. 기미를 잘 살펴서 사림을 보호할 것
4. 임금의 혼례를 신중하게 해서 배필을 잘 고를 것
5. 기강을 진작시켜서 조정을 반듯하고 엄숙하게 할 것
6. 검소와 절약을 높이고 받들어서 나라의 경제를 여유롭게 할 것
7. 언로(言路)를 넓혀서 여러 계책들을 모을 것
8. 현명하고 재능 있는 사람들을 중용하여 관직을 내릴 것
9. 낡은 법을 개혁하여 백성의 삶을 구제할 것

『율곡전서』 〈시무구사〉

〈시무구사〉의 내용은 〈동호문답〉에서 밝힌 시무책과 많은 부분 겹친다. 다만 특이한 점은 네 번째 항목에서 임금의 혼례를 언급한 사실이다. 이것은 조정과 사림이 지난 시절 권력을 제멋대로 휘두른 외척 정치의 후유증에서 아직 벗어나지 못하고 있었기 때문이다. 그래서 다시는 외척이 함부로 날뛸 수 없도록 임금의 혼례에 신중에 신중을 기하라고 한 것이다. 율곡과 사림이 조선의 앞날과 관련해서 나이 어린 임금(선조)의 혼례를 얼마나 중요시했는지를 알 수 있는 대목이 『경연일기』 1569년(선조 2년) 9월자

에 실려 있다. 정치나 정책 토론의 공간인 경연에서 다룰 만큼 율곡은 이 문제를 국가의 중대사로 여겼던 것이다.

오건(吳健) : "왕후를 선택할 때는 먼저 가법(家法)을 보고 또한 외척의 우환도 미리 막아야 합니다."

선조 : "제왕이 현명하지 못해서 외척의 우환이 있는 것이다. 제왕이 현명하다면 어찌 외척이 마음대로 할 수 있겠는가?"

이이 : "전하의 식견이 참으로 탁월하십니다. 다만 임금이 제아무리 현명하더라도 자신의 현명함만 믿고 예방을 하지 않는 것은 옳지 않습니다. 왕후를 간택할 때는 모름지기 가법이 어떤지 살펴야 합니다. 그렇게 하지 않는다면 성녀(聖女)를 꼭 얻는다고 보장할 수 없고 훗날 외척이 날뛰는 걱정이 어찌 없겠습니까?"

선조 : "왕망(王莽)의 딸 효평황후(孝平皇后)도 현명했으니, 어찌 꼭 부모에게 달린 문제라고 하겠소?"

이이 : "전하의 말씀도 물론 지당합니다. 그렇지만 왕후를 간택하면서 그 부모가 어떠한지 묻지 않고서 요행을 바라는 것은 옳지 않습니다. 반드시 대신들에게 물어보고 널리 여러 의논을 받아들여서 가법이 순수하고 올바르며 부모가 어진 사람을 얻은 다음에야 마땅히 나라의 복이 될 것입니다."

『경연일기』 선조 2년(1569) 9월

아마도 율곡을 비롯한 사림은 또다시 문정왕후나 윤원형 남매와 같은 사람들이 조정을 제멋대로 쥐락펴락하면서 사림을 참혹한 죽음으로 내모는 사건이 일어나는 것을 용납할 수 없었을 것이다. 그러나 율곡의 〈시무구사)에 대한 선조의 답변은 대단히 부정적이었다. 상소를 읽고 난 후 선조는 그 내용 자체가 지나치다면서 받아들이지 않았다.

앞서도 여러 차례 지적했지만, 율곡은 처음에 선조가 즉위할 당시만 해도 조선의 앞날을 아주 낙관했다. 그러나 3년이 지난 시점에서 지난날을 냉철하게 평가해 볼 때 선조의 시대는 선왕인 명종대의 어지러운 시대와 별반 달라진 것이 없었다. 그러한 현실을 바라보는 율곡의 심정은 어땠을까?

임금이 즉위한 지 3년이 되었지만 정치를 잘할 성의가 없으셨다. 또한 신하들은 모두 이전 시대의 관습과 풍속에 젖어 있어서 도학(道學)은 땅에 떨어졌다. 사람의 마음은 사사로운 이익만을 추구하고, 간신들은 틈만 엿보고, 조정에는 직언이 드물어 기강이 해이해졌다. 사치는 도를 넘어서 나라의 재정이 고갈되고, 어질고 현명한 선비는 드러나지 않고 백성의 폐해는 나날이 깊어 가고, 임금의 배필을 정할 곳이 반드시 어진 집안이 될지 알 수 없었다. 홍문관의 상소는 이러한 배경에서 나온 것이다.

『경연일기』 선조 2년(1569) 9월

율곡은 개혁의 긴급함과 현실의 답답함 속에서 번민했다. 그는 "한밤중에도 나라의 앞날을 생각하면 나도 모르게 벌떡 일어나 앉아 잠을 못 이룰 정도다"라고 고백하기까지 했다. 그러나 자신이 나아갈 길은 오로지 개혁을 향한 정의지심뿐이라고 여겼기 때문에 임금이 그 뜻을 받아들이든 그렇지 않든 상관없이 꼿꼿하게 자신의 길을 걸었다.

잘못된 과거와 이별하라

정의지심과 관련해서 율곡의 처신과 태도가 가장 단적으로 드러난 사건을 꼽자면, 을사사화 때 위사공신(衛社功臣)으로 책봉된 27명의 위훈을 삭제하자는 이른바 을사삭훈(乙巳削勳)이라고 할 수 있다. 율곡은 이 을사삭훈을 통해 '의롭지 못한 행동과 무고한 사람을 죽여서 권력을 찬탈한 죄'는 반드시 역사와 법의 심판을 받는다는 사실을 증명했다. 이 사건의 뿌리는 율곡의 나이 10세 때인 1545년 곧 명종이 즉위한 해로 거슬러 올라간다.

명종의 즉위와 동시에 권력을 움켜쥔 문정왕후와 소윤 세력은 가장 먼저 윤임의 대윤 세력을 제거하기 위한 칼날을 뽑아 들었다. 윤원형은 윤임이 중종의 여섯째 아들인 봉성군에게 왕위를 옮기려 한다는 편지를 조작해 대윤 세력을 공격하고 나섰다. 이 편지 조작 사건을 빌미 삼아 당시 섭정을 하던 문정왕후는 윤임, 유인숙, 유관 등을 죽여 대윤의 씨를 말려버렸다. 이때 인종과 윤임에게 중용되어서 홍문관과 언관(言官) 등에 자리 잡고 있던 사림 세력은 대윤에 대한 피의 숙청을 반대했다. 이로 인해 사림은 다시 한 번 무자비한 정치 박해를 당했다. 이것이 을사사화이다.

이때 윤임의 대윤 세력과 삼사의 관료 그리고 사림의 선비들이 큰 화를 당한 반면 처음 문정왕후의 뜻에 따라 윤임의 죄를 물은 이기 등은 사직을 바로잡았다고 해서 이른바 위사공신의 광영을 입었다. 이때 위사공신에 오른 사람은 모두 27명이었는데, 그 면모를 살펴보면 이렇다.

1등 공신 : 정순붕, 이기, 임백령, 허자
2등 공신 : 윤원형, 홍언필(洪彦弼), 윤인경(尹仁鏡), 민제인(閔齊仁), 최보한

(崔輔漢), 김광준, 한경록(韓景祿)

3등 공신 : 송기수(宋麒壽), 안함(安馠), 이언적(李彦迪), 정옥형(丁玉亨), 신광한(申光漢), 윤개(尹漑), 최연(崔演), 송세형(宋世珩), 이윤경(李潤慶), 윤돈인(尹敦仁), 이만년(李萬年), 최언호(崔彦浩), 정현(鄭礥), 신수경(申秀涇), 조박(趙璞), 박한종(朴漢宗), 윤삼(尹參)

율곡이 1569년(선조 2년) 〈동호문답〉에서 본격적으로 제기하기 시작한 을사삭훈이란 이들 27명의 위사공신 모두를 삭제할 것을 주장한 것이다.

지금 충성스러운 신하들은 역적이라고 배척당하고 간신의 괴수는 공신으로 기록되어 있습니다. 명분의 잘못됨이 이보다 심한 경우는 없었습니다. 지금의 계책은 다섯 간흉(정순붕·윤원형·이기·임백령·허자)의 죄를 폭로하고 관작을 삭탈하며 위사공신이라는 공훈을 모두 삭제하는 것입니다. 또한 죄 없는 사람을 모두 사면하여 종묘사직에 고하고 온 나라에 널리 알려서 모두 새로 시작해야 합니다. 이렇게 하면 위로는 조종(祖宗)의 영혼을 위로하고 아래로는 조야(朝野)의 분하고 원통한 마음을 달래서 유신(維新)의 정치가 점차 이루어질 것입니다.

『율곡전서』 〈동호문답〉

을사사화를 주도한 간신들을 단죄하고 당시 화를 입은 사람들을 구제하자는 논의는 1565년(명종 20년) 문정왕후가 세상을 뜨고 윤원형이 제거된 후부터 점차 시작되었다. 그러다가 선조가 즉위한 다음에는 사화를 입은 사람들의 관직을 복권하고 재산을 되돌려주는 등 여러 구제 조치까지 이루어졌다. 그러나 당시 조정 대신들은 을사사화 자체를 부정하고 위사공신의 공훈을 삭제하는 삭훈(削勳)에 대해서는 매우 미온적이었다. 을사사화 때 크게 피해를 입은 홍문관과 양사(兩司)의 대간들조차 율곡이 이 문제를 본격적으로 거론하기 이전까지는 을사삭훈을 제기하지 못했다. 역적으로 몰려 억울하게 죽거나 처벌을 받은 사람의 명예와 관작을 회복해준 것은 다반사였지만, 공신의 공훈을 삭제하는 것은 조선이 개국한 이후 전무한 일이어서 쉽게 뜻을 이루기 어려워 보였기 때문이다.

을사삭훈을 둘러싼 율곡과 조정 대신들의 갈등과 충돌은 계속되었다. 어느 날 경연의 자리에서 그 대화의 주제가 을사사화에까지 미쳤는데, 영의정 이준경(李浚慶)이 그 사건의 진상을 애매모호하게 아뢰자 율곡은 정면에서 그 부당함을 반박했다. 당시 이준경은 정승의 반열에 있으면서 조정 대신들을 대표하는 정치 거물이었다. 그런데 정5품 당하관에 불과한 홍문관 교리 율곡이 정면으로 이준경의 말을 반박하면서 어느 누구도 쉽게 거론하지 못하는 을사삭훈을 주장한 것이다. 그렇다면 율곡이 조정 대신들과의 갈등과 충돌을 무릅쓰면서까지 이토록 강력하게 을사삭훈을 주장한 까닭은 무엇일까?

율곡은 정치란 무엇보다도 올바른 도리와 명분을 바로 세우는 것에서 시작해야 한다는 신념을 갖고 있었다. 정의지심과 함께하지 않는 힘과 권력은 사사로운 욕심과 파당의 이해에 치우치기 쉽다. 사사로운 욕심과 파당의 이해에 치우친 정치는 나라를 혼란스럽게 하고 백성을 고통으로 내몰게 마련이다. 천하를 얻어서 다스리고자 하는 리더들이 정의지심을 무엇보다 앞세워야 하는 까닭이 바로 여기에 있다.

율곡은 "잘못된 과거사를 그냥 두고서 나라를 올바르게 다스리고 백성들을 선한 길로 이끌 수 없다"고 믿었다. 따라서 을사삭훈은 좁게는 율곡 자신의 정의지심의 문제였을 뿐만 아니라 넓게는 척신 권력의 구체제를 청산하고 올바른 정치의 근본을 세우는 문제이기도 했다. 비록 과거사이기는 하지만 나중에라도 상벌을 정확히 따져 밝혀야 정의에 대한 리더의 의지를 명확하게 보여줄 수 있기 때문이다.

그러나 삼사와 사림을 이끌며 논의를 주도한 율곡의 노력에도 불구하고 을사삭훈은 쉽게 성사되지 않았다. 을사삭훈을 주장한 지 1년이 다 되도록 선조의 허락을 얻지 못한 것이다. 선조는 이준경을 비롯한 대신들이 여론에 떠밀려 마지못해 삭훈을 청할 뿐이라는 사실을 알고서 구태여 조선 역사상 전례가 없는 공훈 삭제라는 귀찮고 곤란한 일을 만들려고 하지 않았다. 때문에 율곡은 정의를 바로 세우기 위한 길고도 험난한 투쟁을 해야 했다.

율곡은 선조가 을사삭훈을 선뜻 받아들이지 못하는 까닭을 네 가지로 살폈다. 그 네 가지란 조정 대신들의 어물정한 태도, 윤임이 반역을 도모한 것 같다거나 실제 윤임이 반역했다는 등 대신들의 잘못된 인식, 삼사에서 처음 삭훈을 주장할 때 곧바로 하지 않고 말을 에둘러서 한 탓에 임금이 그 본뜻이 어디에 있는지 알 수 없게 한 것, 궁중에 깊이 뿌리를 내린 위사공신의 친속들이 대비(명종의 비인 인순왕후)를 움직여 삭훈을 방해한 점 등이었다.

이에 율곡은 홍문관의 언론을 주도하면서 을사사화가 오적(五賊, 정순붕·윤원형·이기·임백령·허자)이 날조한 사건임을 구체적으로 폭로하는 한편 척신 정치의 만행에 대한 불철저한 인식과 삭훈에 대한 애매모호한 태도를 신랄하게 비판했다. 특히 율곡은 1571년(선조 3년) 5월부터 11월 말까지 7개월 동안이나 계속해서 을사삭훈을 주장했지만, 선조는 선왕의 잘못을 인정하여 자칫 왕권이 약화될 것을 우려해 끝내 허락하지 않았다. 그러다가 1571년(선조 10년)에 을사사화의 최대 피해자 중 한 사람인 인성왕후(인종의 비)가 세상을 뜨기 직전에 이르러서야 비로소 위사공신 27명을 삭훈하고 윤임과 계림군을 복관(復官)시켰다. 인성왕후는 일찍부터 을사삭훈을 강력히 주장했지만 선조는 이를 완강하게 거절해 오다가 이때에 이르러 마지못해 삭훈을 허락한 것이다. 이렇게 해서 을사사화가 일어난 지 33년, 율곡이 을사삭훈을 주장한 지 8년이 지나서야 조선은 마침내 잘못된 과거사를 바로잡았다. 이로써 을사사화의 위사공신 27명은 조선 역사상 최초로 공신의 지위를 박탈당하면서 치욕과 불명예의 상징이 되고 말았다.

율곡의 정치적 궤적에서 을사삭훈, 곧 과거사 청산 운동은 아주 중요한 의미를 지닌다. 개인사로 보면 그가 평생 간직한 정의지심이라는 정치적 원칙을 실현한 것이고, 조선의 정치사에서 보면 척신 정치의 구체제를 말끔히 씻어 내고 사림 정치의 새로운 시대를 여는 신호탄이나 다름없었다. 이것은 권세가들의 사견이 전횡한 정치를 사림의 공론이 주도하는 정치로 바꾼 획기적인 사건이었다. 그리고 율곡은 삭훈 논의를 실질적으로 주도하면서 정의지심으로 무장한 사림을 이끄는 차세대 지도자로서의 면모를 확실하게 보여 주었다.

체계적으로 변화를 도모하라

1574년(선조 7년) 1월 39세의 나이로 〈만언봉사〉를 지어 올린 이후에도 자신의 개혁안이 전혀 받아들여지지 않자, 율곡은 벼슬에 나아가고 물러나기를 반복했다. 그러면서도 성심을 다해 쉬지 않고 조회(朝會)와 상소 그리고 경연을 통해 선조에게 정치 개혁과 민생 구제의 필요성을 역설했다.

정계 은퇴를 결심하고 해주 석담에서 학문 연구와 제자 양성에 힘을 쏟던 때에도 개혁을 향한 평생의 열망과 뜻만은 꺾지 않았다.

이에 43세 때인 1578년(선조 11년) 5월에는 선조가 대사간에 임명하자 사직하면서 다시 폐정(弊政)의 실태와 구제 대책을 논하는 〈만언소〉를 올렸다. 또한 1580년(선조 13년. 45세) 12월 임금의 부름을 받고 입궐한 어느 날 선조가 "오랫동안 서로 보지 못했는데 하고 싶은 말이 있으면 꺼리지 말고 하시오."라고 하자 아직도 낡은 관습과 잘못된 법 제도를 답습할 뿐 전혀 나아지지 않은 현실을 지적하면서 묵은 폐단을 완전히 없앤 뒤에야 훌륭한 정치를 바랄 수 있다고 간곡하게 아뢰었다.

그리고 조정으로 복귀한 뒤인 1581년(선조 14년) 2월의 경연에서는 『춘추』를 강론하다가 또다시 변법 개혁과 민생 구제의 시급함을 호소했다. 특히 그해에는 어느 때보다 폐정 개혁을 성사시킬 수 있는 좋은 환경이 조정 내부에 조성되고 있었다. 박순이 정승의 자리에 있으면서 지조 있는 어진 선비들을 조정에 많이 진출시키고, 율곡이 언론을 담당하는 사헌부와 사간원의 논의를 주도하고, 또한 절친한 벗 성혼이 선조의 부름을 받고 관직에 나오자 뜻있는 수많은 사림의 인사들이 너나없이 조정으로 모여들었다. 이로 인해 선정(善政)을 향한 강한 열정과 의지를 지닌 선비들의 기운이 궁궐 내부에 가득 넘쳐났다. 이에 율곡 역시 크게 힘을 얻어서 같은 해 5월에 다시 상소를 올려 폐법(弊法)을 변통할 것, 공안(貢案)을 개혁할 것, 지방의 주현(州縣)을 병합해 줄일 것, 감사(監司)의 임기를 연장할 것, 어진 선비를 등용해 임금의 뜻을 닦을 것, 사사로운 붕당을 물리치고 조정을 화합하게 할 것 등을 요청했다.

그런데 이때에 이르러서는 선정을 향한 사림의 기운 못지않게 동인과 서인으로 나누어 다투는 붕당의 폐해가 조정에 널리 퍼져 있었다. 심지어 율곡을 두고서 "이이는 구차하고 오활하여 향기로운 풀과 악취 나는 풀을 같은 그릇에 두고서 권력을 도모하려는 자"라는 비난과 조롱까지 나왔다. 상황이 이렇다 보니 율곡의 정성과 성심이 있는 그대로 전달되기 어려웠고, 선조의 마음을 돌려 세워 개혁을 성사시키려는 계획 또한 진전이 없었다. 율곡의 뜻은 폐정을 개혁하는 일에 크게 마음을 두지 않는 선조와 더불어 사사로운 감정으로 나랏일을 그르치는 붕당의 폐해라는 또 다른 장벽에 부딪혀야 했다.

> 이이가 시골에 있다가 조정에 들어오자, 사류들이 모두 이이에게 해야 할 마땅한 계책을 물었다. 이에 대해 이이가 이렇게 대답했다. "지금 걱정은 임금과 신하가 서로 잘 알지 못한다는 것, 조정의 위와 아래가 서로 정이 통하지 못하는 것, 사류들이 서로 화합하지 못하는 것에 있소. 따라서 사류들을 융화시켜 한 덩어리로 만들어 서로 의심하거나 방해하지 않아야 할 것이며, 함께 정성을 쌓아서 임금의 뜻을 돌리는 것이 제일이오."
>
> 『경연일기』 선조 14년(1581) 2월

그러나 동인과 서인의 대립과 갈등은 안정되기는커녕 더욱 격화되었고, 이로 말미암아 선조의 마음을 개혁으로 돌리려는 율곡의 정성과 성의 역시 빛을 볼 길이 없었다. 그런데 그해(1581년) 10월 들어서 비바람이 불고 낮이 어두워지더니 천둥과 번개가 한여름보다 더 심한 천재지변이 일어났다. 하늘의 재앙에 또다시 큰 불안과 두려움을 느낀 선조는 대신들을 불러 어떻게 해야 할지를 물었다. 이때 율곡은 단순히 임금의 마음을 얻는 것으로는 개혁과 혁신을 일으킬 수 없다고 판단하고 조정 내에 개혁을 전담할 기구를 상설화할 계책을 세워 임금에게 건의했다. 개혁 전담 기구를 설치한다면 훨씬 안정된 기반 위에서 지속적인 폐정 개혁과 민생 구제 대책을 추진해 나갈 수 있다는 것이 율곡의 생각이었다. 당시 율곡이 요구한 개혁 전담 기구는 바로 경제사(經濟司)였다.

청하건대 대신과 상의해서 하나의 경제사를 설치하여서, 대신으로 하여금 총괄하게 하고 사류 가운데에서 시무를 잘 알고 국사에 큰 뜻을 둔 사람을 뽑으십시오. 그리고 건의 사항은 모두 경제사에 내려서 시행할 수 있는지 혹은 그렇지 못한지를 상의하고 확정해 낡은 정치와 케케묵은 법 제도를 개혁한다면 하늘도 마음을 돌릴 수 있을 것입니다. 지금 설령 공자와 맹자가 전하의 곁에 있다고 하더라도 재주와 능력을 발휘할 수 없다면 무슨 보탬이 있고 어떤 이로움이 되겠습니까. 경제사를 설치하자는 건의는 우선 듣기에는 생소할 것입니다. 그러나 이와 같이 하지 않는다면 국사를 어떻게 해볼 수가 없게 되어서 나날이 나빠지기만 할 것입니다.

『선조실록』 선조 14년(1581) 10월 16일

경제사 설치는 분명 이전에 율곡이 주장한 개혁안보다는 진일보한 측면이 있다. 이전에는 개혁의 에너지를 임금 개인의 뜻과 의지에서 구했다면, 경제사 설치 문제에서는 개혁의 추진력을 공적 기구와 공론의 장을 통해 얻으려고 했기 때문이다. 특히 이것은 개혁에 크게 뜻을 두지 않은 임금을 공적 기구를 통해 견제하고 제어할 수 있는 조치이기도 했다.

그렇다면 과연 선조는 이러한 율곡의 건의를 어떻게 처리했을까?

선조는 나약했지만 결코 순진하거나 어리석은 인물이 아니었다. 선조는 경제사가 임금의 권력을 약화시킬 뿐만 아니라 끊임없이 자신을 정치적으로 압박할 것이라는 사실을 정확히 꿰뚫어 보았다. 그래서 선조는

"경제사를 설치하면 훗날 반드시 큰 폐단이 생겨날 것이다. 우리나라는 모든 공사(公事)를 육조에서 나누어 관장하고 있다. 거기에는 까닭이 있을 것이다"*라며, 경제사를 설치하면 자칫 육조의 권한과 기능을 마비시킬 수 있다는 우려를 명분 삼아 율곡의 간청을 끝내 받아들이지 않았다. 개혁과 혁신으로 조선을 크게 일으킬 기회가 또 한 번 날아가 버린 것이다.

---

* 『선조실록』 선조 14년(1581) 10월 16일

친인용현
親仁用賢

【 어진 사람을 가까이하라 】

공자가 말하기를 "정치를 하는 것은 사람을 얻는 것에 있다. 현명한 사람을 쓰지 않고서 나라를 잘 다스릴 수 있는 사람은 없었다"고 했습니다. 임금과 신하가 서로 만나야 무슨 일이라도 해볼 수 있습니다. 임금의 직분은 오직 현명한 사람을 알아보고 그에게 적합한 임무를 맡기는 것입니다.

『성학집요』〈위정 상〉

〈동호문답〉을 보면 율곡이 생각한 바람직한 리더의 전범은 '스스로 높은 뜻과 의지를 세우고, 훌륭한 재능과 뛰어난 지혜를 갖추기 위해 노력하되 과신과 독단의 유혹에 빠지지 않고, 어진 사람과 현명한 사람을 힘써 등용하고, 간사한 사람을 배척하는 사람'이다. 그중에서도 특히 자신의 능력과 재능보다는 현명하고 어진 사람을 잘 살펴 적재적소에 쓸 줄 아는 것이 리더의 첫째가는 덕목이라고 생각했다. 리더가 잘났든 혹은 못났든 어진 사람과 현명한 사람을 등용할 줄 알면 성공하지만 그렇지 못할 경우에는 반드시 실패하기 때문이다.

그러므로 리더는 반드시 어질고 현명한 사람을 구별하는 능력을 길러야 한다. 이를 위해 율곡은 성인의 말을 인용하면서 임금이 사람을 구할 때 다음과 같이 세심하게 살펴야 한다고 주장했다.

오직 어진 사람만이 남을 좋아할 수 있고 남을 미워할 수 있다. [중략] 말은 마음의 소리이니 말을 알지 못하면 사람을 알 수 없다. 그가 하는 것을 보고, 그가 추구하는 것을 살펴보고, 그가 편안히 여기는 것을 관찰하면, 어찌 사람이 자신을 숨길 수 있겠는가? [중략] 주위 사람들이나 대부(大夫)가 현명하다 해도 옳다고 생각하지 않고 백성이 모두 현명하다고 한 뒤에야 관찰해서 과연 현명한 점이 보이면 그를 등용한다. 주위 사람들과 모든 대부가 쓸모없다 평가하는 소리도 듣지 말고 백성이 모두 쓸모없다고 하면 면밀히 관찰해 과연 쓸모없으면 그를 제거한다. [중략] 사람들 중에는 세속 사람과 같아서 뭇사람이 좋아하는 사람도 있고 특이하게 행동하여 뭇사람이 꺼려하는 사람도 있다. 그러므로 반드시 스스로 관찰하여 몸소 현명하거나 그렇지 못한 실제 모습을 본 다음에 등용하거나 버리면, 현명한 사람에 대하여 깊이 알 수 있을 뿐 아니라 맡기는 책임도 무거워 재능 없는 사람이 요행을 빌어 나아갈 수 없을 것이다.

『성학집요』〈위정 상〉

사람을 살필 때는 자신이 필요로 하는 능력 외에 그 사람의 기본적인 성품을 봐야 한다. 아무리 능력이 뛰어나도 자신의 이익을 우선시하는 이기적인 사람을 가까이하는 것은 위험하다. 그런 사람은 단기간에 실적을 낼 수 있을지는 몰라도 지향하는 바가 편협하여 오래가지 못한다. 따라서 나라에 필요한 능력 외에 사람 됨됨이를 알 수 있는 말과 행동, 그리고 가치관을 잘 살펴야 한다. 이런 평가는 어느 정도 시간을 두고 하는 것이 좋다. 아무리 처세가 능한 사람이라 해도 오랜 시간 속이기는 어려운 법이다. 일단 좋은 사람이라고 판단되어 일을 맡긴 후에는 무조건 믿어야 하지만, 그 전까지는 능력이 뛰어나고 중하게 쓰고 싶은 사람일수록 가까이에서 더욱 잘 살펴야 한다.

마지막으로 다른 사람의 평가만으로 사람을 판단해서는 안 된다. 특히 사회적 편견으로 인한 잘못된 평가들을 조심해야 한다. 과거 신분 차별이 그런 경우에 해당하는데, 〈만언소〉에서 율곡은 사람을 등용할 때는 신분 혹은 출신을 묻거나 상투적인 격식에 얽매여서는 안 되며 오직 자질과 능력이 그 직책에 합당한지 여부만을 살펴야 한다고 강조했다. 서얼에 대한 차별이나 붕당의 폐해로 인해 뛰어난 인재들이 마음껏 능력을 발휘할 수 없게 됨으로써 발생하는 국가적 손실이 너무나 컸기 때문이다.

사람을 얻기 위해서는 무엇보다 리더가 먼저 모범을 보여야 한다. 그렇지 않으면 아무리 뛰어난 인재도 그를 따르지 않는다. 리더가 인재를 만나지 못하면 자신의 뜻을 펼치기 어려운 것처럼, 아무리 뛰어난 재주와 훌륭한 식견을 갖추었어도 리더를 제대로 만나지 못하면 자신의 뜻을 이루기 어렵다. 율곡이 〈동호문답〉의 세 번째 장에서 '임금과 신하가 서로 잘 만나기 어려운 사실'을 특별히 논한 까닭 역시 여기에서 찾을 수 있다. 그렇다면 율곡이 생각한 '임금과 신하가 서로 잘 만나는 도리'는 무엇일까? 그것은 '서로가 신뢰하는 것', 곧 같은 뜻으로 뭉치는 동지적 관계다. 어떻게 이런 관계가 가능할까?

임금이 공경과 예를 다하지 않으면 도덕을 갖춘 선비를 만날 수 없고, 간하는 말을 듣고 따르지 않으면 신하로 삼을 수 없으니 임금은 마땅히 정성을 미루어 임무를 맡기고 처음부터 끝까지 의심하지 말아야 합니다. [중략] 후세의 임금은 현자를 좋아할 줄은 알지만 좋아하는 방법을 알지 못해 직위와 녹봉으로 붙들어 두기는 해도 현자의 말을 쓰지 않아 그의 진퇴를 어렵게 하는 경우도 있고, 명분만 좋아하고 실제는 추구하지 않아 할 수 없는 일을 억지로 맡겨서 일을 그르치고 지조를 잃게 하는 경우도 있습니다. 현자가 그 총명함을 모두 발휘할 수 있게 하고, 그가 가진 재능을 적합한 곳에 사용하며, 그를 믿어 성실하게 일할 수 있게 해야 합니다. 그런 다음에야 참으로 현자를 좋아한다고 할 수 있을 것입니다.

『성학집요』〈위정 상〉

진심으로 인재를 얻고자 원한다면 리더는 마땅히 그에 맞는 자세로 인재를 대해 서로 믿고 일할 수 있는 분위기를 만들어야 한다. 능력을 잘 살펴 일을 맡기고, 맡긴 일에 대해서는 끝까지 신뢰하고 지원하며, 나랏일에 맞지 않거나 함께할 수 있는 역할이 없는데도 그 능력이 아까워 지위나 금전으로 잡아 두려 해서는 안 된다. 억지로 사람을 잡아 두는 것은 어떤 경우에도 도움이 안 될 뿐 아니라 그 사람의 능력마저 죽이는 길이다.

율곡 역시 그런 인재에 해당했다. 율곡은 뛰어난 학자이자 개혁가였다. 그에게는 나라를 위해 모든 것을 바칠 열정과 능력이 있었다. 하지만 선조는 당대의 현자들을 불러 장식품처럼 옆에 두고자 했을 뿐 그들의 지혜를 배워 치세를 펼칠 의지가 없었다. 이에 율곡은 "오만하게 나를 붙잡아 놓고 내 능력은 써주지도 않는구나"라는 『시경』의 말을 인용해 자신의 답답한 심정을 표현하기까지 했다.

선조와 율곡의 경우에서 볼 수 있는 것처럼, 인재를 찾는 것만큼 그 인재가 제대로 활동할 수 있도록 지원해 지속적으로 함께 나아갈 수 있는 관계를 구축하는 것 또한 중요하다는 사실을 잊어서는 안 될 것이다.

과신과 독단을 경계하라

사람은 혼자서는 살 수 없다. 아무리 지혜가 뛰어난 사람이라 해도 세상 이치를 모두 알 수 없고 아무리 기술이 뛰어난 사람이라 해도 모든 것을 다 만들어 낼 수는 없기 때문이다. 사람은 더불어 살아가는 존재이기 때문에 서로 믿고 의지하는 마음이 생기는 것은 당연하다.

그런데 간혹 심지가 나약해 지나치게 타인에게 의존하는 사람이 있다. 이런 사람은 혼자서는 어떤 결정도 내리지 못하고 다른 사람에게 도움을 청하거나 혹은 자신보다 강한 사람을 전적으로 신뢰해 모든 것을 맡겨 버린다. 이런 행동은 마음과 의지가 나약한 것뿐만 아니라 책임을 지기 싫어하는 이기적인 생각에서 비롯된다. 일단 일을 맡겼으면 전적으로 믿고 지원하는 것이 당연하다. 하지만 아무리 믿을 만한 사람이라 해도 자신이 직접 책임져야 할 일까지 맡기거나 결정을 내리게 해서는 안 된다.

반대로 다른 사람을 믿지 못해 모든 것을 자신의 뜻대로만 하려는 사람도 있다. 이런 사람은 밀어붙이는 힘이 강해서 추진력이 있다는 평가를 받거나, 혹은 대개 '어차피 책임도 내가 진다'는 명분을 내세우기 때문에 책임감이 강하다는 호평을 받기도 한다. 하지만 한 사람의 머릿속에서 만들어진 계획과 명분은 오래가지 못하는 법이다. 아무리 뛰어난 사람이라 해도 혼자서 모든 경우의 수에 대처할 수는 없기 때문이다. 그런데도 이런 사람들은 끝까지 다른 사람의 말을 들으려 하지 않는 경향이 있다. 아무도 자기만큼 생각하지 못한다고 여기거나 자신의 권한을 나눠주기 싫은 까닭이다. 이런 상황이 계속되면 처음에는 그를 따르던 사람들도 결국 하나둘 떠나고 만다. 사람이 떠난다는 것은 곧 모든 것이 실패로 돌아갈 것이라는 반증이기도 하다.

어린 나이에 임금의 자리에 올랐던 선조는 처음에는 스승으로 섬긴 퇴계 이황이나 고봉 기대승(奇大升) 그리고 율곡과 같은 현인들의 가르침을 좇으려고 노력했다. 그러나 점차 나이가 들고 임금 노릇에 익숙해지자 율곡과 같은 선비들의 가르침을 지나친 간섭과 잔소리로 여기기 시작했다. 특히 즉위 10년째가 되는 1576년(선조 9년)에 들어서자 이제 나라를 다스릴 만한 충분한 능력을 갖추었다고 과신한 탓인지 구태여 벼슬을 버리고 떠나려 하는 율곡을 붙잡지 않았다. 오히려 끊임없이 자신에게 선정(善政)과 개혁을 요구하는 율곡을 귀찮아 할 정도였다. 때문에 그해 2월 경연에서 정승 박순이 "율곡은 어질고 재주가 많은 사람이니 중용해야 한다"고 하자, 자신의 말에 복종하지 않는 사람은 쓰고 싶지 않다면서 이렇게 말했다.

이 사람은 남달리 뜻이 높아서 과격하고 또한 나를 섬기려고 하지 않소. 그런데 내가 어찌 억지로 만류하겠는가? 예전부터 물러감을 허락하여 그 뜻을 이루게 한 일이 많소.

『경연일기』 선조 9년(1576) 2월

더욱이 선조는 한나라의 유학자 가의(賈誼)에 비유하여 율곡의 재주와 능력은 별반 볼 것이 없다는 말까지 덧붙였다. 자신감이 지나친 나머지 율곡 같은 신하 없이도 스스로 국정과 민생을 잘 돌볼 수 있다고 독단한 것이다.

> 또한 한나라 사람 가의는 독서하여 말만 능할 뿐 실상 쓸 만한 인재는 아니었소. 한나라 문제가 가의를 쓰지 아니한 것은 참으로 보는 바가 있었던 것이오.
>
> 『경연일기』 선조 9년(1576) 2월

율곡은 윤근수(尹根壽)로부터 이러한 선조의 과신과 독단에 찬 말을 전해 들었다. 당시 율곡은 "임금께서 만류하지 않으시는데 머물러 무엇하겠는가? 진실로 물러가야겠다. 물러가라는 허락을 듣고도 물러가지 않는다면 이것은 거취를 두고서 임금과 거래하는 짓일 따름이다"면서 파주 율곡으로 은거해 버렸다. 이후 율곡은 5년여 동안 선조의 간곡한 부름에도 불구하고 조정에 나아가지 않았다.

결국 선조는 지나친 자신감과 독단적인 행동으로 율곡같이 현명하고 어진 신하들을 스스로 물러나도록 만들었다. 이러한 선조의 모습을 지켜보고서 자신의 뜻을 이루지 못할까 두려워한 율곡은 비록 한때였지만 은둔의 삶을 살 각오까지 했던 것이다. 선조와 같은 말과 행동은 리더로서 가장 경계해야 할 것이다. 높은 뜻을 품고 진심 어린 충고를 일삼는 아랫사람을 품지 못하는 리더는 결코 훌륭한 자질과 능력을 갖춘 인재를 가질 수 없다. 또한 훌륭한 인재를 곁에 두지 못하고서 성공한 리더는 세상에 존재하지 않는다.

향의지도
向義之道

【 정의로운 길을 가라 】

율곡이 첫 벼슬살이(호조좌랑)를 시작한 때는 1564년(명종 19년) 8월이었다. 이후 율곡은 1567년(명종 22년)까지 3년여 동안 예조좌랑, 사간원 정언, 이조좌랑 등을 두루 역임하다가 선조가 즉위한 다음 해(1568년)에 사헌부 지평에 제수되었다. 초기 관직 생활 동안 조정의 핵심 기구에서 정치와 행정 경험을 쌓은 율곡은 1568년(선조 1년)에는 천추사 서장관(千秋使書狀官) 자격으로 명나라에 다녀오면서 외교경험과 더불어 해외 문물을 접하는 기회까지 누렸다. 그리고 명나라에서 돌아온 이후에는 홍문관 부교리, 이조좌랑에 이어 다시 홍문관 교리에 임명되었다.

　하지만 자신의 주장을 직접적으로 밝힌 것은 34세 되던 1569년에 지어 올린 〈동호문답〉이 처음이었다. 이 글은 조선 시대의 일반 저술들과는 다르게 문답 형식의 독특한 구성으로 이루어져 있다. 이러한 형식의 저술은 예로부터 자신의 주장을 더욱 명료하고 확실하게 전달하기 위한 장치로 사용되었는데, 예를 들자면 주자의 『논어혹문(論語或問)』이나 『대학혹문(大學或問)』 등이 그렇다. 아마도 34세의 혈기 넘친 관료였던 율곡은 큰 희망을 품고 이제 막 정치를 시작한 나이 어린 임금에게 개혁을 향한 자신의 절실한 뜻을 간곡하게 전달하고 싶었을 것이다. 율곡은 손님과 주인이라는 두 명의 가상 인물을 등장시켜 서로 묻고 답변하는 방식으로 모두 열한 개 주제에 걸쳐 자신의 개혁 철학과 미래 비전을 선조에게 밝혔다. 여기에서 율곡이 논하는 열한 개 주제는 다음과 같다.

1. 君道(군도) 군주의 길
2. 臣道(신도) 신하의 길
3. 君臣相得之難(군신상득지난) 임금과 신하가 서로 잘 만나기 어려운 까닭
4. 東方道學不行(동방도학불행) 조선에서 성리학이 행해지지 않은 까닭
5. 我朝古道不復(아조고도불복) 조정이 옛 도(道)를 회복하지 못하는 까닭
6. 當今之時勢(당금지시세) 오늘날의 시대 정세
7. 務實爲修己之要(무실위수기지요) 실질적인 학문에 힘쓰는 것이 자신을 닦는 요체
8. 辨姦爲用賢之要(변간위용현지요) 간사한 자를 잘 분별하는 것이 어진 사람을 등용하는 요체
9. 安民之術(안민지술) 백성의 삶을 편안하게 하는 방법
10. 教人之術(교인지술) 교육 개혁의 방법
11. 正名爲治道之本(정명위치도지본) 명분을 바로 세우는 것이 다스림의 근본

『율곡전서』〈동호문답〉

〈동호문답〉은 다루고 있는 주제만 보더라도 부국안민을 위한 정치 개혁 보고서임을 한눈에 알 수 있다. 그렇다면 율곡이 〈동호문답〉을 통해 선조에게 주장하고자 한 핵심 내용은 무엇일까?

율곡은 개혁의 성패는 임금의 뜻과 의지에 달려 있다고 보았다. 임금이 마땅히 자신이 해야 할 일을 깨달아 실천하는 것이야말로 개혁의 시작이라고 생각했기 때문이다. 그러므로 개혁이란 군주의 길, 곧 임금이 무엇을 하고, 또한 무엇을 해서는 안 되는가를 밝히는 것에서부터 첫 단추를 끼워야만 한다. 율곡이 〈동호문답〉의 첫 장을 '군주의 길'로 배치한 까닭이 여기에 있다.

그럼 임금이 마땅히 해야 할 일은 무엇이고 또 결코 해서는 안 되는 일이란 무엇인가? 율곡은 세상을 잘 다스리는 리더의 두 가지 유형과 세상을 어지럽히는 리더의 또 다른 두 가지 유형을 비교 설명하면서 이에 대한 해답을 제시한다.

먼저 리더가 출중한 재능과 뛰어난 지혜를 갖추고 인재를 잘 활용하거나, 비록 자신의 재능과 지혜는 모자라지만 어진 사람을 등용할 수 있으면 세상을 잘 다스릴 수 있다는 것이다. 반면 리더가 뛰어난 재능과 지혜를 갖추었다고 하더라도 자신의 총명함만을 믿고 아랫사람을 믿지 못하거나, 재능과 지혜가 모자라면서 아부나 일삼는 간사한 자들의 말만 믿고서 눈과 귀를 닫아버리면 세상은 어지러워질 수밖에 없다.

율곡은 〈동호문답〉에서 조선과 중국의 역대 제왕들의 사례에 비추어 개혁과 변화에 성공한 리더와 실패한 리더의 차이점을 뚜렷하게 제시했다.

출중한 재능과 뛰어난 지혜를 갖추었을 뿐만 아니라 인재 역시 잘 활용해 개혁에 성공한 임금으로는 세종을 꼽았다. 율곡은 세종과 같은 성군은 고려 왕조에도 없었다면서 "우리나라의 정치가 이때부터 융성해져서 오늘날까지도 세종께서 남긴 은택이 내려와 끊이질 않고 있다"고 평했다. 또한 세종은 허조(許稠)나 황희 같은 당대의 뛰어난 선비들을 잘 활용해 시대의 혁신과 변화를 도모했다는 점을 높이 샀다.

재능과 지혜는 모자라지만 어진 사람을 등용할 줄 알아서 세상을 잘 다스린 리더로는 중국 춘추시대 제나라의 환공(桓公)과 삼국시대 한나라의 유비(劉備)를 예로 들었다. 환공은 한때 음악 소리와 미녀들에 취했지만 관중의 가르침과 보좌를 받아서 부국강병의 혁신을 이루어 냈다. 그 결과 여러 제후들을 제압해 춘추시대 최초로 패자(覇者)가 되는 영광을 얻었다. 또한 유비는 전쟁을 치르느라 말안장 위에서 엉덩이 살이 여윌 지경이었지만 제갈량(諸葛亮)을 등용해 행정과 군제(軍制)를 개혁했기 때문에 한중과 서천의 영토를 차지해 한나라 유씨 왕조의 천명(天命)을 지속할 수 있었다.

반면 율곡은 자신의 총명함만을 믿고 아랫사람을 믿지 못해 몰락한 리더로는 중국 하나라의 걸왕, 은나라의 주왕, 주나라의 여왕, 수나라의 양제를 대표적으로 꼽았다. 이들은 모두 재주와 능력을 갖추었지만 좋지 못한 곳에 사용했고, 지혜가 있었지만 신하들의 간언을 듣지 않고 독부(獨夫)의 위엄을 세우느라 백성을 학대하고 국력을 소진했다. 이에 하늘이 노하고 백성들의 원망을 사 결국 죽임을 당했다.

그렇다면 율곡의 관점에서 간사하고 아첨이나 일삼는 신하들을 믿고 총애하다가 세상을 어지럽게 한 리더로는 누가 있을까? 그는 중종과 명종을 꼽았다. 먼저 중종은 처음에는 현인을 찾고자 노력한 덕분에 조광조를 얻어서 개혁 작업을 맡겼지만, 곧이어 간사한 무리들의 속임수에 넘어가 수많은 선비들을 숙청하는 기묘사화를 일으켰기 때문에 세상을 어지럽힌 리더라는 불명예를 안았다. 기묘사화 때문에 사기(士氣)가 크게 꺾여서 어질고 현명한 사람은 숨어 버렸고 세상은 간신배들의 차지가 되어 더욱 크게 어지러워졌다. 명종의 시대에는 이기와 윤원형 같은 외척 세력이 임금의 총명함을 가리고 막았다. 이들 간신들이 현자를 해치고 나라를 망친 까닭에 충신은 침묵하고 길가는 선비들은 서로 만나도 눈으로만 아는 체하는 것이 무려 20여 년이나 이어졌다. 이 때문에 명종이 세상을 어지럽힌 실패한 리더라는 것이다.

이렇듯 율곡이 제시한 성공한 리더와 실패한 리더의 차이에서 알 수 있듯이, 어질고 현명한 사람을 얻어서 혁신과 변화를 이끌어 낸 리더는 크게 성공한 반면 아첨이나 일삼는 간사한 사람을 가까이한 리더는 자신과 나라를 망치는 신세를 면치 못했다.

경계해야 할 세 가지 유형의 리더

율곡은 세상을 어지럽히는 리더를 세 가지 유형으로 나누어서 크게 경계로 삼을 것을 선조에게 권면했다.

첫 번째 유형은 폭군(暴君)이다. 폭군이란 안으로는 지나친 욕심 때문에 마음이 흔들리고 밖으로는 유혹에 빠져 백성들을 핍박하고 자기 한 몸만을 받들고 신하들의 지극한 간언을 배척하면서 스스로 몰락하는 리더다.

두 번째 유형은 혼군(昏君)이다. 혼군이란 세상을 잘 다스려 보겠다는 뜻은 지녔지만 현명한 사람과 간사한 사람을 분별할 줄 아는 능력이 모자라서 총애하는 자들은 어질지 못하고 임용한 벼슬아치들은 재주가 없어서 나랏일을 망치는 리더다.

세 번째 유형은 용군(庸君)이다. 용군이란 마음이 나약해서 뜻이 굳지 못하고, 결단력이 부족해서 낡은 관습에만 매달리는 탓에 나날이 나라와 백성을 쇠락의 길로 밀어 넣는 리더이다.

율곡이 활동한 시대를 포함한다면 당시까지 조선에는 모두 열네 명의 임금이 있었다. 율곡은 〈만언봉사〉에서 이 열네 명 가운데 자신이 생각한 세 가지 유형의 전형이 될 만한 임금에 대해 나름의 소견을 밝혔다.

먼저 폭군의 전형으로는 연산군을 꼽을 수 있다. 율곡은 "연산군은 나라를 어지럽게 하고 씀씀이가 사치스러웠으며, 아래로 백성의 재물을 덜어다가 위의 특권층에게 보태 주는 것을 일삼았다"고 보았다. 이로 말미암아 신하들의 충성심과 백성의 마음을 잃었고, 중종이 반정을 일으켜서 몰락했다. 연산군의 지나친 욕심과 복수심 때문에 나라는 피폐해지고 백성은 궁핍하게 됐으니, 폭군이야말로 사회와 사람 그리고 자신을 망가뜨리는 최악의 리더라고 할 수 있다.

그렇다면 연산군을 내쫓고 임금의 자리에 오른 중종은 어떠했는가? 율곡은 중종을 혼군의 전형으로 본 듯싶다. 즉 율곡은 "(중종의) 정치는 마땅히 옛 성왕의 제도를 따라야 했지만, 초년에 나랏일을 맡은 자들이 모두 반정에 공이 큰 신하들로 무식한 사람들뿐이었고, 그 후 조광조 등 어진 선비들이 자못 일을 해보려 했으나 모함에 빠져 기묘년의 참변을 당했다"고 보았다. 즉 중종은 비록 나라와 백성을 잘 다스려 보겠다는 뜻은 높았지만, 소인배의 참소를 쉽게 받아들여서 오히려 조광조처럼 어질고 현명한 사람들은 내쫓고 남곤(南袞), 심정(沈貞), 홍경주(洪景舟)와 같은 간신과 외척 세력들을 가까이에 두어 나랏일을 어지럽히고 민생을 망친 리더였다. 충신과 간신, 현명함과 간사함을 구분하지 못하고 스스로 무엇을 어떻게 해야 할지 몰라 우왕좌왕하는 리더는 폭군 다음가는 차악의 리더라고 할 수 있다.

그렇다면 율곡은 자신이 섬긴 선조에 대해서는 어떻게 생각했을까? 율곡이 생각하기에 선조는 용군에 가까운 인물이었다. 선조는 "총명하고 지혜롭지만 덕을 베푸는 것이 넓지 못하고, 좋은 말을 듣기를 즐기지만 또한 많은 의심을 버리지 못해" 쉽게 결단하지 못하는 임금이었다. 그래서 신하들이 힘써 건의를 해도 지나치지 않나 의심하고, 기개와 절조를 숭상하는 신하는 교만하거나 과격하다고 의심하고, 명예를 얻는 신하는 혹시 당파를 이루지 않나 의심하고, 다른 사람의 잘못과 허물을 비판하면 편파적으로 모함하지 않나 의심하느라 아무런 일도 실행에 옮기지 못한다. 이러한 임금이 다스리는 나라의 신하와 백성은 폭군이나 혼군이 다스릴 때처럼 공포와 두려움 속에서 살거나 큰 재앙을 입지는 않는다. 하지만 큰 발전과 성장을 기대하기 어렵고 자칫 후퇴와 쇠락의 구렁텅이로 추락할 수 있다.

다만 용군은 폭군이나 혼군과는 다르게 일을 추진할 뜻과 실행할 결단력이 부족할 뿐이다. 따라서 신하들의 말에 귀를 기울여 자신의 약점과 결점을 보완하고 시대의 변화에 부응해 혁신한다면 큰 발전과 성장을 이끌 수도 있다. 율곡이 항상 선조의 모자람을 질책하면서도 끝내 기대와 희망을 저버리지 못한 까닭도 이 때문이었다.

어진 임금과 현명한 신하가 만나기란 쉽지 않은 일이다. 세상에는 현명하고 어진 성군이나 현군과 같은 유형의 리더보다는 폭군이나 혼군 혹은 용군과 같은 유형의 리더가 훨씬 더 많다. 따라서 현명한 사람이라면 리더의 유형에 따라 나아가고 물러나는 것을 알아 자신의 행동과 목표를 조절할 수 있어야 한다. 폭군이나 혼군 유형의 리더라면 물론 자신의 노력에 비해 변화와 혁신을 기대하기 어렵겠지만, 용군 유형의 리더라면 오히려 자신의 재능과 실력을 마음껏 발휘해 나라를 혁신하고 발전시킬 수 있는 기회로 삼을 수도 있을 것이다. 율곡이 선조의 자질이 용군에 불과하다고 생각하면서도 죽을 때까지 희망을 버리지 않고, 임금을 향해 '부국안민을 위해 시대의 과제를 놓치지 말고 개혁에 나서라!'고 부르짖으며 행동했던 이유가 바로 여기에 있었다.

사람답게 산다는 것의
의미

율곡에게 인문학이란 무엇이었을까? '사람다움의 길'에 대해 질문하고 성찰하며 실천하는 것, 바로 그것이 율곡이 생각한 인문학이다. 율곡은 20세 때 지은 〈자경문〉을 통해 사람이 사람답기 위해서는 무엇보다 먼저 큰 뜻을 세워야 한다고 주장했다. 율곡에게 그 '큰 뜻'이란 다음과 같다. "성인을 본보기로 삼아서 털끝만큼이라도 성인에 미치지 못하면 나의 일은 끝난 것이 아니다." 율곡에게 '사람다움의 길'이란 곧 공자와 맹자와 같은 '성인의 길'이라고 말할 수 있다. 인의(仁義), 즉 어질고 의로운 사람이 되어서 세상을 어질고 의롭게 만드는 것이 바로 율곡이 생각한 사람다움의 길이었다.

필자가 생각할 때 만약 율곡을 통해 오늘날 우리가 배워야 할 인문학이 있다면, 그것은 어질고 의로운 사람이 되는 것과 어질고 의로운 세상을 만드는 것 그 이상도 그 이하도 아니다. 어질고 의로운 사람이 되고, 어질고 의로운 세상을 만들기 위해서는 어떻게 질문하고, 어떻게 성찰하며, 어떻게 실천해야 하는가를 율곡의 삶을 통해 배우는 것이 바로 『율곡 인문학』이라는 얘기다.

율곡은 사람다움의 길, 즉 '성인의 길'을 위해 평생에 걸쳐서 질문하고 성찰하고 실천해야 할 덕목들을 〈자경문〉에 밝혀 놓았다. 과언(寡言 : 말을 적게 할 것), 정심(定心 : 마음을 다스려 안정시킬 것), 근독(謹篤 : 홀로 있을 때 두려워하고 경계할 것), 독서(讀書 : 옳고 그름을 분별해 일을 행할 때 적용하기 위해 독서에 힘쓸 것), 소제욕심(掃除慾心 : 사사로운 욕심을 깨끗하게 씻어 낼 것), 진성(盡誠 : 진심과 정성을 다할 것), 정의지심(正義之心 : 항상 정의로운 마음과 함께할 것), 감화(感化 : 다른 사람을 선한 길로 이끌어 변화시킬 것), 용공지효(用功之效 : 죽을 때까지 끊임없이 공부할 것) 등이 바로 그것이다. 실제 율곡은 20세 때부터 죽음을 맞이한 49세 때까지 30여 년 동안 '사람다움의 길'을 밝혀 놓은 〈자경문〉의 방향과 목표에 따라 행동하고 실천했다고 해도 과언이 아니다.

그래서 율곡은 벼슬에 나아가서는 오직 임금을 올바른 길로 이끌고, 나라를 부강하게 하고, 백성을 평안하게 하고자 하는 일념으로 개혁과 변화를 주장하고 실천했다. 또한 벼슬에서 물러나서는 오직 자신을 갈고닦고, 제자들을 가르치고, 가족들을 화목하게 하고, 백성들을 올바른 길로 교화하고자 하는 일념으로 수양과 공부와 교육에 힘을 쏟았다. 율곡이 그토록 부국안민(富國安民)과 정치·사회 개혁에 매달렸던 까닭은, 그것이 바로 벼슬에 나아갔을 때 추구해야 할 사람다움의 길이었기 때문이다. 또한 은병정사를 세워 제자와 백성 교육에 힘쓰고 동거계사를 짓고 백여 명이 넘는 대가족이 함께 모여 살았던 까닭은, 그것이 바로 벼슬에 물러났을 때 추구해야 할 사람다움의 길이었기 때문이다.

　이렇게 보면, 사람다움의 길을 질문하고 성찰하며 실천했던 율곡의 삶이 얼마나 간난신고(艱難辛苦)였을까 하는 생각에 가슴 한곳이 서늘해진다. 율곡 역시 대학자이기에 앞서 인간적인 고뇌와 번민으로 고통받던 평범한 인간이었다. 하지만 율곡은 사람답게 살기 위해 자신의 온 몸과 마음을 던져 평범한 인간의 한계를 넘어서려고 했다는 점에서 위대한 인간이었다. 그는 젊은 시절 세웠던 자신의 뜻과 신념을 단 한 번도 포기하거나 주변 상황과 타협하지 않고 끝까지 지켜 냈다. 그러니 그 어려움과 괴로움이 오죽했겠는가? 어떻게 보면 율곡이 짧다면 짧다고 할 수 있는 49세의 나이에 세상을 떠난 까닭도 자신의 몸과 마음을 괴롭혀 가면서 세상과 타협하지 않고 일찍이 세운 큰 뜻을 실천하려고 했기 때문이 아닐까? 그런 점에서 필자는 율곡의 삶과 죽음의 여정을 지켜볼 때마다, 그의 사후 2백여 년 뒤에 세상에 나온 정조의 삶과 죽음의 여정이 미묘하게 겹친다. 정조 역시 평생 동안 사람다움의 길에 대해 질문하고 성찰하며 실천했던 학자 군주이자 개혁 군주였고, 그로 인한 인간적인 고뇌와 번민과 고통 때문에 49세의 짧은 삶을 마감해야 했기 때문이다.

　만약 우리가 율곡을 '위인(偉人)'이라고 부른다면, 그것은 그가 태어났을 때부터 천재였기 때문도 아니고, 모든 면에서 보통 사람의 성품과 능력을 넘어선 위대한 인간이기 때문도 아니다. 어머니를 잃고 오랫동안 방황하고 개혁의 뜻을 이루지 못해 고통받는 등 율곡도 우리와 같은 평범한 인간에 불과했지만 오로지 사람답게 살기 위해 온갖 간난신고를 무릅쓰면서 자신을 갈고닦고, 다른 사람들을 가르치며, 나아가 임금을 인도하여 나라를 개혁해 백성의 삶을 평안하게 하려고 끊임없이 노력했다. 그리고 바로 그 삶의 여정을 통해 그는 평범한 인간의 수준을 뛰어넘을 수 있었다. 따라서 필자는 우리가 율곡의 삶을 통해 배울 것이 하나 있다면, 그것은 위대한 인간 율곡의 삶이 아니라 평범한 인간 율곡의 고뇌와 번민과 고통이 되어야 한다고 생각한다. 그럴 때만이 인간의 '평범함'이 어떻게 해서 '위대함'으로 전환되는가를 발견할 수 있기 때문이다.

율곡은 20세 때 성인이 되겠다는, 즉 평범한 인간의 수준을 뛰어넘어 사람이 살면서 도달할 수 있는 최고의 경지에 이르겠다는 큰 뜻을 세워 평생을 두고 질문하고 성찰하고 실천하며 쉼 없이 배우면서 변화를 도모한 사람이다. 비록 시대와 환경이 바뀌었다 해도 어찌 오늘날의 사표(師表)로 삼기에 충분한 사람이 아니겠는가!『북주서(北周書)』에 "글을 가르치는 스승은 만나기 쉬워도 사람됨을 몸소 가르치는 스승은 만나기 어렵다(經師易求 人師難得)"고 했다. 율곡의 삶을 통해 '어떻게 살 것인가?'라는 인문학적 질문을 성찰하는 시간이 되었기를 바란다.

부록

자경문自警文

1. 입지立志

先須大其志 以聖人爲準則 一毫不及聖人 則吾事未了

먼저 그 뜻을 크게 가져야 한다. 성인을 본보기로 삼아서 털끝만큼이라도 성인에 미치지 못하면 나의 일은 끝난 것이 아니다.

2. 과언寡言

心定者言寡 定心自寡言始 時然後言 則言不得不簡

마음이 안정된 자는 말이 적다. 마음을 안정시키는 일은 말을 줄이는 것으로부터 시작한다. 말을 해야 할 때가 온 다음에 말을 한다면 말은 간략하지 않을 수 없다.

3. 정심定心

久放之心 一朝收之 得力豈可容易 心是活物 定力未成 則搖動難安 若思慮紛擾時 作意厭惡 欲絶之 則愈覺紛擾 倏起忽滅 似不由我 假使斷絶 只此斷絶之念橫在胸中 此亦妄念也 當於紛擾時

收斂精神 輕輕照管 勿與之俱往 用功之久 必有凝定之時 執事專一 此亦定心功夫

오랫동안 제멋대로 풀어놓은 마음을 하루아침에 거두어들이는 것, 그와 같은 힘을 얻기가 어찌 쉽겠는가. 마음이란 살아 있는 사물이다. 잡념과 헛된 망상을 없앨 힘을 완성하기 전에는 마음이 요동치는 것을 안정시키기 어렵다. 마치 마음이 어수선하고 혼란스러울 때 의식적으로 끊어 버리려고 하면 더욱 더 어지러워지는 것과 같은 이치다. 금방 일어났다가도 또 금방 사라졌다가 하여, 나로부터 비롯되지 않은 듯한 것이 바로 마음이다. 설령 잡념을 끊어 없애더라도 다만 이 '끊어야겠다는 마음'은 내 가슴속에 자리 잡고 있다. 이 또한 망령스러운 잡념이다. 어수선하고 혼란스러운 생각들이 일어날 때는 마땅히 정신을 거두어 한곳으로 모아서 아무런 집착 없이 그것을 살펴야 한다. 결코 그러한 생각들에 집착해서는 안 된다. 그렇게 오래도록 공부하다 보면 마음이 반드시 고요하게 안정되는 때가 있게 된다.

일할 때 오로지 한마음으로 하는 것 또한 마음을 안정시키는 공부다.

4. 근독謹獨

常以戒懼謹獨意思 存諸胸中 念念不息 則一切邪念 自然不起
萬惡 皆從不謹獨生
謹獨然後 可知浴沂詠沂詠歸之意味

항상 경계하고 두려워하면 홀로 있을 때 삼가는 마음을 가슴속에 담고서, 생각하고 또 생각하여 게을리하지 않는다면 일체의 사악한 생각은 자연스럽게 일어나지 않을 것이다. 모든 악은 다 홀로 있을 때 삼가지 않는 데서 생겨난다. 홀로 있을 때 삼간 다음에야 '기수(沂水)에서 목욕하고 시를 읊으며 돌아온다'는 의미를 알 수 있게 될 것이다.

5. 독서讀書

曉起 思朝之所爲之事 食後 思晝之所爲之事 就寢時 思明日所爲之事 無事
則放下 有事則必思
得處置合宜之道 然後讀書 讀書者 求辨是非 施之行事也 若不省事 兀然讀
書 則爲無用之學

새벽에 일어나서는 아침나절에 할 일을 생각하고, 밥을 먹은 뒤에는 낮에 할 일을 생각하고, 잠자리에 들어서는 내일 할 일을 생각해야 한다. 일이 없으면 그냥 자지만, 일이 있으면 반드시 생각을 하여 합당하게 처리할 방도를 찾아야 하고, 그런 뒤에 글을 읽는다.

글을 읽는 까닭은 옳고 그름을 분별해서 일을 행할 때 적용하기 위한 것이다. 만약 일을 살피지 아니하고 오롯이 앉아서 글만 읽는다면, 그것은 아무런 쓸모도 없는 배움에 지나지 않는다.

6. 소제욕심掃除慾心

財利榮利 雖得掃除其念 若處事時 有一毫擇便宜之念 則此亦利心也 尤可省察

재물을 이롭게 여기는 마음과 영화로움을 이롭게 여기는 마음은 비록 쓸어 없앨 수 있다고 하더라도, 만약 일을 처리할 때에 조금이라도 편리하게 처리하려는 마음이 있다면 이것도 또한 이로움을 탐하는 마음이다. 더욱 살펴야 할 일이다.

7. 진성盡誠

凡遇事至 若可爲之事 則盡誠爲之 不可有厭倦之心 不可爲之事 則一切截斷 不可使是非交戰於胸中

무릇 일이 나에게 이르렀을 때에, 만약 해야 할 일이라면 정성을 다해서 그 일을 하고 싫어하거나 게으름 피울 생각을 해서는 안 된다. 만약 해서는 안 될 일이라면 일체 끊어 버려서 가슴속에서 옳으니 그르니 하는 마음이 서로 다투게 해서는 안 된다.

8. 정의지심正義之心

常以行一不義 殺一不辜 得天下不可爲底意思 存諸胸中

항상 한 가지의 불의를 행하고 한 사람의 무고한 사람을 죽여서 천하를 얻을 수 있다고 하더라도 그런 일은 하지 않는다는 생각을 가슴속에 담고 있어야 한다.

9. 감화感化

橫逆之來 自反而深省 以感化爲期
一家之人不化 只是誠意未盡

어떤 사람이 나에게 이치에 맞지 않는 악행을 가하면, 나는 스스로 돌이켜 자신을 깊이 반성해야 하며 그를 감화시키려고 노력해야 한다.
한집안 사람들이 선하게 변하지 않는 것은 단지 나의 성의가 부족하기 때문이다.

10. 수면睡眠

非夜眠及疾病 則不可僵臥 不可跛倚 雖中夜 無睡思 則不臥 但不可拘迫 晝有睡思 當喚醒
此心 十分猛醒 眼皮若重 起而周步 使之惺惺

밤에 잠을 자거나 몸에 질병이 있는 경우가 아니면 누워서는 안 된다. 또한 몸을 비스듬히 기대서도 안 된다. 한밤중이라도 졸리지 않으면 누워서는 안 된다. 다만 밤에는 억지로 잠을 막아서는 안 된다. 낮에 졸음이 오면 마땅히 자신의 마음을 불러일으키고 힘써 노력해 깨어 있도록 해야 한다. 눈꺼풀이 무겁게 내리누르면 벌떡 일어나 두루 걸어 다녀서 마음이 깨어 있게 해야 한다.

11. 용공지효用功之效

用功不緩不急 死而後已 若求速其效 則此亦利心 若不如此 戮辱遺體 便非人子

공부는 늦춰서도 안 되고 성급하게 해서도 안 되며 죽은 뒤에야 끝나는 것이다. 만약 공부의 효과를 빨리 얻으려고 한다면 이 또한 이익을 탐하는 마음이다. 공부는 늦추지도 않고 서두르지도 않으면서 평생 동안 꾸준히 해 나가야지 그렇게 하지 않고 탐욕을 부린다면 부모가 물려준 이 몸이 형벌을 받고 치욕을 당하게 되는 것이다. 그러므로 사람의 아들이라고 할 수 없다.

‖ 율곡가계도 ‖

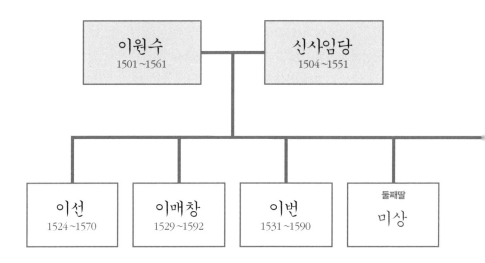

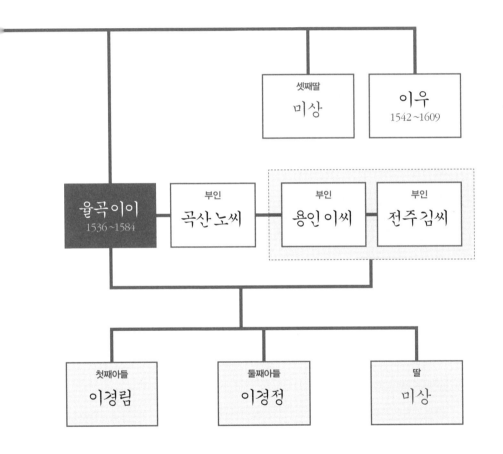

셋째딸
미상

이우
1542~1609

율곡이이
1536~1584

부인
곡산 노씨

부인
용인 이씨

부인
전주김씨

첫째아들
이경림

둘째아들
이경정

딸
미상

* 율곡은 노씨 부인에게서는 손이 없었고, 두 명의 측실(側室)에게서 2남 1녀를 두었다.

‖ 율곡 이이 연보 ‖

1536년(중종 31년) · 1세 ··· 12월 26일 강원도 강릉 북평촌 외가에서 태어났다. 아버지는 이원수, 어머니는 신사임당이다.

1538년(중종 33년) · 3세 ··· 말을 배우자 곧바로 글을 읽을 줄 알았다.

1541년(중종 36년) · 6세 ··· 신사임당을 따라 외가에서 서울 본집으로 돌아왔다.

1542년(중종 37년) · 7세 ··· 명종 때 외척 윤원형에게 붙어 사림을 탄압한 진복창을 비판하는 『진복창전(陳復昌傳)』을 지었다.

1543년(중종 38년) · 8세 ··· 경기도 파주 율곡의 화석정에 올라 시를 지었다.

1548년(명종 3년) · 13세 ··· 진사초시에 합격했다. 이때부터 문장이 뛰어나다는 소문이 자자했으나 학문에 전념할 뿐 과거에는 크게 뜻을 두지 않았다.

1551년(명종 6년) · 16세 ··· 어머니 신사임당이 별세하자 파주 두문리 자운산에 장사 지냈다. 3년 동안 시묘살이를 했고, 신사임당의 행장(行狀)을 지었다.

1554년(명종 9년) · 19세 ··· 우계 성혼과 더불어 도의지교를 맺었다. 그해 3월에 금강산으로 들어갔다.

1555년(명종 10년) · 20세 ··· 봄에 금강산에서 강릉 외가로 내려왔다. 이때 평생 삶의 지침으로 삼고자 〈자경문〉을 지었다.

1556년(명종 11년) · 21세 ··· 봄에 서울 본집으로 돌아왔다. 책문(策問) 시험을 보았는데 한성시에서 장원으로 뽑혔다.

1557년(명종 12년) · 22세 ··· 9월 성주목사 노경린의 딸과 혼인했다.

1558년(명종 13년) · 23세 ··· 봄에 경북 안동 도산에 가서 퇴계 이황을 찾아뵈었다.

1561년(명종 16년) · 26세 ··· 아버지 이원수의 상을 당해, 어머니 신사임당의 묘소에 합장했다.

1564년(명종 19년) · 29세 ··· 7월 생원, 진사에 모두 합격했다. 8월 명경과에 급제하여 호조좌랑을 제수받았다. 감시양장(監試兩場)과 문과발해(文科發解), 생원 및 문과

·복시·전시에 모두 장원으로 뽑혀서 장원만 아홉 번을 차지했다. 이에 사람들이 "아홉 번이나 장원한 분(구도장원공)"이라고 칭찬했다.

1565년(명종 20년) · 30세 ··· 봄에 예조좌랑으로 옮겼다. 8월 명종에게 상소하여 요승 보우를 비판하고, 외척 윤원형의 잘못 역시 탄핵했다.

1566년(명종 21년) · 31세 ··· 3월 사간원 정언(正言)에 제수된 후, 동료들과 함께 시급히 바로잡아야 할 시무책 세 가지를 아뢰었다. 겨울에 이조좌랑에 제수되었다.

1567년(명종 22년) · 32세 ··· 6월 명종이 승하하자, 퇴계 이황에게 글을 올려 국장(國葬)을 의논했다. 9월 육조(六曹)의 낭관(郞官)들과 함께 외척이자 권신인 심통원을 비판·탄핵하는 상소를 올렸다.

1568년(선조 원년) · 33세 ··· 사헌부 지평(持平)에 제수되었다. 4월 장인 노경린이 사망했다. 천추사 서장관으로 차출되어 성균관 직강을 제수 받고 명나라 수도 북경으로 떠났다. 명나라에서 돌아와서는 홍문관 부교리에 임명되었다. 11월 이조좌랑에 임명되었으나, 외조모 이씨의 병환을 듣고 벼슬을 버린 후 강릉으로 갔다.

1569년(선조 2년) · 34세 ··· 다시 홍문관 교리에 임명되었으나, 상소하여 사양했다. 그러나 임금이 허락하지 않고 재차 부르자 7월 조정으로 돌아왔다. 9월 한 달간 사가독서한 후 〈동호문답〉을 지어 임금에게 올렸다. 10월 특별 휴가를 얻어서 강릉 외가로 돌아갔고, 외조모 이씨의 상을 당했다.

1570년(선조 3년) · 35세 ··· 4월 다시 조정에 돌아왔다. 10월 병으로 벼슬에서 물러나 처가가 있는 해주로 들어갔다. 이때 한양은 물론 주변 각지의 수많은 선비들이 율곡을 따라가 배움을 청했다. 12월 퇴계 이황의 부고를 접하고 깊은 슬픔에 젖었다.

1571년(선조 4년) · 36세 ··· 정월 해주에서 파주 율곡으로 돌아왔다. 이조정랑에 임명되었으나 나아가지 않았다. 여름에 다시 홍문관 교리에 임명되어 조정으로 돌아갔지만 병을 이유로 사직하고 해주로 돌아갔다. 이때 해주 고산(高山)에 있는 석담구곡(石潭九曲)에 갔는데, 훗날 벼슬을 버리고 은둔해 학문에 전념할 계획을 세웠다. 6월 청주목사에 임명된 후 손수 향약을 짓고 백성 교화에 힘썼다.

1572년(선조 5년) · 37세 ··· 병으로 청주목사에서 물러나 서울로 돌아왔다. 여름에 홍문관 부응교에 임명되었으나 병으로 사직하고 파주 율곡으로 돌아갔다. 우계 성혼과 더불어 이기설(理氣說), 사단칠정(四端七情), 인심도심(人心道

心)을 연구하고 논했다. 9월 사간원 사간, 12월 홍문관 응교에 임명되었지만 모두 사직하고 나아가지 않았다.

1574년(선조 7년) 39세 … 정월 우부승지로 승진해 〈만언봉사〉를 올렸다. 3월 사간원 대사간에 임명되었다. 4월 병을 이유로 벼슬에서 물러났지만 얼마 되지 않아 우부승지에 제수되었다. 다시 사면하고 파주 율곡으로 돌아갔다. 10월 황해도 관찰사로 임명되어서 선정(善政)을 베풀어 백성들을 기쁘게 했다.

1575년(선조 8년) 40세 … 3월 병으로 황해도 관찰사에서 물러난 후 파주 율곡으로 돌아갔다. 4월 홍문관 부제학에 임명되었다. 9월 『성학집요』를 지어 선조에게 바쳤다.

1576년(선조 9년) 41세 … 정계에서 은퇴할 것을 결심하고 파주 율곡으로 돌아갔다. 10월 해주 석담으로 은거한 후 먼저 청계당(聽溪堂)을 세웠다. 12월 한양으로 와서 병조참지에 임명되었으나 사양하고 물러났다.

1577년(선조 10년) 42세 … 해주 석담으로 돌아와 친족을 모아 놓고 〈동거계사〉를 지었다. 12월 『격몽요결』을 지었다. 또한 해주 사람들과 더불어 향약 및 사창(社倉)을 의논해 세웠다.

1578년(선조 11년) 43세 … 해주 석담에 은병정사를 짓고 제자들을 양성했다. 주자의 〈무이구곡가〉에 빗대어 〈고산구곡가〉를 지었다. 이때부터 주변 지역의 수많은 학자와 선비들이 이곳을 찾았다. 3월 사간원 대사간에 임명되어 한양에 갔으나 임금에게 사은(私恩)하고 4월 파주 율곡으로 돌아갔다. 5월 다시 대사간에 임명되었으나 상소하여 사직하면서 〈만언소〉를 올렸다. 6월 이조참의에 임명되었으나 사양하고 나아가지 않았다.

1579년(선조 12년) 44세 … 3월 『소학집주(小學集註)』를 완성했다. 5월 대사간에 임명되었으나 나아가지 않고 조정을 보존하고 화합시킬 계책을 상소했다.

1580년(선조 13년) 45세 … 5월 『기자실기(箕子實記)』를 편찬했다. 12월 다시 대사간에 임명되자 마침내 벼슬길에 나아갔다. 정암 조광조의 학덕과 개혁 정신을 기리는 〈묘지(墓誌)〉를 지었다.

1581년(선조 14년) 46세 … 3월 병환으로 네 차례나 사직을 청했으나 임금이 윤허하지 않았다. 4월 임금에게 백성을 구제할 계책을 세우도록 간청했다. 10월 호조판서로 승진했다. 이때 개혁 전담기구인 경제사(經濟司)의 설치를 건의했다. 11월 『경연일기』를 완성했다.

1582년(선조 15년) 47세 ⋯ 정월 이조판서에 임명되었다. 7월 임금의 명에 의해 『인심도심설』, 『김시습전』, 『학교모범 및 사목』을 지어 올렸다. 8월 형조판서에 임명되었다. 9월 의정부 우참찬에 임명되었다. 다시 〈만언소〉를 올려 시대의 폐단을 논하고 개혁을 촉구했다. 12월 병조판서에 임명되자, 황해도와 평안도의 백성들을 괴롭히는 여섯 가지 폐단의 혁파를 주청했다.

1583년(선조 16년) 48세 ⋯ 2월 선조에게 긴급한 개혁 과제를 논한 〈시무육조〉를 지어 바쳤다. 4월 다시 임금에게 밀봉하여 올린 글을 통해 시대의 폐단을 논하고 하루 속히 개혁에 나설 것을 촉구했다. 이때 10만의 군사를 양성해 불의의 재앙에 대비할 것을 아뢰었다. 6월 여진족 2만 군사가 종성을 포위한 사건으로 삼사의 탄핵을 받고 벼슬에서 물러난 후 파주 율곡으로 돌아갔다. 7월 성균관 유생 유공진 등 4백 6십여 명이 상소하여 삼사의 탄핵이 모함이라고 주장했다. 파주 율곡에서 해주 석담으로 들어갔다. 9월 판돈녕부사에 임명되었다. 다시 이조판서에 임명되었으나 사양하고 나아가지 않았다. 10월 선조의 거듭된 부름에 다시 조정에 나아갔다.

1584년(선조 17년) 49세 ⋯ 그해 초부터 병환으로 누워 있었다. 정월 14일 북쪽 변경 지역을 시찰하러 떠나는 서익을 불러서 방책을 일러 주었다. 이틀 후(16일) 병환을 이기지 못하고 한양 대사동 자택에서 작고했다. 작고한 날 집에 남아 있는 재산이 없어서 염습(斂襲)을 친구들이 부조한 수의로 할 지경이었다. 또한 한양에 거처할 때 항상 남의 집을 세내어 살았으므로 처자식이 몸을 맡길 곳이 없었다. 이에 친구와 제자들이 각각 비용을 거두어서 집을 사 살게 했다. 3월 20일 파주 자운산의 선영에 묻혔다.

이이,『격몽요결』, 이민수 옮김, 을유문화사, 2003.

――,『동호문답』, 안외순 옮김, 책세상, 2005.

――,『만언봉사, 목숨을 건 직설의 미학』, 강세구 엮고 옮김, 꿈이있는세상, 2007.

――,『석담일기』, 민족문화추진회 옮김, 솔출판사, 1998.

――,『성학집요』, 김태완 옮김, 청어람미디어, 2007.

――,『율곡전서』(전7권), 한국정신문화연구원 편집부 엮음, 한국학중앙연구원, 2007.

공자,『논어(집주)』, 성백효 옮김, 전통문화연구회, 2010.

김장생,『사계전서』, 박완식·정선용··김능하 옮김, 민족문화추진회, 2000~2006.

김정희,『완당전집』(신편 국역, 전3권), 민족문화추진회 엮고 옮김, 민족문화추진회, 2007.

대성,『예기』(전3권), 지재희 옮김, 자유문고, 2000.

맹자,『맹자』, 김일환 옮김, 자유문고, 1990.

류성룡,『서애집』, 민족문화추진회, 1986.

박재형,『해동소학』, 성백효 옮김, 전통문화연구회, 1996.

서거정,『동문선』(전12권), 솔출판사, 1998.

성현 등,『대동야승』(전18권), 민족문화추진회 옮김, 1982.

성혼,『우계집』(전4권), 성백효 옮김, 민족문화추진회, 2000~2003.

송시열,『송자대전』(전17권), 김주의 등 옮김, 민족문화추진회, 1989.

오긍,『정관정요』, 최형주 옮김, 자유문고, 2002.

이건창,『당의통략』, 이준영·이덕일 옮김, 자유문고, 2015.

이긍익,『연려실기술』, 민족문화추진회 엮고 옮김, 민족문화추진회, 1985.

이수광,『지봉유설』(전2권), 남만성 옮김, 을유문화사, 1994.

이황,『성학십도』, 이광호 옮김, 홍익출판사, 2012.

이황,『이퇴계의 자성록』, 최중석 역주, 국학자료원, 2003.

이황,『퇴계전서』(전29권), 퇴계학총서편간위원회 편집, 퇴계학연구원, 1991~2001.

조식,『남명집』, 경상대학교 남명학연구소 옮김, 한길사, 2001.

조헌,『중봉집』, 민족문화추진회, 1990.

주희,『대학·중용』, 성백효 옮김, 전통문화연구회, 2010.

주희,『소학』, 윤호창 옮김, 홍익출판사, 2005.

주희·여조겸, 『근사록』, 정영호 옮김, 자유문고, 2005.

추적, 『명심보감』, 백선혜 옮김, 홍익출판사, 2005.

한비, 『한비자』(전2권), 노재욱 옮김, 자유문고, 1994.

홍응명, 『채근담』, 김성중 옮김, 홍익출판사, 2005.

『경국대전』, 한국법제연구원 옮김, 한국법제연구원, 1993.

『조선왕조실록』, 국사편찬위원회. (http://sillok.history.go.kr/main/main.do)

김건우, 『옛사람 59인의 공부 산책』, 도원미디어, 2003.

김문식·김정호, 『조선의 왕세자 교육』, 김영사, 2003.

김태완, 『율곡문답』, 역사비평사, 2008.

신명호, 『조선 왕실의 자녀교육법』, 시공사, 2005.

신명호, 『조선의 공신들』, 가람기획, 2003.

송영일, 『조선시대 경연과 제왕교육』, 문음사, 2001.

이종묵, 『조선의 문화공간』(전2권), 휴머니스트, 2006.

이종호, 『구봉 송익필』, 일지사, 1999.

이한우, 『선조 조선의 난세를 넘다』, 해냄, 2007.

최인호, 『유림』, 열림원, 2005.

황준연, 『이율곡, 그 삶의 모습』, 서울대학교출판부, 2000.

허권수, 『절망의 시대, 선비는 무엇을 하는가』, 한길사, 2001.

책과 글

『가례(家禮)』・207

『격몽요결(擊蒙要訣)』・17, 39, 48, 49, 62, 73, 99,
    105, 139, 144, 146, 153, 154, 160, 161, 166,
    167, 179, 183~185, 188, 189, 192, 194, 198,
    208, 252, 254, 256, 257, 260~262, 264

『경국대전(經國大典)』・214, 215, 237, 238

『경연일기(經筵日記)』・23, 26, 59, 60, 78, 81,
    93, 120, 122, 176, 178, 189, 218, 219, 288,
    293~295, 302, 310, 311

『경제육전(經濟六典)』・237

『고려사(高麗史)』・210

『관자(管子)』・94

『국조보감(國朝寶鑑)』・210

『근사록(近思錄)』・161, 207

『기옹만필(畸翁漫筆)』・143

『남명집(南冥集)』・246

『노자(老子)』・208

『논어(論語)』・38, 45, 63, 66, 149, 165, 187, 196,
    204, 205, 208, 216

『논어혹문(論語或問)』・313

『대학(大學)』・112, 146, 178, 196, 204, 205, 208

『대학혹문(大學或問)』・178, 204, 205, 313

『동몽선습(童蒙先習)』・208

『맹자(孟子)』・123, 204, 205, 208, 258

『명종실록(明宗實錄)』・265

『사기(史記)』・210

『사략(史略)』・125, 208

『삼국사기(三國史記)』・210

『서경(書經)』・124, 204, 206, 208

『서애집(西厓集)』・199

『선조수정실록(宣祖修正實錄)』・235

『선조실록』・68, 303, 304

『성유심문(誠諭心文)』・147

『성학십도(聖學十圖)』・108, 109, 132, 133, 167,
    168

『성학집요(聖學輯要)』・17, 18, 24, 27, 37, 40,
    42, 48, 64, 77, 101~103, 110, 130~133, 152,
    167, 188, 200, 204, 208, 211, 212, 214, 220,
    232, 244, 254, 256, 267~269, 284, 285, 292,
    305, 306, 308

『성호사설(星湖僿說)』・89

『세종실록(世宗實錄)』・218

『소학(小學)』・204, 208

『소학초략(小學抄略)』・208

『속록(續錄, 경국대전속록)』・237

『손자병법(孫子兵法)』・208

『시경(詩經)』・160, 196, 204, 205, 209, 308

『시전(詩傳)』・196

『심경(心經)』・207, 216

『여지승람(輿地勝覽)』・210

『역경(易經, 주역)』・204, 206

『연려실기술(練藜室記述)』・121, 210

『예경(禮經)』・204, 206

『예기(禮記)』・17, 104, 153, 206

『완당집(阮堂集)』・36

『우계집(牛溪集)』・140, 141, 144, 196, 259

『율곡전서(栗谷全書)』・16, 31, 32, 35, 42, 43, 45,
    56, 61, 72, 83, 85, 90, 100, 110~112, 129,
    139~141, 150, 156, 163, 164, 173, 174, 186,
    189, 223, 237~239, 244, 249, 272, 273, 278,

282, 289, 292, 293, 297, 313

『이륜행실(二倫行實)』・279

『이정전서(二程全書)』・207, 208

『인종실록(仁宗實錄)』・80

『일득록(日得錄)』・92

『자성록(自省錄)』・143

『자치통감(資治通鑑)』・210

『자치통감훈의(資治通鑑訓義)』・210

『장자(莊子)』・208

『정관정요(貞觀政要)』・87, 88

『조선왕조실록(朝鮮王朝實錄)』・235

『주역(周易)』→『역경』

『주자대전(朱子大全)』・207, 208

『주자어류(朱子語類)』・145

『중봉집(重峯集)』・191, 196, 204, 205, 208

『중용(中庸)』・192

『지봉유설(芝峰類說)』・210

『징비록(懲毖錄)』・210

『채근담(菜根譚)』・147

『추강집(秋江集)』・99

『춘추(春秋)』・172, 204, 206

『춘추좌전(春秋左傳)』・218

『태종실록(太宗實錄)』・216, 217

『퇴계전서(退溪全書)』・33, 34, 43, 113, 114, 116, 124, 125, 202

『한비자(韓非子)』・91, 92

『한서(漢書)』・211

『효경(孝經)』・208

〈경재잠(敬齋箴)〉・108, 133

〈경재잠도(敬齋箴圖)〉・109, 133

〈계씨(季氏)〉・165

〈고자(告子)〉・123

〈고제기(高帝記)〉・211

〈곡례(曲禮)〉・104, 160

〈공야장(公冶長)〉・149

〈군중이 임금에게 바치는 말(納群言)〉・89

〈난언(亂言)〉・91, 92

〈논붕당소(論朋黨疏)〉・288, 289

〈독서(讀書)〉・185, 189, 192, 198

〈동문을 나서면서(出東門)〉・45

〈동호문답(東湖問答)〉・95, 229, 234, 291, 293, 297, 305, 307, 312~314

〈만언봉사(萬言封事)〉・93, 236~239, 300, 317

〈만언소(萬言疏)〉・273, 301, 307

〈명종조의 유일(遺逸)〉・121

〈벼슬에서 물러나기를 간청하며 올리는 글(乞致辭狀)〉・33

〈사친(事親)〉・261, 262

〈상제(喪制)〉・264

〈서(序)〉・37

〈서명(西銘)〉・266

〈서문(序文)〉・183

〈성호원에게 답하다(答成浩原)〉・42

〈쇄언(瑣言)〉・31, 32, 35

〈수기(修己)〉・18, 24, 27, 40, 64, 101~103, 110, 132, 152, 211, 212, 220, 284

〈숙흥야매잠(夙興夜寐箴)〉・167, 168

〈숙흥야매잠도〉・168

〈시무구사(時務九事)〉・293

〈시무육조(時務六條)〉・234, 246, 249

〈안연(顏淵)〉・66

〈양화(陽貨)〉・45, 63

〈언행난(言行難)〉・70, 72

〈연보(年譜)〉・31, 129, 141, 163, 164, 249, 272, 273, 279

〈연보보유 덕행(年譜補遺 德行)〉・144, 259

〈옥당진시폐소(玉堂陳時弊疏)〉・90, 234, 291~293

〈옥조(玉藻)〉・153

〈위정(爲政)〉・48, 77, 160, 232, 267~269, 292, 305, 306, 308

〈육조의 낭관들이 심통원을 논박하는 상소(六曹郎官論沈通源疏)〉・85

〈윤원형을 논박하는 상소(論尹元衡疏)〉 · 83

〈율곡연보(栗谷年譜)〉 → 〈연보〉

〈은병정사의 약속〉 · 155, 223

〈은병정사의 학규〉 · 155, 156, 223

〈이숙헌에게 답하다(答李叔獻)〉 · 43, 113, 114,
　　116, 124, 125, 202

〈이전(史典)〉 · 215

〈입지(立志)〉 · 39

〈자경문(自警文)〉 · 6, 7, 16, 17, 20, 21, 61, 99,
　　100, 107, 110, 117, 139, 150, 186, 188, 189,
　　244, 278, 320, 321

〈잡기(雜記)〉 · 196

〈접인(接人)〉 · 73, 105, 254, 257, 260

〈정가(正家)〉 · 244, 285

〈정묘년 사직하면서 승정원에 올린 상소문(丁卯

辭職呈承政院狀)〉 · 246

〈조사경에게 보내다(與趙士敬)〉 · 34

〈존양(存養)〉 · 161

〈지신(持身)〉 · 62, 99, 139, 144, 146, 160, 161,
　　179

〈진차(進箚)〉 · 131

〈처세(處世)〉 · 184, 194, 252

〈천도책(天道策)〉 · 115, 173, 174

〈통설(統說)〉 · 214

〈퇴계 선생에게 올리다(上退溪先生)〉 · 43

〈학교모범(學校模範)〉 · 56, 156

〈학이사위주(學以思爲主)〉 · 199

〈혁구습(革舊習)〉 · 49

〈훈어(訓語)〉 · 92

본문 찾아보기

ㄱ

가의(賈誼) · 310, 311

강릉 · 29, 31

경제사(經濟司) · 303, 304

고산구곡가(高山九曲歌) · 221, 222

금강산 · 29, 44, 116, 117, 128, 262

기대승(奇大升) · 310

기묘사화 · 51, 141, 238, 239, 315, 316

기축옥사 · 67

김명윤(金明胤) · 50~52

김성일(金誠一) · 196

김안국(金安國) · 279, 280

김우옹(金宇顒) · 121, 122, 176, 177, 189

김장생(金長生) · 224, 259

김효원(金孝元) · 51, 52, 57~59, 162~164, 286,
　　287

ㄴ

남호독서당(南湖讀書堂) · 228

남효온(南孝溫) · 99

노수신(盧守愼) · 176

ㄷ

당고(黨錮)의 재앙 · 288~289

대윤(大尹) · 79, 81, 296

대은병(大隱屛) · 221, 222

도간(陶侃) · 157, 158

독서당(讀書堂) · 228, 229

동인 · 25, 51, 57~60, 67, 162, 163, 175~177,
　　226, 248, 286, 287, 301, 302

동호독서당(東湖讀書堂) · 228, 291

ㅁ

명종(明宗) · 23, 31, 33, 51, 57, 58, 79~84, 117,

121, 141, 201, 232, 234, 264, 265, 295~297,
299, 312, 315, 316,

목릉성세(穆陵盛世) · 23

무왕(武王) · 206, 287

무이구곡가(武夷九曲歌) · 221, 222

무이산(武夷山) · 32, 221, 222

무이정사(武夷精舍) · 221

문정왕후(文定王后) · 23, 79~83

ㅂ

박순(朴淳) · 59, 162, 176, 195, 236, 271, 301,
310,

반고(班固) · 221

백유양(白惟讓) · 68

백인걸(白仁傑) · 175

백인걸 상소 사건 · 175, 176

봉성군(鳳城君) · 51, 81, 296

ㅅ

10만 양병설 · 246

사가독서제(賜暇讀書制) · 227~229

사림(士林) · 23, 24, 30, 51, 52, 57~59, 64, 67,
69, 80, 81, 83, 85, 119, 162~164, 175, 176,
221, 224, 228, 238, 248, 249, 286, 287, 293,
294, 296, 299~301

사마광(司馬光) · 103, 210

사마천(司馬遷) · 185, 210

삼사(三司) · 64, 247, 296, 298

서모(庶母) · 69, 226, 262~264, 279

서익(徐益) · 249

서인(西人) · 25, 51, 57, 58, 59, 60, 67, 162, 163,
175~177, 226, 248, 286, 287, 301, 302

석담(石潭) · 70, 155, 156, 162, 221, 222, 226,
263, 279, 280, 283, 301

선조(宣祖) · 22~27, 41~44, 57, 59, 60, 64, 67,
68, 77~79, 83, 85, 90, 93, 94, 120~122,
132, 133, 144, 145, 156, 167, 175, 176, 178,

179, 189, 219, 224, 226, 229, 234~236, 239,
245~248, 271~274, 288, 291, 293~295, 297,
299~304, 309~314, 316, 318, 319

성삼문(成三問) · 228

성성자(惺惺子) · 120, 121

성수침(成守琛) · 141, 142

성종(成宗) · 228, 237, 238

성혼(成渾) · 42, 59, 67, 140~145, 195, 196, 250,
258, 259, 260, 272, 286, 301

세종(世宗) · 22, 210, 217, 218, 227, 233, 237,
314, 315

소윤(小尹) · 79, 80, 296

송시열(宋時烈) · 31, 259, 279

송익필(宋翼弼) · 67, 259, 260, 286

숙종(肅宗) · 216

숙헌(叔獻) · 43, 113, 114, 116, 124, 125, 196,
202

순화방(順和坊) · 141

신명화(申命和) · 126

신사임당(申師任堂) · 6, 16, 20, 30, 31, 125, 126

신숙주(申叔舟) · 228

심의겸(沈義謙) · 52, 57~59, 287

심통원(沈通源) · 83~85

ㅇ

안자(顏子) · 112, 113, 124, 168, 178

양응정(梁應鼎) · 174

여진족 · 246

연산군(燕山君) · 217, 228, 232, 238, 239, 317

영조(英祖) · 217

예안 · 31, 115

오긍(吳兢) · 87, 88

우재(愚齋) · 70~72

위사공신(衛社功臣) · 296, 297, 299, 300

유비(劉備) · 315

유성룡(柳成龍) · 177, 199

윤근수(尹根壽) · 311

윤원형(尹元衡) · 23, 50, 51, 57, 58, 79, 80~83, 294, 296, 297, 299, 316,

윤임(尹任) · 51, 79, 81, 296, 299, 300

은병정사(隱屛精舍) · 155, 156, 221~224

을묘왜변(乙卯倭變) · 247

을사사화(乙巳士禍) · 50, 51, 79, 83, 126, 238, 239, 296~300

을사삭훈(乙巳削勳) · 296~300

이긍익(李肯翊) · 121

이문형(李文馨) · 175

이발(李潑) · 68, 177

이선(李璿) · 279

이성계(李成桂) · 233, 237

이수광(李睟光) · 192

이우(李瑀) · 234, 249

이원수(李元秀) · 125, 126, 262, 264

이익(李翼) · 89, 233, 271

이조민(李肇敏) · 57

이준경(李浚慶) · 298, 299

이지함(李之菡) · 145

이황(李滉) · 23, 30, 31, 33, 34, 43, 59, 109, 113, 114, 121, 124, 125, 133, 143, 202, 245, 310

인순왕후(仁順王后) · 23, 58, 83, 299

인조(仁祖) · 142

인종(仁宗) · 79~81, 296, 300

인종 독살설 · 80

임진왜란(壬辰倭亂) · 23, 25, 47, 60, 144, 213

ㅈ

자공(子貢) · 63

자장(子張) · 106

자허원군(紫虛元君) · 147

장공예(張公藝) · 279

장의사(藏義寺) · 228

재여(宰予) · 149

정도전(鄭道傳) · 233

정명도(程明道) · 71, 123, 124, 152, 160, 207, 208

정사룡(鄭士龍) · 174

정약용(丁若鏞) · 210

정이천(程伊川) · 71, 116, 207, 208

정인홍(鄭仁弘.) · 121, 122

정자(程子) · 71, 101, 110, 208, 211

정철(鄭澈) · 67, 68, 163, 165, 176, 286

정홍명(鄭弘溟) · 142, 143

제갈량(諸葛亮) · 315

조광조(趙光祖) · 51, 315, 317

조목(趙穆) · 34

조식(曺植) · 30, 59, 119~122, 189, 245, 246

조헌(趙憲) · 144, 145

주왕(紂王) · 287, 315

주자(朱子) · 17, 29, 30, 32, 37, 40, 63, 71, 108, 110, 112, 113, 128, 131, 133, 152, 204, 205, 207, 208, 221, 243, 285, 313

중종(中宗) · 51, 79, 80, 83, 85, 228, 234, 238, 279, 296, 315, 317

증자(曾子) · 70, 168, 205, 264

ㅊ

천명사상(天命思想) · 172

최립(崔岦) · 280

ㅌ

태종(太宗) · 216, 217

퇴계(退溪) · 22~24, 30~35, 42, 43, 70, 108~117, 119, 120, 122~125, 132, 133, 143, 167, 172, 189, 196, 201, 202, 245

ㅍ

파주 · 127, 141, 142, 226, 248, 280, 311

ㅎ

한비(韓非) · 91, 92

한성시(漢城試) · 29, 116, 117
해주 · 155, 156, 162, 221, 222, 226, 263, 280, 282, 301
허엽(許曄) · 175

홍가신(洪可臣) · 274
홍자성(洪自誠) · 147
황희(黃喜) · 233, 315
효평황후(孝平皇后) · 294

조선 최고의 지성에게 사람다움의 길을 묻다

율곡 인문학

초판 1쇄 발행 2017년 10월 30일
초판 3쇄 발행 2022년 4월 19일

지은이 한정주
펴낸이 김선식

경영총괄 김은영
기획·편집 김대한 **디자인** 유미란 **책임마케터** 이보민
콘텐츠개발5팀 이수정, 유미란, 임경진, 김대한, 박보미
마케팅본부 이주화, 정명찬, 이보민, 최혜령, 김선욱, 이승민, 이수인, 김은지
전략기획팀 김상윤
저작권팀 최하나
경영관리팀 허대우, 권송이, 윤이경, 임해랑, 김재경, 한유현

펴낸곳 다산북스 **출판등록** 2005년 12월 23일 제313-2005-00277호
주소 경기도 파주시 회동길 490
전화 02-702-1724(기획편집) 02-6217-1726(마케팅) 02-704-1724(경영지원)
팩스 02-703-2219 **이메일** dasanbooks@dasanbooks.com
홈페이지 www.dasanbooks.com **블로그** blog.naver.com/dasan_books
종이 한솔피앤에스 **인쇄** 민언프린텍 **제본** 정문바인텍 **후가공** 평창P&G

ISBN 979-11-306-1470-0 (03900)